「民都」大阪対「帝都」東京

思想としての関西私鉄

原　武史

講談社学術文庫

目次

「民都」大阪対「帝都」東京

はじめに――昭和大礼の光景

昭和天皇、京都へ

一九二八（昭和三）年十一月六日のことであった[1]。午前八時、C51型蒸気機関車に引かれた十一両編成の「御召(おめし)列車」が、多くの政府関係者が見守るなか、東京駅八番線ホームを出発した。

御召列車とは、天皇や皇后の乗る列車のことである[2]。その前から三両目には、皇祖神のアマテラス（天照大神）そのものとされる八咫鏡(やたのかがみ)の分身を安置した「賢所(かしこどころ)」が宮中から運ばれ、五両目には昭和天皇（一九〇一～八九）が、六両目には香淳(こうじゅん)皇后（一九〇三～二〇〇〇）が、それぞれ乗車していた。この日天皇は、京都御所や旧仙洞(せんとう)御所で正式に天皇として即位したことを示す大礼、つまり即位礼および大嘗祭(だいじょうさい)を行うため、東海道本線で東京から京都に向かったのである。

一八八九（明治二十二）年に定められた（旧）皇室典範(こうしつてんぱん)の第十一条「即位ノ礼及大嘗祭ハ京都ニ於テ之ヲ行フ」に従い、大礼が京都で行われるのは、大正天皇（一八七九～一九二六）に次いで二度目であった。そもそも東京駅は、大正天皇の即位を記念するため、その大礼にあわせて建設が進められ、一九一四（大正三）年十二月に完成したものであった（実際には昭憲皇太后（一八四九〜一九一四）が死去したため、大礼は一年後に延期される）。現在の八重洲口は一九二九（昭和四）年になるまでなく、宮城（皇居）に向かってそびえ立つ丸の内口の赤レンガの建物だけがあった。そしてその中央には、一般の利用者が入ることのできない貴賓室があり、皇室専用の通路が、ホームの地下に向かってのびていた。昭和天皇と香淳皇后は、この通路を経由して東海道本線のホームに入り、御召列車に乗り込んだ。

このときの東海道本線は、すでに全線複線だったが、電化区間は東京―国府津間だけで、あとは非電化であった。いうまでもなく、当時の日本の国有鉄道（以下、国鉄と表記）のなかの最重要幹線である。まだ丹那トンネルは開通しておらず、国府津から現在の御殿場線経由で箱根を迂回し、沼津に抜けるルートがとられていた。

御召列車は、途中山北、沼津、静岡、浜松に停車し、名古屋に午後三時三十分に到着、天皇と皇后はいったん列車から降り、名古屋離宮（名古屋城本丸）に一泊してから、翌日、再び御召列車に乗った。この列車は、名古屋を午前十一時に出発し、途中大垣と米原に停車し、京都に午後二時に到着した。停車時間を含めた東京―京都間の平均時速（表定時速）は、ちょうど五〇キロであった。

天皇は、即位礼を十日に、大嘗祭を十四日夜から十五日未明にかけて済ませた後、さらに皇后とともに御召列車に乗って、伊勢神宮や神武天皇陵、伏見桃山陵（明治天皇陵）の参拝に出向いた。すなわち、十九日と二十二日には京都から国鉄の草津線、関西本線、参宮線を経由して伊勢神宮のある山田（現・伊勢市）まで（帰路はこの逆。以下同じ）、二十三日に

（上）賢所乗御車
（中右）東京駅頭の御召列車
（中左）天皇と皇后の御座所
（下）御召列車の試運転風景

は京都から国鉄の奈良線、桜井線を経由して神武天皇陵のある畝傍まで、二十五日には京都から奈良線を経由して伏見桃山陵のある桃山まで、それぞれ御召列車が運転された。途中編成が短くなることはあったが、天皇と皇后はこのときも、東京を出発したときと同じ列車に乗って移動した。

三十度の敬礼

御召列車の運転に当たっては、どの区間でも通常のダイヤとは異なる特別ダイヤが組まれた。ダイヤは三十秒単位で精密に組まれ、その前後を走る列車はもちろん、複線区間では対向列車がどこですれ違うかも厳密にチェックされた。また御召列車の四十分ないし二十分前には、線路の安全を確認するための列車（これを指導列車という）が運転された。指導列車が走ると、線路のポイントが固定され、踏切の遮断機が降ろされたままとなり、信号は青から変わらなくなった。指導列車、御召列車ともに、ほぼダイヤ通りの運転で、早着、延着ともにせいぜい一分以内にすぎなかった。

東海道本線の東京―京都間をはじめ、御召列車が走った沿線各駅では、あらかじめ列車が何時何分（何秒）にどの駅を通過ないし停車するかが知らされていた。各駅では、列車の通る少なくとも一時間前までに、天皇を「奉迎」するためにホームに入場することを許された人びと――市長、県会議員ら地元の有力者および学生生徒、青年団、在郷軍人ら――が集まり、列車の通過する時間には、ホームの決められた位置に規律正しく整列して、天皇の姿を直接仰ぐことのできない列車に向かって敬礼した。その人数は、横浜駅の九千八百人を最多に、三島駅で五千八百人、岐阜駅で四千二百人など、軒並み二千人を超えていた。

にもかかわらず、ホームに集まった人びとは、誰も物音一つ立てなかった。万歳を叫んだ

（上）天皇、京都駅を出発
（下）御召列車が東京駅に帰着

り、君が代を斉唱したりすることもなかった。不気味なほど静まりかえった空気が、どの駅でも辺り一面を支配していた。学生生徒に関しては、文部省の指導のもとで、列車の接近にともなう敬礼の具体的な動作の仕方が、細かく決められていた。彼らは、学校で入念な敬礼の訓練をして臨み、引率の教師の「礼」の掛け声とともに、いっせいに「体ノ上部ヲ約三十度前方ニ屈シ御車ニ注目」[4]し、列車に向かって敬礼した。静まりかえったホームに響く「礼」の声。それを合図に、各駅でどこもきわめて統制のとれた光景が展開された。

ホームだけではなかった。駅と駅の間の区間でも、ホームに入場することを許されなかった人びとが、思い思いに線路端(ばた)に集まり、列車に向かって敬礼した。その人数は、場所によっては二万人を超えていた。沿線の警備はいうまでもなく厳重をきわめたが、その警備の目が届かないような、いかなる林のなか、田んぼのなかであっても、日の丸の旗が翻(ひるがえ)り、敬礼する人びとを見ないことはなかった[5]。彼らのなかには、ふだん見慣れない指導列車と御召列車の区別がつかず、指導列車が走った時点で、すでに進んで敬礼の姿勢をとる人もいた[6]。

十一月二十六日、すべての日程を終えた昭和天皇と香淳皇后は、京都を発ち、その翌日、東海道本線で無事東京に帰った。その二日後、天皇と皇后は大正天皇が葬られた多摩陵に参拝すべく、原宿駅の宮廷ホームと、八王子―浅川(現・高尾)間に開設された東浅川仮停車場(現在は廃止)の間を往復した。

我国有鉄道ハ、御召列車ノ運転ヲ奉仕シ、其他凡(およ)ソ大礼ニ関スル諸般ノ輸送ヲ行フノ重責ヲ荷フ。是レ実ニ国有鉄道ノ光栄ニシテ、予カ諸子ト共ニ感激措ク能ハサル所ナリ。
諸子ハ其直接大礼ノ事務ニ関係アルト否トヲ問ハス、皆奉公ノ誠ヲ効シテ其ノ任務ニ尽瘁シ、国家交通機関ノ目的ヲ達成シテ貨客ノ安全ヲ確保シ、苟モ事故ヲ惹起シテ人心ヲ動揺セシムル如キコトアルヘカラス。[7]

「奉公の誠」を尽くして「国家交通機関」としての使命をまっとうせよ――大礼に先立ち、御召列車の運転を受けもつ鉄道省の全職員に対して出された鉄道大臣小川平吉（一八七〇～一九四二）のこの訓示は、こうして無事守られたのである。

「御発輦」と「京都行幸の日」

昭和天皇と香淳皇后が東京から京都に向かう日の朝の『東京朝日新聞』に、論説委員柳田國男（一八七五～一九六二）の「御発輦」と題する社説が掲載された。御発輦とは、天皇を乗せた列車が東京を出発することを意味する。柳田は、一九一五（大正四）年の大正大礼のときには、みずから貴族院書記官長として儀式に参列し、徹夜で奉仕した経験をもとに、「大嘗祭ニ関スル所感」をひそかに著して儀式のやり方を批判していたが、昭和のこのときには終始東京におり、大礼そのものに立ち会っていなかった。

この社説で柳田は、儀式の具体的な内容よりも、「今回の御大典のもつとも悦ばしき特徴は、第一にはこれに参与する国民の数の、いづれの大御門の御時よりも、遥に立勝つて居るといふことである」と述べているように、大礼が社会に及ぼす影響の方に着目している。そして、「一人としてつとに即位礼大嘗祭の本旨を解して、これが天朝の国命を支配したまふべき根本理法の表現なることを知らぬ者は無」い、「かくの如き民心の統一は、恐らくは前代その類を見ざるところ」などと、昭和大礼が同じ京都で行われた大正大礼にも増して、日本国民の「民心の統一」をもたらす大きな役割を果たしたことを述べるとともに、その背景に「交通と教育との力」があったことを指摘している。

　ここでいう「教育」が学校教育であることは明らかだが、「交通」が何を指しているのかは、必ずしもはっきりしない。しかしこの社説の原文には、それがはっきりと記されている。実はこの「御発輦」と題する社説は、原文では「京都行幸の日」[8]となっており、分量も一・五倍以上あった。編集局長だった緒方竹虎（一八八八～一九五六）の判断で、縮小されてしまったのである。幸い、『定本柳田國男集』別巻第二（筑摩書房、一九六四年）に、その原文が復元されている。そこには次のような文章が見られる。

> この御代始の壮大なる御儀式として、親しく神器を奉じて両京の間を往来したまふことは、正に前代を絶したる雄図と称すべきものであつて、これによつて沿道の老幼婦女の輩、ゐながらにして神聖なる御羽車の御行方を拝むことを得るに至つたのも、その間接の効果においては誠に意義多き改革であつた。
> 国の儀式はかくの如くにして、始めて公民生活の主要なる一部をなし、歴史は即ち国民

に取つて、殊に大切なる体験なりといふことが出来るのである。

少し注釈が必要であろう。「両京」は東京と京都、「沿道」は鉄道の沿線をそれぞれ指している。「御羽車（おはぐるま）」とは、前述した賢所をのせた車のことであるが、ここでは御召列車のなかの賢所を安置した車両（これを「賢所乗御車（じょうぎょしゃ）」という）を指していると思われる。「御発輦」で柳田が使った「交通」という言葉は、要するに鉄道を指していたのである。

ここで柳田は、大礼が東京でなく、皇室典範のもとに京都で行われるようになったことのもつ「間接の効果」に着目している。では「間接の効果」とは何か。神器を奉じた天皇が、御召列車に乗って東京から京都、さらには山田や畝傍へと移動することで、本来ならばその姿を仰ぐべくもなかった沿線の「老幼婦女の輩」が、「ゐながらにして神聖なる御羽車の御行方を拝むこと」ができるようになったことである。

つまり彼は、「たゞに千年の旧都を愛護して、これを世の常の故跡に化せしめじ」という〝直接の効果〟に大礼の意義を見いだしたのではなく、それが京都で行われることにより、東海道本線をはじめとする主要幹線で御召列車が運転され、沿線に人びとが集まり、列車に向かって敬礼することの方に、その意義を見いだしたのである。沿線の人びとが、「ゐながらにして」天皇や神器の乗った列車に向かって次々と敬礼してゆくなかに、柳田は単なる京都で行われた「国の儀式」に終わらない、「公民生活の主要なる一部」を見てとっている。

柳田國男の鉄道論

たしかに昭和大礼ほど、ふだん地域や年齢、性別、職業などに応じて、バラバラに生活している多くの国民が、一つの共時的体験のもとに同じ天皇の臣民としての意識をもったことは、かつてなかった。そして昭和大礼ほど、国民の共時的体験を演出する上で、鉄道が大きな役割を果たしていることをまざまざと示した「事件」も、かつてなかった。もちろん鉄道による天皇の行幸は、明治初期以来ずっと行われていたが、昭和大礼は、その一年前から準備が始められた鉄道省の並々ならぬ熱の入れようといい、職員や警官を含めてそこに動員された人数といい、どれをとっても史上空前の規模の行幸といってよかった。

権力の中心である東京から、あたかも精密機械のごとく正確に、秒単位で向かってくる列車の動きとともに、のべ百万人以上もの人びとの行動や動作が規制され、決められた時間に列車に向かっていっせいに敬礼するという光景は、鉄道でなければ決して展開されることはない。柳田の鉄道論は、はからずもこのような鉄道のもつ特性を、みごとに言い当てている。

鉄道が、国民の共時的体験を演出する一種の装置となっているという「京都行幸の日」の見方は、柳田がその二年後の一九三〇（昭和五）年から書きはじめた『明治大正史世相篇』のなかの第六章「新交通と文化輸送者」にも受け継がれている。ここで彼は、御召列車について直接触れているわけではないが、日本全国に向かってのびてゆく「鉄道の歴史」を、「専門家」の目を通してではなく、「外側からその影響を考えてみる」ことをめざそうとしている。[9] そしてその影響の最たるものとして、彼が考えているのは、日本列島に見られる南北の自然の格差を鉄道が初めて本格的に乗り越え、その障害を突破して、すべての国民が一体となる意識を生み出したという事実であった。

　昭和大礼が行われたのと同じ一九二八（昭和三）年に刊行された『雪国の春』のなかで、「白状をすれば自分なども、春永く冬暖かなる中国の海近くに（引用者注——兵庫県神崎郡福崎町西田原辻川）生れて、この稍狭隘（ややきょうあい）な日本風に、安心し切つて居た一人である。本さへ読んで居れば次第々々に、国民としての経験は得られるやうに考へて見たこともあつた」[10] と述べていた柳田は、日本列島の南北の自然の格差、とりわけ自分が住んだことのなかった東北日本の冬の不自由な生活に関しては、人一倍敏感であった。このことは、「新交通と文化輸送者」でも、「われわれの雪中生活には今まではまだ研究が十分でなかった」と、同じことを繰り返し述べていることからもわかる。

　柳田によれば、この「雪中生活」に最初のくさびを打ち込んだのは、明治になって確立された「全国一様の教育制」であった。しかしそれでも、「実際はまだ天然と風土の制限を、破ってしまうまでの方法は立っていなかった。夏だけ来てみると、別に異なる点も目に付かぬが、木葉（このは）が散ってしまえばもう丸で他の種族のように、都市では想像もできぬ古い生活に返っていたのであった」。ところが鉄道は、「天然と風土の制限」を最終的に打破することに成功した。「汽車は雪害には自分も散々悩みながらも、とにかくこの間へ新たなる一道の生気を送り入れたのである」。「最近何回かの総選挙でもわかったように、日本は初めて真冬でも共同しうる国となったのである。これは電信電話などの力もあるが、主としては汽車の大きな効果であった」[11]。

もちろん「京都行幸の日」との違いもある。「新交通と文化輸送者」で想定されているのは、東海道本線のような東西日本を結ぶ鉄道というよりは、むしろ東北日本に向かってのびてゆく鉄道である。しかしここで柳田が、日本を「真冬でも共同しうる国」にした原因として、教育とともに鉄道をあげているのは、「京都行幸の日」を書き改めた「御発輦」で、「民心の統一」をもたらした「力」として、「交通と教育」をあげていたことを思い起こさせる。

装置としての鉄道

「京都行幸の日」から「新交通と文化輸送者」へと至る一九二八年から三〇年にかけての柳田の鉄道論は、従来主に日本経済史や日本経営史の研究対象とされてきた鉄道を、昭和大礼を機に近代国家における国民（臣民）統合の装置としてとらえ直したものとして、注目に値する。明治以来の「帝都」東京を中心とする鉄道の発達は、日本資本主義の発展という経済的次元だけでなく、人びとによる国家意識の形成という思想的次元とも密接にリンクしていたのである。

このような鉄道の役割があざやかに発揮されるのは、すでに明らかなように、天皇や皇后ばかりか、皇太后や皇太子、あるいは昭和天皇の名代（みょうだい）として一歳違いの弟の秩父宮雍仁（ちちぶのみややすひと）（一九〇二～五三）のような皇族を乗せた御召列車が運転されたときである。明治後期から昭和初期にかけて、御召列車が北海道から九州までの全国各地はもとより、台湾や樺太（現・サハリン）のような植民地、さらには「満洲国」を舞台としてどれほど頻繁に運転され、そのたびに沿線でどのような〈支配〉の秩序が見られたかは別の拙著に譲るが、[12]一九二八年十一月の昭和大礼の光景こそは、柳田が指摘したように、それが最も大規模な形で展開されたものであった。

本書が冒頭で昭和大礼を取り上げたのも、東京から全国、そして植民地へとのびてゆく鉄道を媒介として、それまでバラバラであった人びとの意識や感覚、さらには身体が一つに統合されてゆく側面に、まず着目したかったからにほかならない。

だが、ここでいう鉄道は、あくまで「帝都」東京を中心とする国鉄を意味している。鉄道を媒介として展開される「国民化」[13]（「臣民化」）の光景というのは、正確にいえば国鉄の発達によって生み出される光景なのである。

しかしいうまでもなく、近代日本の鉄道は国鉄がすべてではなかった。

後に触れるように、鉄道国有の原則を強く打ち出した一九〇六（明治三十九）年の鉄道国有法の制定にもかかわらず、私鉄として残った鉄道は、都市部を中心に数多く存在した。なかでも大阪を中心として発達する関西私鉄は、昭和大礼が行われた当時には、すでに関西地域で国鉄以上の路線網を有していただけでなく、国鉄に対抗する思想をもとに、それぞれの沿線に独自の文化を築いていったという点で際立っていた。国鉄が前述したような国民統合の装置であったとすれば、当時の関西私鉄には「官」から独立して地域住民の新しいライフスタイルを生み出す文化装置としての側面があったのである。その具体的内容については、本論で明らかにするつもりである。

本書では、柳田が見落としていたもう一つの近代日本の鉄道である、明治後期から昭和初期にかけての関西私鉄に光を当てる。この関西私鉄というフィルターを通して浮かび上がってくるのは、同時代に立ち現れてくる「帝都」東京とはまったく異なる、「民都」大阪の姿である。「民都」というのは、本論に登場する小林一三（こばやしいちぞう）（一八七三〜一九五七）が、「政治中心」の東京に対して、大阪を「民衆の大都会」と呼んだことにちなむものである。

東京では宮城をはさんでその東側に東京駅が建てられ、西側に明治神宮や神宮外苑、多摩陵などが作られるこの時期、大阪では私鉄会社が互いに競い合うようにして、それぞれの沿線に住宅地や遊園地、歌劇場、野球場、デパートなどを作り、自立した生活文化圏が確立された。しかし他方で、大阪に多大な関心をもつ天皇が即位する昭和に入ると、大阪にもしだいに「帝都」の影が忍び寄る。天皇の記憶を留めるモニュメントが建てられ、昭和大礼の光景が、大阪の内部でも見られるようになる。そして「民都」の没落を象徴する決定的な事件が起こる一方、忘れられていた古代難波津（なにわづ）（大阪の旧名）の記憶がよみがえるのである。

以下本論では、こうした過程をなるべく史実に即して具体的に描き出すことにする。それを描き出すことで、「日本」を単一の実体とは見なさない近代日本思想史の一つの像が浮かび上がると筆者は考えている。その意味で本書は、大阪を舞台とし、関西私鉄を媒介としながらも、近代の「帝都」を含めた日本全体にまたがる思想史の物語なのである。[14]

1890	（明治23）	8月	軌道条例公布
1891	（明治24）	9月	日本鉄道、上野—青森間全通
1892	（明治25）	6月	鉄道敷設法公布
1894	（明治27）	8月	日清戦争（〜1895）
1895	（明治28）	2月	京都電気鉄道開業
		4月	甲武鉄道、飯田町—八王子間全通
		11月	関西鉄道、奈良—名古屋間全通
1896	（明治29）	10月	東武鉄道設立
1897	（明治30）	10月	南海の浜寺駅が開業
1899	（明治32）	5月	関西鉄道、湊町—名古屋間が全通
1900	（明治33）	10月	私設鉄道条例改正、私設鉄道法施行
1903	（明治36）	3月	第5回内国勧業博覧会が大阪で開かれる（〜7月）
		9月	大阪市電開業
1904	（明治37）	2月	日露戦争（〜1905）
1905	（明治38）	4月	阪神電気鉄道が開業（出入橋—三宮）
1906	（明治39）	3月	鉄道国有法
		7月	南海、大阪毎日新聞社とタイアップして浜寺海水浴場を開設
1907	（明治40）	4月	阪神、香櫨園を開園（1913廃止）
		8月	南海鉄道の難波—浜寺公園間電化
		10月	小林一三、箕面有馬電気軌道を設立、専務取締役に就任
		11月	「御召列車ノ警護ニ関スル件」制定
		12月	内務省有志が博文館から『田園都市』を刊行する
1908	（明治41）	1月	阪神、小冊子『市外居住のすすめ』発売

◆関連年表①

年	月	事項
1872（明治 5 ）	10月	新橋―横浜間鉄道開業式
1874（明治 7 ）	5 月	大阪―神戸間鉄道開通
1877（明治10）	3 月	京都―大阪間鉄道全通
1880（明治13）	7 月	京都―大津間鉄道開通
1881（明治14）	11月	日本鉄道会社成立（日本初の私設鉄道会社）
1884（明治17）	12月	阪堺鉄道会社設立
1885（明治18）	3 月	日本鉄道会社、山手線品川―赤羽間開通
		南海鉄道が開業
1887（明治20）	5 月	私設鉄道条例公布（私設鉄道に関する最初の立法）
	7 月	官設鉄道、横浜―国府津間開通
1888（明治21）	1 月	山陽鉄道会社成立
	5 月	阪堺鉄道会社、難波―堺間全通（最初の都市間近郊鉄道）
	6 月	九州鉄道会社成立
	11月	山陽鉄道、兵庫―明石間開通
1889（明治22）	2 月	官設鉄道、国府津―静岡間開通
		大日本帝国憲法発布、皇室典範制定
	4 月	官設鉄道、静岡―浜松間開通
	6 月	横須賀線、大船―横須賀間開通、東海道線と横須賀軍港が結ばれる
	7 月	長浜―大津間、米原―深谷(ふかたに)（廃駅）間開通、東海道線の新橋―神戸間が全通となる
	8 月	甲武鉄道、新宿―八王子間開通
	9 月	山陽鉄道、兵庫―神戸間開通し、官設鉄道と接続
	12月	関西鉄道の草津―三雲間が開通

第一章　私鉄という文化装置

1　「帝国」と「王国」

わずか三十年あまりで――全国に通じる鉄道

昭和初期に書かれた柳田國男の鉄道論は、東海道本線のような幹線だけでなく、全国のどの地方にも鉄道が敷かれ、東京と地方が線路で一本につながったという事実に立脚している。一九一四（大正三）年に新橋に代わって東京駅が東海道本線のターミナルとなる一方、一九二五（大正十四）年には山手線の環状運転が始まり、東北本線のターミナルだった上野と東京の間がつながることで、このころまでには東京駅が、文字どおり全国の鉄道網の中心となっていた。

では日本の鉄道は、いつのころから列島の隅々にまで達するようになったのだろうか。

一八七二（明治五）年の新橋―横浜間の開業式に際して明治天皇が読んだ「今般我国鉄道ノ首線工竣(おわ)ルヲ告ク（中略）朕更ニ此業ヲ拡張シ此線ヲシテ全国ニ蔓布(まんぷ)セシメンヿ(こと)ヲ庶幾(こいねが)フ」[1]という勅語が示すように、近代日本の鉄道はその開業の当初から、東京や横浜のような

横浜駅における鉄道開業式。外国人商人たちが明治天皇の前で自分たちの名簿を読み上げている。

都市だけでなく、地方を含む「全国ニ蔓布」することが最終的な目標とされていた。そしてその建設や経営の主体となったのは、「民」ではなく、多くの場合「官」であった。民部省、工部省、内閣、内務省、逓信（ていしん）省鉄道庁、逓信省鉄道局、逓信省鉄道作業局、帝国鉄道庁、鉄道院、鉄道省と再三監督官庁が変わるものの、「官」により建設、営業される官設官営鉄道、国家の所有する国有鉄道が、近代日本の鉄道の中心的な座を占めていたという点では、ほぼ一貫していたのである。

たしかに明治中期から後期にかけては、最大の私鉄であった日本鉄道（現・JR東北本線、山手線など）をはじめ、山陽鉄道（現・JR山陽本線）、九州鉄道（現・JR鹿児島本線、長崎本線など）など、総延長が五〇〇〇キロを超える私設鉄道が次々に出現し、日本でも本格的な私鉄の時代の到来を予感させたこともあった。しかしながら、これらの私鉄の多くは政府の保護や助成を受けていたり、資金の乏しい政府に代わって主要幹線を建設、運営したりする会社としての性格が強く、純粋な私鉄とはいえない面をもっていた。

しかも一九〇六（明治三十九）年に、軍事的見地から鉄道国有を強く主張する陸軍の要求に加えて、渋沢栄一（一八四〇〜一九三一）ら財界首脳が経済基盤の整備という点から国有化を容認したのにともない、鉄道国有法が制定されると、これらの大規模な私鉄は、すべて国有化され、国鉄となった。この時期までに、新橋と神戸を結ぶ東海道本線をはじめ、山陽本線、東北本線など、現在のＪＲの幹線の大部分が開通していたのであり、北海道から九州まで、東京を中心とする全国の官営の鉄道網が、明治末期までにほぼ確立された（もっとも厳密にいえば、この時期はまだ宮城に直結する東京駅ができておらず、東京のなかにも新橋や上野など、複数の中心があることに注意すべきであろう）。

一八七二年の時点で掲げられた目標は、わずか三十年あまりにしてほぼ達成されたのである。

和辻哲郎の回想

コロンビア大学教授のキャロル・グラックは、明治末期の日本の支配原理を分析した『日本近代の神話――明治後期のイデオロギー』（Japan's modern myths: ideology in the late Meiji period, Princeton University Press, 1985）のなかで、日本近代の二つの象徴として、天皇と鉄道をあげ、こう述べている。

明治時代に広く流通した絵図では、二つの遍在するイメージが、徐々に「文明」の象徴として現れてきた。すなわち、天皇と機関車である。どちらも進歩と結び付いていたが、それは進歩に犠牲がともなったときですらそうであった。またどちらも近代国家を特徴づける国家や社会の統合に貢献していた。明治初期には天皇は若く、駕籠に乗って地方を回ったのであり、機関車は木版印刷に描かれた風変わりな「陸蒸気（おかじょうき）」であった。明治末期までに、列車は遠隔地にまでやって来るようになり、日常生活の現実となった。一方天皇は、一般の目に触れることはなくなり、実物以上にイメージが誇張された。この二つの象徴よりもっと強く近代を象徴するものは、その後もしばらくは現れなかった。（二〇一ページより拙訳）

グラックのいう通り、日本の鉄道は、「明治末期までに」、「遠隔地にまでやって来るようになり、日常生活の現実となった」。鉄道は天皇とともに、「文明」や「進歩」の象徴となり、東京から日本列島の隅々にまでのびてゆくことで、地域差をなくしてゆく一方、「近代国家を特徴づける国家や社会の統合」に大きな役割を果たしてゆくことになるのである。やがてそれは、天皇とともに日本国内だけでなく、朝鮮や台湾のような植民地、さらには「満洲国」にまで通じる象徴となってゆく。

このことを地方の視点から言い換えれば、国家権力の中心であり、「文明」や「進歩」の中心でもある東京から、その象徴である鉄道が、周縁の「遅れた」地域に向かってのびてくることを意味する。ここに、地方が地方としての固有性や閉鎖性を脱却し、別の開かれた世界とつながっているという新しい意識が発生するのである。たとえば和辻哲郎（一八八九〜一九六〇）は、晩年に著した『自叙伝の試み』のなかで、幼少期にすごした兵庫県神崎郡砥堀村（現・姫路市）に、姫路と生野を結ぶ播但鉄道（鉄道国有法制定後にやはり買収され、国鉄播但線となる。現・JR播但線）が開通したときの思い出を、こう振り返っている。

> わたくしはこの時に初めて汽車を見たのではない。しかし初めて汽車を見た時のことは何も覚えていないのに、この時のことは妙にはっきりと記憶に残っている。やはり汽車そのものではなく、「汽車がわたくしの村を通る」ということが、何かわたくしを昂奮させるものを持っていたのであろう。そうしてそれは決して見当違いのことではなかった。[2]

和辻はこの「昂奮」の正体を、鉄道の開通が「外の世界との連絡を、事実上でもまた象徴的な意味においても、表示することになった」という意識に求めている。「車窓から明りを洩らしながら遠ざかって行く列車の姿」に、彼は「外なる世界を指示するものとして強い意味」を見いだしたのである。その「外なる世界」の中心には、いうまでもなく東京があった。

メディアとしての鉄道

和辻の鉄道に対する回想は、あるいは、播但鉄道が播但線として開通したのと同じ一九〇〇年代に書かれた夏目漱石（一八六七〜一九一六）の小説『三四郎』の冒頭の有名な上京のシーンを想起させるかもしれない。社会学者の若林幹夫は、『熱い都市　冷たい都市』（弘文堂、一九九二年）のなかで、同じことを社会学の用語を駆使して次のように言い換えている。

近代国家の形成と協働して敷設されていった鉄道は、中央集権化のメディアである。鉄道には「上りup」と「下りdown」があり、その上昇してゆく先には都市が、そして首都があった。そしてまた鉄道の駅が、これまで都市の存在しなかった場所に、鉄路の彼方の「外部」へと繋がる場所としての新しい都市を生み出していった。鉄道、それは、いまだ伝統的な社会規範の支配する「いま・ここ」の外部としての「近代＝都市」へと繋がるメディアであり、国家的な、そしてまた国際的な社会の広がりを、都市を結節とするツリー状の体系へと組み上げるメディアであった。[3]

ここでいうメディアとは、若林によれば「人間の行為や経験の構造を変容させる技術的装置」[4]を指している。そして若林も引用するヴォルフガング・シヴェルブシュの『鉄道旅行の歴史――十九世紀における空間と時間の工業化』（加藤二郎訳、法政大学出版局、一九八二年）によれば、このようなメディアとして鉄道が意識されたのは、決して日本だけではなかった。鉄道の先進国であったヨーロッパ諸国においても、鉄道による「時間と空間の抹消」の結果、国内の各都市や各地方が、首都に向かって収束するという観念が、十九世紀の学者やジャーナリストたちをとらえていたのである[5]。

たしかにその意味では、和辻のような鉄道観は、鉄道の発達したヨーロッパですでに見られたのであり、世界各国における共通の認識となっていたということもできる。だが果たして近代日本の鉄道は、そのすべてが東京とつながる「中央集権化のメディア」であり、東京に近い方を「上り」、遠い方を「下り」と称していたのだろうか。ふたたび視点を地方から中央に移して言い換えれば、天皇や皇后、皇太子の乗った御召列車は、およそ線路のある限り、東京からどこへでも行くことができたのであろうか。

国鉄と私鉄

日本の鉄道が、線路幅を一〇六七ミリの規格で統一した官設鉄道を中心に発達していったことは、紛れもない事実である。一時は路線延長で官設鉄道をはるかに上回っていた私設鉄道も、同じ規格で作られた上、その大部分は一九〇六年の鉄道国有法で買収され、この時点で日本の全鉄道の約九割が国鉄となった。和辻が幼き日に見た播但鉄道も、その一つであった。しかしながら、当時の鉄道をより微細に検討すれば、すべての私鉄が「官」に買収されたわけではなかったこともまた明瞭である。

そもそも鉄道国有法では、その第一条に「一般運送ノ用ニ供スル鉄道ハ総テ国ノ所有トス但シ一地方ノ交通ヲ目的トスル鉄道ハ此ノ限リニ在ラス」[6]とあるように、「一地方ノ交通ヲ目的トスル鉄道」を国有化の対象からはずしていた。このため、当時すでに設立されていた私鉄会社のうち、難波と和歌山市を結んでいた南海鉄道（現・南海電気鉄道）や、品川と神奈川を結んでいた京浜電気鉄道（現・京浜急行電鉄）、大阪の出入橋と三宮を結んでいた阪神電気鉄道などは、私鉄としてそのまま残った。

まぎらわしい言い方になるが、買収を免れた私鉄の多くは、一八八七（明治二十）年に公布された私設鉄道条例（一九〇〇年に改正されて私設鉄道法となる）による認可を受けた私設鉄道（一九一九（大正八）年からは地方鉄道法が施行され、地方鉄道と名称が変わる）ではなく、一八九〇（明治二十三）年に公布された軌道条例による認可を受けた「軌道」であった。軌道とは、専用の線路をもたず、路面に敷設される鉄道のことである。なかでも注目すべきは大都市およびその近郊を中心とする軌道の発達であり、京浜電気鉄道や阪神電気鉄道のほか、京都市内を走る京都電気鉄道や東京市内を走る東京電車鉄道などの私鉄、それに私鉄以外にも大阪市電のような公営の軌道が、鉄道国有法の制定までに開業していた。

鉄道国有法の制定以後も、明治末期から大正初期にかけて、大阪や東京の周辺を中心に、軌道の開業が相次いでいる。その主なものを開業順に記せば、大阪の梅田（現・大阪梅田）と箕面、宝塚を結ぶ箕面有馬電気軌道（現・阪急電鉄）、大阪の天満橋と京都の五条を結ぶ京阪電気鉄道、大阪の恵美須町と堺の浜寺公園を結ぶ阪堺電気軌道、新宿追分（現在の新宿駅とは別）と府中を結ぶ京王電気軌道（現・京王電鉄）、大阪の上本町（現・大阪上本町）と奈良を結ぶ大阪電気軌道（略称大軌。現・近畿日本鉄道）などが挙げられようが、その多くは「官」に買収されるどころか、今日大手私鉄と呼ばれるほど発展してきている。

これらの軌道は、先に開業した京浜電気鉄道や阪神電気鉄道も含めて、いずれも大阪や東京の市内を走る私鉄ではなく、都市と都市の間や都市と郊外を結ぶ私鉄であった。確かにその路線延長は、開業当初でせいぜい数十キロと短く、全国に広がる国鉄に比べれば、無視しても構わないほどの規模といえた。だが、非電化の区間が圧倒的であった国鉄とは異なり、これらの軌道は全線が電化されていた。しかも、国鉄の駅とは別に、開業当初から独自のターミナルをもち、線路幅も国鉄の一〇六七ミリより広かった。このことは、東京を起点とする国鉄の列車が、そのまま乗り入れることができないことを意味していた。

大正期に入ると、軌道を道路に付随する交通手段として、私設鉄道（地方鉄道）よりも軽く見ていた政府の思惑とは相反して、軌道が本格的な輸送機関として発達し、輸送能力で国鉄を大きくリードする区間も現れるようになる。ただし注意すべきは、その区間が、東京やその近郊ではなく、大阪を中心とする関西地域（大阪、京都、兵庫、奈良、和歌山の二府三県）にほぼ集中していたことである。

「帝国」と「王国」

本書では、後述するように大正末期までにおおむね成立する関西地域の各私鉄沿線や、そこに広がる生活文化圏を、まとめて「私鉄王国」と呼ぶことにする。[7]
「王国」というのは、『広辞苑』によれば、
①王を主権者とする国。
②一つの大きな勢力。
の二つの意味があるが、ここでは②に近い意味で用いる。すなわち、王のような主権者が存在するわけではなく、国家のように完全に他から独立していたわけでもないが、総体として（私鉄が）大きな社会的勢力を有する一定の領域というように定義しておく。

さらにいえば、この「私鉄王国」は、「帝国」に対する概念として用いられている。

ここでいう「帝国」とは、「帝都」東京を中心とするナショナルな領域のことであり、先に述べたような東京を中心として全国に広がる国鉄の線路が敷設された領域を指している。天皇や皇后、皇太子が、東京から国鉄の線路を走る列車に乗って移動することのできる領域といってもよい。そこでは、北海道から九州まで、すべての国鉄が東京を中心として一本につながり、[8]すべての線路が東京を基準として「上り」と「下り」に分けられ、全国的に同じ法規が適用された。「はじめに」で述べた昭和大礼の光景は、まさにこのような「帝国」の秩序を視覚的に示したものであった。

これに対して、東京から見れば一つの地域にすぎない「私鉄王国」は、たしかに空間的にはナショナルな「帝国」の内部にあったが、完全にそこに包摂されていたわけではなく、相対的に独自の領域を保っていた。

具体的にいえば、この「私鉄王国」では、「帝国」とは異なり、すべての線路が東京を中心に敷設されておらず、国鉄の法規も原則的には適用されなかった。天皇や皇后、皇太子を乗せた列車も、直接そこに入ることはできなかった。したがって、昭和大礼のような光景が「私鉄王国」のなかで展開されることは、原理的にはあり得なかったのである。

昭和大礼と「私鉄王国」

一九二八（昭和三）年十一月に昭和大礼が行われたとき、大阪は人口、面積ともに東京を抜いて日本一の大都市となっていたが、同時に東京をしのぐ日本経済の中心でもあった。このことは、『昭和大阪市史』第一巻、概説篇（大阪市役所、一九五一年）の次のような記述から、はっきりとうかがうことができる。

> 大阪は（引用者注――第一次）世界大戦以後大なる発展をなし、その経済上の実力は東京をしのぎ、『大阪は我国の心臓』であると称せられたもので、政治都東京に対する産業都大阪として、わが国産業の一大中心地であった。昭和元年の全国工業生産額（職工五人以上を有する工場の）は七十一億五千四百万円であるが、大阪は八億九千六百万円で全国の約一二％を占め、紡績工業及び金属工業がその中心をなしており、東京市の産額は全国の五・一二％に過ぎず、大阪は断然優位を占めていた。（一四〜一五ページ）

　ここでいう「産業の一大中心地」のなかには、紡績工業や金属工業だけでなく、私鉄も含まれる。大阪は昭和初期までには、関西地域に広がる「私鉄王国」の中心地にもなっていた。

　天皇が神武天皇陵や伏見桃山陵を参拝するときに乗った奈良線の京都と稲荷(いなり)の間や桃山と宇治の間では、軒を隔てて天満橋にターミナルをおく京阪電気鉄道本線や宇治支線が走っていた。また大礼が行われた十一月には、奈良線のすべての区間に並行して走り、大軌西大寺（現・大和西大寺）で大阪電気軌道に接続する奈良電気鉄道（現・近鉄京都線）が、新たに開業していた。神武天皇陵のすぐ近くには、国鉄の桜井線とは別に、大阪・上本町をターミナルとする大阪電気軌道の桜井線や畝傍線が走っていた。

　これらの私鉄は、やはりどの線路も、東京と直接つながってはいなかった。御召列車が走る沿線に集まった、あの百万を超える人びとの共時的体験とも、柳田が鉄道に見いだした「公民生活の一部」とも無縁であった。昭和大礼が行われた当時、天皇を乗せた列車は、このような「私鉄王国」の東の周縁部をかすめるようにして走っていたのである(9)。

2　『細雪』から

蒔岡幸子の見た渋谷

東京出身でありながら、昭和初期には自らも阪神間に住んだ作家、谷崎潤一郎(たにざきじゅんいちろう)（一八八六

谷崎潤一郎。1931年3月、兵庫県岡本の自宅にて。

〜一九六五）の長編小説『細雪』に、蒔岡幸子という女性が登場する。幸子は蒔岡家の四人姉妹の次女で、阪神急行電鉄（現・阪急電鉄）神戸線の芦屋川に住んでいたが、一九三八（昭和十三）年八月に、東京の渋谷にあった姉の家に行くために、妹や娘らとともに上京する。

　久しぶりに見た東京は、すっかり変わっており、「帝都の威容」を象徴する「高架線の両側に聳える高層建築の景観」を列車の車窓から見たときには、たしかに幸子も「何と云っても東京には及ばない」と感じたものである。だがそう思えたのは、東京のごく一部であり、「正直なことを云うと、彼女はそんなに東京が好きなのではなかった[10]」。その気持ちは、芦屋川と渋谷を比較する次の一節によくあらわれている。

　今日も青山の通りを渋谷の方へ進んで行くに従い、夏の夕暮であるにも拘らず、何となく寒々としたものが感じられ、遠い遠い見知らぬ国へ来てしまったような心地がした。彼女は前に東京のこのあたりを通ったことがあったかどうか覚えていないが、眼前に見る街の様子は、京都や大阪や神戸などとは全く違った、東京よりもまだ北の方の、北海道とか満洲とかの新開地へでも来たような気がする。場末と云ってもこの辺はもう大東京の一部であり、渋谷駅から道玄坂に至る両側には、相当な店舗が並んでいて、繁華な一区域を形作っているのであるが、それでいて、何処かしっとりした潤いに欠けてい、道行く人の顔つき一つでも変に冷たく白ッちゃけているように見えるのは何故であろうか。幸子は自分の住んでいる芦屋あたりの空の色や土の色の朗かさ、空気の肌触りの和やかさを想い浮かべた。(11)

渋谷は、一九三二（昭和七）年までは豊多摩郡渋谷町であったが、この年に東京市が周辺の町村を合併して「大東京」市となり、ふたたび大阪の面積、人口を上回ったときに、東京市に編入されて渋谷区となった。幸子が上京した一九三八年には、渋谷駅には国鉄の山手線のほか、東京横浜電鉄（渋谷—桜木町。現・東急東横線）、帝都電鉄（渋谷—吉祥寺。現・京王井の頭線）、玉川電気鉄道（渋谷—溝の口・下高井戸。同年四月に東京横浜電鉄に合併。現・東急田園都市線）の三つの私鉄と東京市電が乗り入れており、この年の十二月からは、さらに渋谷と新橋を結ぶ東京高速鉄道（現・東京メトロ銀座線）が加わった。

関東が、関西よりも私鉄の発達が遅れたのは前節で触れた通りであるが、このころになると、東京周辺でもほぼ現在と同じ私鉄の路線網が形成されるようになっていた。一九三四年十一月には、駅に隣接して、東京横浜電鉄が経営する東横百貨店（後の東急百貨店東横店）が開店してもいる。すでにこのときの渋谷は、新宿や池袋と並ぶ東京の西のターミナルとして発展していたといえよう。

だが幸子の眼に映った渋谷は、いくら表面的に賑（にぎ）やかで便利に見えようと、自分の暮らしていた関西地域とは似ても似つかぬ「遠い遠い見知らぬ国」、「しっとりした潤い」の欠けた、「東京よりもまだ北の方の、北海道とか満洲とかの新開地」のような場所でしかなかった。

「郊外ユートピア」としての芦屋川

それはなぜであろうか。もちろんその理由を、幸子個人の主観として片付けることもできれば、小説全体の展開から、必然的に幸子はここでこのように感じなければならなかったとすることもできよう。しょせんフィクションだとして、一笑に付すこともできるかもしれない。だが、幸子が住んでいたのが東海道本線の芦屋でなく、阪急神戸線の芦屋川とされていたことを想起すれば、もう少し問題は広がってくるはずである。

当時の阪急神戸線は、大阪の梅田と神戸（国鉄の神戸とは別）を結ぶ線であり、阪急では梅田と宝塚を結ぶ宝塚線に次ぐ線として、一九二〇（大正九）年七月に開通している。神戸線が開通したとき、阪神間を走る鉄道としては、東海道本線のほか阪神電気鉄道があったが、阪急神戸線のルートは、最も山側の六甲山麓に当たっていた。その開通が、阪急沿線のイメージを形作る上でいかに画期的であったかは、次の二つの文章が雄弁に物語っている。

> その開通によって、阪神間の山の手一帯の郊外が、俄然最も阪急沿線らしいハイカラな住宅街となり、これまでの阪神間の風景を一変させた。風化した花崗岩質の傾斜地に過ぎなかった山麓にもうひとつの新しい郊外ユートピアが出現したのである。（津金澤聰廣『宝塚戦略』、講談社現代新書、一九九一年、一二一～一二二ページ）

> 大正以来造られてきた（引用者注――六甲山麓の）住宅街は、山際をかすめて大阪―神戸間を試運転時には四十二分（大阪毎日新聞による）、十四年後には二十五分で駆けぬけた小豆色（阪急ではマルーンと呼ばれている）で統一された電車の姿や機能と相俟って、長い長い立体的で緑色の休息地――これまでの日本にはまだなかった、何と名付けてよいかわからない宙に浮んでいる匂いのいい世界を、この地上にかたちづくって来たように思われる。（阪田寛夫『わが小林一三』、河出文庫、一九九一年、一三五～一三六ページ）

阪急神戸線は、六甲山麓の東西にのびる一帯に「新しい郊外ユートピア」を、また「これまでの日本にはまだなかった、何と名付けてよいかわからない」「匂いのいい世界」を作り出した。そこには、幸子が思い浮かべたような、「空の色や土の色の朗かさ、空気の肌触りの和やかさ」があった。並行して走る国鉄や阪神の沿線とは完全に区別された、統一したイメージで語られる世界――芦屋川は、まさにこの世界の中心に位置していた。一九一〇（明治四十三）年に箕面有馬電気軌道として開業して以来、郊外の多くの土地を分譲住宅地として開発し、そこを女性や子供も含めた「中産階級のユートピア」[12]へと変えていった阪急の歴史が、神戸線の沿線にも息づいていたのである。そのユートピアの具体的な内容については、後に触れる機会があろう。

これに対して、渋谷はどうだったか。すでに述べたようにここには、国鉄の山手線と、性格の異なる三つの私鉄、それに市電や地下鉄が、一ヵ所に集まっていた。したがって、国鉄の芦屋と阪急の芦屋川、あるいは国鉄の大阪と阪急の梅田のような、「官」と「民」のすみわけがなされていなかった。駅に集まる私鉄のターミナルはどこも狭かった上、東京横浜電鉄のホームが路面を走る玉川電気鉄道の線路の上をまたぐような形になるなど、ごちゃごちゃと錯綜（さくそう）しあっており、それぞれの私鉄が互いに独立した領域を確保するまでには至っていなかった。[13]むしろ後から乗り入れた私鉄の各ターミナルが、もともとあった山手線の駅に従属するような格好になっていた。

もっとも、芦屋川と比較すべきなのは、渋谷でなく、同じ郊外に属する田園調布（でんえんちょうふ）あたりなのかもしれない。あるいは幸子は、渋谷から桜木町行きの東京横浜電鉄に乗り、阪急神戸線の沿線と、田園調布のある東京横浜電鉄の沿線全体を比較すべきだったのかもしれない。だがそうだとしても、一九二七（昭和二）年に開業した東京横浜電鉄の沿線は、阪急神戸線のような統一したイメージからはほど遠く、「中産階級のユートピア」と呼ぶまでには至っていなかった。田園調布のような計画的な住宅街はごく一部で、住宅のほかに、京浜工業地帯に属する工場や小売店などが雑然と立ち並ぶ光景を目にしたならば、幸子はやはり似たようなことを考えたのではなかろうか[14]。

蒔岡幸子の心理を描写する谷崎の文章は、はからずも関西私鉄と関東私鉄の間に横たわる本質的な違いを浮き彫りにしている。両者の違いは戦前だけではなく、いまに至るまで続いている。その糸口を、まずは幸子が利用した阪急神戸線の始発駅、大阪梅田に探ってみよう。

阪急大阪梅田ターミナル

阪神急行電鉄は、現在は阪急電鉄と名を改め、梅田も二〇一九（令和元）年十月に大阪梅田に改称されたとはいえ、そのターミナルが梅田であること自体に変わりはない。阪急沿線にお住まいの方ならばすでにおなじみかもしれないことを断りつつ、このターミナルのいまの光景を記してみる。

ターミナルの玄関口には、一九二九（昭和四）年に完成した阪急百貨店うめだ本店がある。かつてはその一階部分と二階部分が、ドーム状の屋根をもち、シャンデリアがいくつも吊り下げられた吹き抜けのコンコースになっていたが、建て替えに伴い解体され、二〇一二（平成二十四）年には駐車場やオフィスなどが入った複合テナントビル「阪急グランドビ

（上）旧阪急百貨店コンコースのステンドグラス
（下）同、シャンデリア

ル」（阪急32番街）との間に新たな南北のコンコースが完成した。ここにはもともと地上ターミナル時代の阪急梅田駅があり、一九七一（昭和四十六）年十一月に京都線のホームが現在の高架ホームに移転するまで、その一部が残っていた。

南北のコンコースからは、遊歩道と二基の動く歩道がまっすぐにのびている。動く歩道に乗ってJR線のガード下をくぐり、動く歩道に接続するエスカレーターで「阪急ターミナルビル」（阪急17番街）の三階へと昇ると、大阪梅田ターミナルが突然、その壮大な姿を現すのである。急に開かれた視線のなかに、四十一基もの自動改札機がずらりと立ち並び、そのすぐ向こうには、それぞれの線の行き先や種別、発車時間、停車駅を告げる電光掲示の案内板があり、頭端式と呼ばれる櫛形のホームと線路が、奥に向かってのびている。

　そして、創業以来変わらない、阪急マルーンと称される独特の小豆色一色に塗られた特急や急行、普通電車などが、ひっきりなしに入線して乗客をどっと吐き出したかと思うと、また乗客を飲み込んで次々と発車してゆく。まさに戦前以来の「私鉄王国」大阪を象徴する、活気あふれる光景といってよい。

日本最大

　ここには、阪急の主要三線が乗り入れている。まず向かって一番右側、一号線（阪急ではホームのことを〜番線と呼ばず、〜号線と呼ぶ）から三号線までが、大阪梅田と京都河原町を結ぶ京都線のホームである。京都線は、もともと新京阪鉄道という別会社として開業したが、後に京阪電気鉄道、さらに阪急に編入された歴史をもっている。

　次いでちょうど真ん中、四号線から六号線までが、大阪梅田と宝塚を結ぶ宝塚線のホームである。宝塚線は、阪急創業当時からの線であり、主要三線のうちで最も古い。最後に向かって一番左側、七号線から九号線までが、大阪梅田と神戸三宮を結ぶ神戸線のホームである。神戸線は、すでに述べたように一九二〇（大正九）年に開業した線で、いまでは神戸高速鉄道に乗り入れて神戸市兵庫区の新開地まで直通の特急が走っている。

九本の線路、そして降車専用のホームを合わせて十のホームを有するこのターミナルは、現在数ある私鉄ターミナルのなかでも、最大規模のものである。あるいは、こう言い換えてもよいかもしれない。ターミナルを字義通りに「末端」と考えれば、新幹線や中央線、京葉線の発着駅となっているＪＲの東京駅も、実は山手線や京浜東北線、横須賀・総武快速線、上野東京ラインの途中駅であり、ロンドンやパリにいくつもあるような完全なターミナルとはいえない[15]。正しい意味でＪＲのターミナルといえるのは、ＪＲ北海道の函館やＪＲ九州の門司港(もじこう)など数えるほどにすぎないが、それらの規模は阪急の大阪梅田ほどではない。そう考えると、阪急の大阪梅田はれっきとした日本最大のターミナルなのである、と。

駅を利用する一日の乗降人員は、約五十万九千人（二〇一八年度一日平均）。この数字は、私鉄全体では第一位ではないが、関西私鉄のなかでは依然として最も多く、大阪梅田一駅だけで阪急全体の乗降人員の約一九パーセントに達する。

だが、ターミナルの規模の大きさもさることながら、阪急大阪梅田ターミナルを東京周辺の私鉄ターミナルと分ける最も大きな特徴は、ＪＲの駅から独立したその位置にある。この問題を考えるためには、予備作業として関東私鉄のターミナルを見ておかなければならない。

3　関東私鉄と関西私鉄

従属構造――関東私鉄のターミナル

関東私鉄の場合、池袋、新宿、渋谷、品川などが主要なターミナルとして考えられる。このうち渋谷については、先に見た通りであるが、戦後になると、東京横浜電鉄は東急電鉄東横線に、帝都電鉄は京王電鉄井の頭線になった。また玉川電気鉄道は、東京横浜電鉄、次いで東京急行電鉄に編入されて東急玉川線となったが、一九六九（昭和四十四）年に廃止、その後一九七七年に地下鉄の東急新玉川線として復活し、現在は東急田園都市線の一部になっている。このような変遷にもかかわらず、すべてのターミナルが独立した敷地をもたず、山手線の駅に従属するという構造自体は変わっていない。

　このことは、池袋や新宿など、他の私鉄ターミナルについてもいえる。すなわち、池袋は西武鉄道池袋線・秩父線（池袋―西武秩父）と東武鉄道東上線（池袋―寄居）の、新宿は京王電鉄京王線（新宿―京王八王子）と小田急電鉄小田原線（新宿―小田原）の、品川は京浜急行電鉄本線・久里浜線（品川―浦賀・三崎口）の、それぞれターミナルになっているが、それらはみな、山手線が開通した後に出来ており、当初は国鉄の駅とは別の場所にターミナルがあったにもかかわらず、後になって品川や新宿に直接乗り入れるようになった京急や京王を含め、国鉄に接続する駅に作られたという点で共通している。

　したがってターミナルの駅名も、山手線とまったく変わらない。なかには、京成電鉄本線（京成上野―成田空港）の京成上野や、西武新宿線（西武新宿―本川越）の西武新宿のように、山手線の駅から少し離れたところにターミナルをおき、会社名をかぶせて差別化をはかっている私鉄もあるが、「上野」や「新宿」はやはり山手線の駅から借りてきている。

これらの線を含めて、郊外から来た私鉄の線路の多くは、山手線にぶつかる手前でカーブをしてそれらの線に並行するか、または山手線の線路をガードで越えたり、その下をくぐったりしてから、急カーブを描くようにしてそれらの線路に接近し、同線の駅に並行してターミナルが作られている。東武、西武の池袋にせよ、京王、小田急の新宿にせよ、私鉄のターミナルは常に、JRの駅構内の敷地の一部を間借りするような構造になっており、東急や京王の渋谷と同じく、ターミナルとしての独立性が保たれていない。

しかも関東では、東京地下鉄（東京メトロ）や都営地下鉄との相互乗り入れを優先させるため、京成電鉄押上（おしあげ）線（押上―青砥（あおと））や東急東横線、東急田園都市線のように、私鉄と地下鉄が同一のホームや電車を使い、ターミナル自体をなくすところも出てきている。東武伊勢崎（いせさき）線・日光線（浅草―伊勢崎、東武日光）の浅草や、京成本線の京成上野のように、JRとは別にターミナルがあるように見えるところでも、北千住（きたせんじゅ）や曳舟（ひきふね）、日暮里（にっぽり）、あるいは青砥から分かれて都心に向かうJRや地下鉄、支線に多くの乗客が流れ、完全な中心にはなっていない。

会社の「顔」――関西私鉄のターミナル

ところが、阪急大阪梅田ターミナルは、まったく異なる。大阪梅田から二駅手前（京都線は一駅手前）の十三（じゅうそう）で合流した三路線六本の線路が、新淀川の鉄橋を渡ってから右へ大きく

1925（大正14）年ころの阪急梅田駅仮ホーム

カーブを描くのは、ＪＲの線路に並行するためではなく、逆にその線路に直角に交わるようにするためなのだ。ここでは、ＪＲ大阪駅の敷地とはまったく区別された場所に、ターミナルがその威容を誇っている。ターミナルの名はあくまで「大阪梅田」（二〇一九年までは「梅田」）であって、「大阪」そのものではない。

阪急大阪梅田ターミナルの歴史は古く、前身の箕面有馬電気軌道が開業した一九一〇（明治四十三）年までさかのぼることができるが、一九二五（大正十四）年に梅田と十三の間が複々線化されて宝塚線と神戸線の分離運転が始まり、一九二九（昭和四）年には地上八階、地下二階の阪急百貨店が梅田駅に隣接して完成したことで、今日の原型ができたように思われる。蒔岡幸子が芦屋川に住んでいた当時、阪急梅田はすでに、八本の線路と七つのホームを有する一大ターミナルであった。[16] 戦後はさらに、京都線がここに乗り入れるとともに、その位置が百貨店に面した国鉄線の南側から北側へと移転したものの、阪急は一貫してこのターミナルを、創業以来の会社の「顔」として最重視する考え方をとり続けてきた。

だが、私鉄の顔としてのターミナルを重視し、それをＪＲの駅とは独立したところにおこうとする考え方は、阪急に独特のものではない。こうした考え方は、多かれ少なかれ他の関西私鉄にも共通している。

大阪や天王寺という名の駅は……

関西私鉄の主なターミナルとしては、阪急の大阪梅田のほかに、阪神電気鉄道（大阪梅田―神戸三宮）の大阪梅田、京阪電気鉄道（淀屋橋―出町柳）の淀屋橋、近畿日本鉄道難波・奈良線（大阪難波―近鉄奈良）の大阪難波、同大阪・山田線（大阪上本町―宇治山田）の大阪上本町、同南大阪・吉野線（大阪阿部野橋―吉野）の大阪阿部野橋、南海電気鉄道南海本線、空港線、高野線（難波―和歌山市、関西空港、極楽橋）の難波などがあげられようが、これらはみな、ＪＲの駅とはまったく別の場所に作られている。

このうち、阪神の大阪梅田、南海の難波、近鉄の大阪上本町は、いずれも後述するように創業以来の歴史を有しており、阪急の大阪梅田に劣らない立派なターミナルとなっている。戦前は天満橋にあったターミナルを戦後になって淀屋橋に移した京阪や、やはり戦前は上本町にあったターミナルを戦後になって難波に移した近鉄難波・奈良線を含めて、どの私鉄も創業以来、一貫してターミナルを重視する姿勢は変わっていない。

実際には、阪急はもとより、阪神の大阪梅田も、ＪＲの大阪駅からさほど離れていない場所にある。また近鉄南大阪・吉野線の大阪阿部野橋も、道路一つ隔ててＪＲの天王寺駅と隣接しているところにある。にもかかわらず、駅名はまったく別にしている。関西本線の終点駅のＪＲ難波は、もとは湊町といったが、一九九四年九月からこのように改められた。これなどは、ＪＲがもともとあった私鉄の駅に名称を合わせた珍しい例である。

たしかに大阪にも、山手線を一回り小さくしたような大阪環状線が、市の中心部を取り巻くようにして走っている。だがこの沿線には、京橋や新今宮、鶴橋、西九条のような、私鉄との乗り換え駅はあっても、そこはそれぞれの私鉄の途中駅であり、ターミナルにはなっていない。しかも京橋や新今宮、西九条すら、乗り換え駅になったのは、戦後になってからであった。大阪や天王寺という名の駅は、ＪＲにはあっても、私鉄にはないのである。

ＪＲとの乗り換え

同じようなことは、ＪＲとの乗り換えについてもいえる。関東私鉄には、先に述べたターミナル以外にも、ＪＲとの乗り換え駅が非常に多い。たとえば東武は北千住、川越など十七の駅で、東急は横浜、武蔵小杉など十の駅でＪＲに接続している。これらの駅が近づくと、車掌は必ずＪＲとの乗り換えを案内する。また沿線の各駅では、ＪＲとの乗り継ぎ切符を発売するほか、一部では乗り継ぎ割引も実施している。ＪＲとの乗り換え駅の多くは、各私鉄で走る特急や急行の停車駅にもなっている。

これに対して関西私鉄は、ＪＲとの乗り換え駅が少ない。阪急は一四三・六キロもの路線延長を有するにもかかわらず、ＪＲとの乗り換え駅は一つもない。また阪神も西九条の一駅、京阪も京橋と東福寺（とうふくじ）の二駅でしかＪＲと接続しない（しかもこれらの乗り換え駅も、戦後になってから出来たのであり、戦前には一つもなかった）。

たしかに阪急の大阪梅田や宝塚、神戸三宮は、それぞれＪＲの大阪、宝塚、三ノ宮の駅に隣接しており、ＪＲとの乗り換え駅と見なせないこともない。だが少なくとも、阪急がそのように考えていないことは、阪急の車掌がＪＲとの乗り換えを案内してこなかったことからも明瞭である。阪急の大阪梅田ターミナルとＪＲの大阪駅の間には、両者をつなぐ歩道橋がかけられているが、そこにはいまだに、関東ならば当然考えられるような動く歩道はもちろん、屋根すらかかっていない。

切符も同様である。阪急などいくつかの関西私鉄の各駅では、ＪＲとの接続切符は発売していない。その代わりに、私鉄や地下鉄のなかでは切符を買わずに乗れるストアードフェア・システムを共通化した「スルッとＫＡＮＳＡＩ」を、阪急や阪神など私鉄三社と大阪市交通局が一九九六（平成八）年から発売した。現在では「スルッとＫＡＮＳＡＩ」に代わり、ＪＲ、私鉄、地下鉄を問わず使えるＩＣカード「ＰｉＴａＰａ」が普及しているが、「スルッとＫＡＮＳＡＩ」の当初の発想は、私鉄や地下鉄からＪＲへの乗り換えを想定していなかったのである。

相互乗り入れと線路幅の違い

相互乗り入れに対する考え方も、関西私鉄と関東私鉄では、かなり異なっている。関東私鉄では、ＪＲを含めて、他社との相互乗り入れに積極的な傾向が強い。小田急小田原線の本厚木と常磐線の取手の間のように、私鉄、東京メトロ、ＪＲの三社が相互に乗り入れる区間もある。たとえターミナルをなくしても、とにかく乗り換えなしに一本で都心まで行けることが、乗客に対する最大のサービスだとする考え方が、ここにはある。

一方、関西私鉄では、相互乗り入れはごく一部であり、そのためにターミナルの中心性が損なわれることはない。阪急や阪神の乗客が難波に行ったり、逆に南海や近鉄の乗客が梅田に行くためには、いったんターミナルで電車を降りて大阪市高速電気軌道（大阪メトロ）御堂筋線（江坂―なかもず）に乗り換えなければならない。関東私鉄の乗客にとっては、あるいは不便と感じることもあるだろう。しかも、関西私鉄が乗り入れるのは、他の私鉄や地下鉄との間だけで、ＪＲと私鉄の相互乗り入れの区間は一つもない。

関西の相互乗り入れの特徴をよく示す私鉄として、神戸高速鉄道（三宮・元町―西代、新開地―湊川）がある。この私鉄会社は、神戸市と阪急、阪神、山陽電鉄（西代―山陽姫路など）、神戸電鉄（湊川―三田など）が共同出資して作られた第三セクターの会社であり、自前の車両を一両ももっていない。阪急と阪神は、神戸高速鉄道や山陽電鉄と相互乗り入れ運転を行い、各私鉄が共同して並行するＪＲに対抗しようというのである。また一九九七年三月に開業したＪＲ東西線の京橋と尼崎の間は、ＪＲどうしで相互乗り入れをするという、関東では見られない区間となっている。

こうした違いの原因は、線路幅にある。関東の私鉄は、新幹線を除くJRと同じ狭軌、すなわち一〇六七ミリの線路幅をとっているところが多い。この線路幅をなぜ狭軌というのかは次章で触れることにして、具体的には、東武、西武、小田急、東急、京王井の頭線、相鉄、それに伊豆急行（伊東―伊豆急下田）や伊豆箱根鉄道（小田原―大雄山、三島―修善寺）などが、この線路幅をとっている。ついでにいえば、銀座線（渋谷―浅草）と丸ノ内線（池袋―荻窪、方南町）を除く東京メトロや都営地下鉄三田線（目黒―西高島平）も、やはりこの線路幅である。

したがって関東では、JRを含めた各鉄道間の相互乗り入れが容易にできやすくなっている。新幹線と同じ一四三五ミリの国際標準軌をとっているのは、京急と京成、新京成電鉄（松戸―京成津田沼）、それに東京メトロ銀座線、丸ノ内線や都営地下鉄浅草線（押上―西馬込）、大江戸線（都庁前―光が丘）ぐらいであり、京王電鉄京王線、相模原線（調布―橋本）、高尾線（北野―高尾山口）や都営地下鉄新宿線（新宿―本八幡）はかつての馬車鉄道と同じ一三七二ミリの線路をそのまま用いている。

これに対して関西では、JRと同じ一〇六七ミリの狭軌をとっているのは、南海や近鉄南大阪・吉野線などごく一部で、あとはみな一四三五ミリの標準軌である。具体的には阪急、阪神、京阪、南大阪・吉野線を除く近鉄のほかに、神戸高速鉄道、山陽電鉄、北大阪急行（江坂―千里中央）、能勢電鉄（川西能勢口―妙見口、日生中央）などがこれに属し、大阪市高速電気軌道（大阪メトロ）や京都、神戸の各市営地下鉄もやはり標準軌を採用している。このため関西では、ＪＲとの相互乗り入れは物理的に不可能になっている。

東京の鉄道網の形成過程

以上のような、関西私鉄と関東私鉄に見られるさまざまな違いは、いったいどこに起因しているのだろうか。それを探るためには、いま一度視点を過去に移し、東京と大阪を中心とするそれぞれの鉄道網の形成過程を、互いに比較してみなくてはならない。

東京の鉄道は、明治後期までに、現在のＪＲの主要路線である東海道本線、横須賀線、東北本線、常磐線、中央線、山手線、総武本線などが開通していた。このうち、最初から官設鉄道であったのは東海道本線と横須賀線だけであり、それ以外はもとは私設鉄道であった。

すなわち、上野を起点としていた東北本線と常磐線に加えて、当初は環状線でなく、東京の西側の品川と赤羽を結ぶバイパス線にすぎなかった山手線は日本鉄道の所有であり、新宿（のち飯田町）を起点としていた中央線は甲武鉄道が、両国橋（現・両国）を起点としていた総武本線は総武鉄道がそれぞれ所有していた。これらの私鉄はすべて一九〇六年に制定された鉄道国有法により買収され、国鉄となった。

現在の関東私鉄が本格的に発達するのは、前述したように昭和初期に入ってからであり、主なターミナルは、大正期にできた東武東上線、武蔵野鉄道（現・西武池袋線）の池袋や目黒蒲田電鉄（現・東急目黒線）の目黒などを除いて、いずれもこの時期に山手線の駅に付属するようにして作られた。

具体的に歴史順に並べれば、一九二七（昭和二）年四月に小田急が新宿に、八月に東京横浜電鉄が渋谷にターミナルを作ったのに続いて、一九二八年には西武が高田馬場に、一九三一年に京成が日暮里にターミナルを作った。また一九三三年三月には京浜電鉄（現・京急本線）がそれまでの高輪から品川駅にターミナルを移し、同年八月には帝都電鉄（現・京王井の頭線）が渋谷にターミナルを作った。さらに一九四五年には、四谷新宿（現在の新宿追分）を起点としていた京王が、やはり新宿駅にターミナルを移している。

これらの私鉄ターミナルは、いずれも一九二五（大正十四）年に上野―神田間の高架線が開通し、山手線が環状運転を始めた後になってできており、より東京の中心部に近い山手線の内側へは入れなかったことに注目する必要がある。[17]

「万里の長城」——山手線

山手線の環状運転は、宮城（皇居）を東京の中心と見なす新しい考え方を生み出した。宮城が中心にあり、その周囲を山手線の線路が回るという、今日につながる東京のイメージは、実は昭和初期になってから作り出されたものである。もともと宮城は、東京の中心には なかった。作家の猪瀬直樹がいうように、江戸時代までの「市街地は品川、新橋、東京、上野を結ぶラインの東側にある。したがって、江戸における城郭は一般居住者にとっては西方に位置した。（中略）最初、つまり明治天皇が東上したばかりの時点で、皇居は決して東京

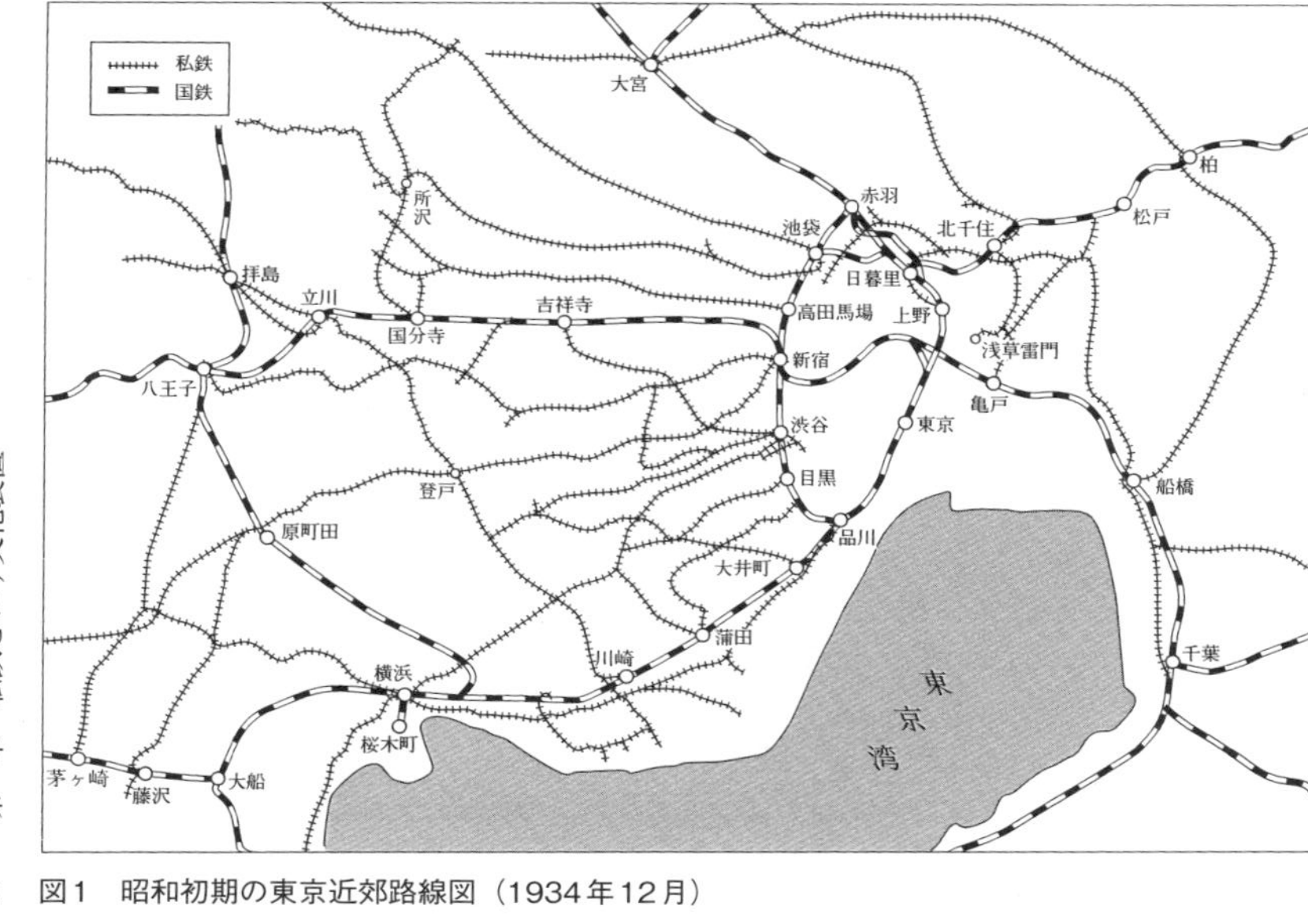

図1　昭和初期の東京近郊路線図（1934年12月）

の中心ではなかったのである」[18]。

　こうした状況は、明治になってからも続いた。しかし、一九二三（大正十二）年の関東大震災を機に、それ以前から徐々に続いてきた東京の人口の西側への移動に拍車がかかり、荏原郡や豊多摩郡の人口が急増するとともに、東京の西側に向かってのびる交通網が急速に発展したことが、大きな転機となった。再び猪瀬の言葉を借りれば、「その結果、皇居の位置は地理的にもしだいに東京の中心に移行[19]」したのであり、「東京の中心円を山手線に擬して脳裏に描くようになったのは昭和に入ってからで、その後しだいに定着しはじめた[20]」ということになる。

　したがって昭和初期になると、東京では宮城、ないしは宮城を仰ぐ丸の内の東京駅が中心となり、その周囲を山手線の線路が取り巻き、さらに山手線の駅から分岐する私鉄が外に向かって放射状にのびてゆくような鉄道網が形成されてゆく（図1を参照）。山手線の線路は、さながら郊外からやって来る私鉄の線路の侵入をくい止める城壁（「万里の長城」と呼ばれることもある[21]）の役割を果たすことになるのである。一九三三（昭和八）年に日暮里から京成上野までのびた京成を唯一の例外として――しかもそれすら、施工に当たり御前会議を経るという困難をともなっており、戦時中は運輸省に接収された[22]――、戦前は専用線路をもつどの私鉄も、鉄道省や市内の交通機関の公営方針を貫く東京市の交通政策に阻まれ、山手線の内部に本格的に入ることができなかった[23]。

　この結果として東京では、明治後期以来の「官」優位の鉄道網が、昭和初期以降も維持されることになる。先に縷々述べてきたような、「民」が「官」に従属していることを示す関東私鉄のさまざまな鉄道文化は、まさにこのような歴史のなかから生まれてきたといえる。

大阪の鉄道網の形成過程

一方、大阪の鉄道の場合はどうであったか。大阪では、東京ほど国鉄が発達しなかったのとは対照的に、私鉄の方が早くから目覚ましい発達ぶりを示した。現在の関西私鉄のターミナルは、その多くが明治中期から大正初期にかけてできている。具体的にいえば、南海の難波が一八八五（明治十八）年に、阪神の梅田が一九〇五（明治三十八）年に、阪急の梅田と京阪の天満橋が一九一〇（明治四十三）年に、近鉄の上本町が一九一四（大正三）年に、それぞれ国鉄の駅とは関係なく、別個に独立して作られた。

大阪では、東京の山手線のような、市の中心部への侵入を阻む国鉄はもともとなく、「民」優位の鉄道網が、明治末期以来一貫して維持された。しかもそれぞれの私鉄は、電化や複線化はもちろん、並行する国鉄や他の私鉄にしばしば対抗して、急行電車の運転や高架化、複々線化などを積極的に行うことで、輸送能力を著しく高めていったのである。

昭和初期になると、さらに新京阪鉄道（現・阪急京都線）や阪和電気鉄道（現・ＪＲ阪和線）のような、地方鉄道法に基づく地方鉄道として免許を受けた本格的な私鉄が、次々に開業するとともに、関西私鉄の輸送能力の一層の向上が見られるようになる。このことは、新たに開業した新京阪と阪和が、ともに超特急と呼ばれる表定時速（停車時間を含めた平均時速）八〇キロを上回る高速の電車を走らせるようになることからも明瞭である。

前掲『昭和大阪市史』第一巻、概説篇には、昭和初期の大阪郊外における私鉄の発達ぶりが、次のように述べられている。

> 大阪市が隣接せる多数の衛星都市と、住宅地帯を近郊に有する関係から、郊外電気鉄道は、東京に比して著しい発達を遂げた。これらの諸鉄道は、膨張し行く大阪の経済力と、激増する乗客交通量を背景として、漸次隆盛となり、大阪を中心とする郊外鉄道網の充実せること、軌道、車両および諸施設の優秀なること、国内に比類なしと称せらるに至った。（二〇三ページ）

ここでいう「郊外電気鉄道」とは、いうまでもなく私鉄を指している。ちなみに関西地域の国鉄は、昭和初期になっても、東海道本線のほかに、鉄道国有法で関西鉄道を買収して国鉄となった関西本線（名古屋―湊町）、奈良線（京都―奈良）、片町線（木津―片町）、城東線（大阪―天王寺。現・JR大阪環状線）と、山陽鉄道を買収した山陽本線（神戸―下関）、西成鉄道を買収した西成線（大阪―桜島。現・JR大阪環状線および桜島線）、阪鶴鉄道を買収した福知山線（尼崎―福知山）などがあるだけであった。

これらの線では、一九三二年に片町線の片町―四條畷間が電化されるまで、電化区間は一つもなかった。大阪環状線はまだ完成しておらず（環状運転は一九六一年からで、山手線の

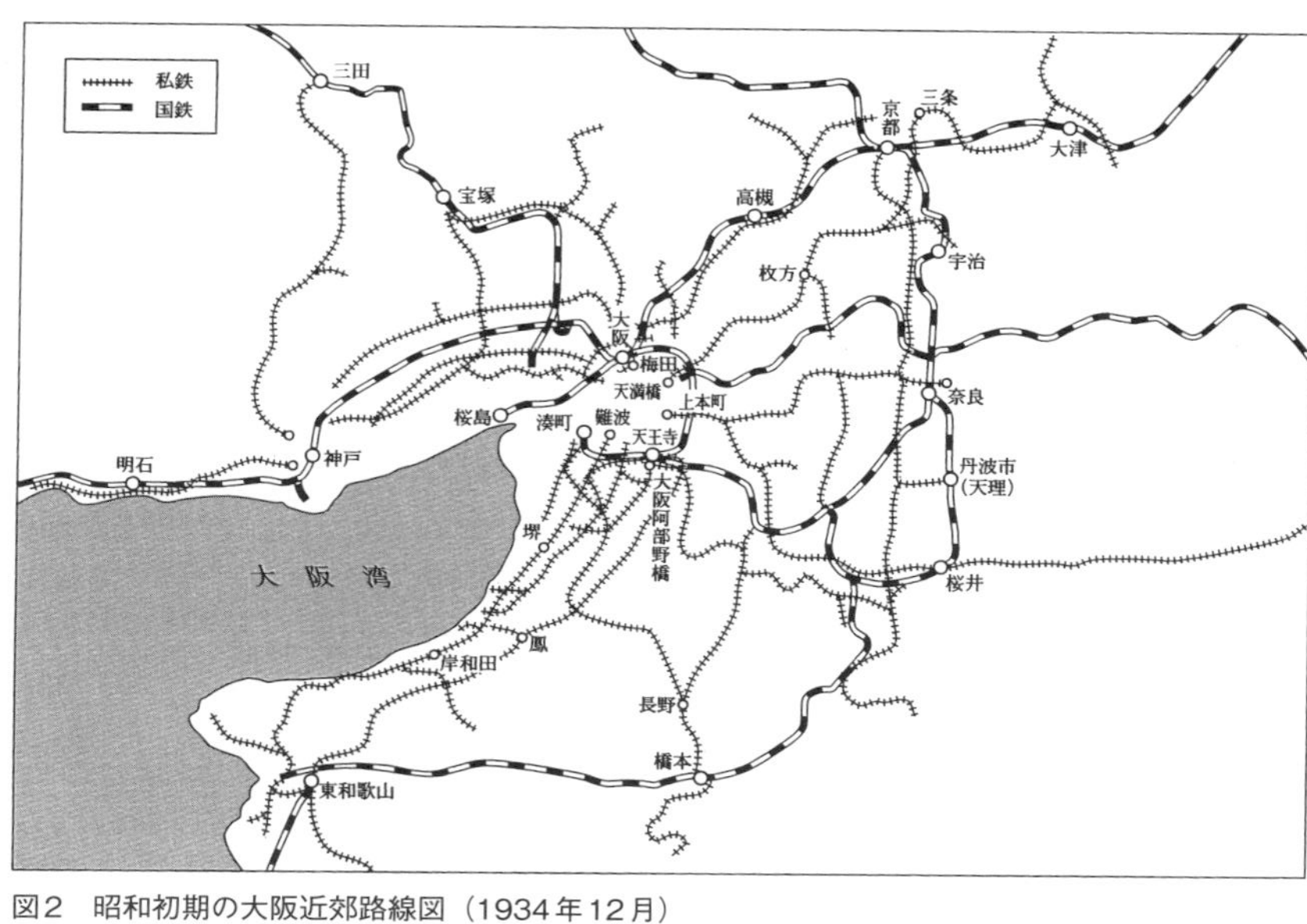

図2　昭和初期の大阪近郊路線図（1934年12月）

環状運転開始より三十六年も遅い）、阪和線は先に述べたように、国鉄ではなく私鉄として開業している（図2を参照）。

このような歴史のなかから、大阪では後に詳しく触れるような、「官」に対決し、そこから独立しようとする、関西私鉄に特有の鉄道文化が生まれてきた。先に述べた阪急の大阪梅田をはじめ、難波や大阪上本町など、大阪の中心部にいまも威容を誇る数々の私鉄ターミナルこそは、「私鉄王国」大阪を象徴するものなのである。次章ではこの「私鉄王国」の形成過程を、それがまだ姿を現す前の明治中期にまでさかのぼってさらに詳しく探ってみることにしよう。

第二章　「私鉄王国」の黎明

1　第五回内国勧業博覧会

きわめて異例の行幸

一九〇三（明治三十六）年三月から五ヵ月間にわたり、大阪で第五回内国勧業博覧会が開かれた。この博覧会は、明治政府が主催する内国博覧会のうちで最後に開かれたものであり、それまで開かれた博覧会のなかでも、最大規模を有するものであった。

会場は、大阪市の現在の天王寺（てんのうじ）公園一帯と、堺市の大浜（おおはま）公園の二ヵ所に分けられ、総面積は合わせて一〇万五〇〇〇坪余りに及んだ。開催期間中の人出は約四百三十五万人[1]と、当時の大阪市の人口の四倍以上を記録した。

しかしながら、この博覧会で注目すべきなのは、単にその規模の大きさや人出の多さばかりでなかった。明治天皇（一八五二〜一九一二）と皇后美子（はるこ）（後の昭憲皇太后。一八四九〜一九一四）、それに嘉仁（よしひと）皇太子（後の大正天皇。一八七九〜一九二六）と皇太子妃の節子（さだこ）（後の貞明（ていめい）皇后。一八八四〜一九五一）という、当時の皇室の主要メンバーが、そろって博覧会の会場を訪問しているのである。それぞれの訪問回数を順に記せば、天皇は八回、皇后は七回、皇太子と皇太子妃はそれぞれ三回であった。
　このうち天皇と皇后の日程を具体的に見ると、天皇は、四月二十日に行われた開会式に出席したのに続いて、二十三日、二十五日、二十七日、二十九日、五月一日、三日、五日と一日おきに八回、皇后もまた、四月二十四日、二十六日、二十八日、三十日、五月二日、四日、六日と一日おきに七回、それぞれ博覧会場を訪問した。二人は一緒に行動せず、交代で訪問することで、その回数は合わせて十五回にも達した(2)。
　当時、天皇の東京府外への行幸は、毎年十一月に行われる陸軍特別大演習の統監をはじめとする軍事的なものばかりとなっており、軍事目的以外の行幸はきわめて異例であった(3)。また天皇と皇后が、日をずらしたにせよ鉄道で同じ場所を訪問するというのも、日清戦争の最中に当たる一八九四年から九五年にかけて、二人があいつぎ御召列車に乗って大本営の置かれた広島を訪れて以来のことであった。

ルートは?

　では第五回内国勧業博覧会のときの行幸や行啓のルートは、どうであったか。天皇と皇后は、京都御所に滞在し、京都から博覧会の会場までの間を、交代で連日往復している。開会式のあった四月二十日の天皇の行幸と、二十四日の皇后の行啓は、ともに御所から京都駅まで馬車で行き、京都から大阪までは東海道線を走る御召列車に乗り、大阪からは馬車で市街

第5回内国勧業博覧会第一会場全景

地をまっすぐ南下して博覧会場に入る（帰りはこの逆）というものであったが、二十三日の天皇の行幸以降、また二十六日の皇后の行啓以降、これとは違ったルートがとられるようになる。

すなわち、大阪までは二十日や二十四日と同じであったが、天皇も皇后も大阪で列車を降りなかったのである。

その代わりに、大阪駅では御召列車の「先頭の機関車を解放して更に後列を前列に換へて、機関車を連結し[4]」たため、列車の方向が反対になった。そして再び動き出すと、列車は私鉄の関西鉄道城東線（現・大阪環状線）の線路に入って南下し、天王寺に到着した。ここから第一会場へは、同じ関西鉄道（現・関西本線）で天王寺と湊町の間に作られた博覧会仮停車場まで乗って下車、第二会場へは、もう一つの私鉄である南海鉄道（現・南海電気鉄道）天王寺支線（現在は廃止）で天下茶屋（てんがちゃや）に出て、さらに南海本線の堺まで乗って下車という具合になる（帰路はそれぞれこの逆。図3を参照）。

このようにして天皇と皇后は、京都と大阪の間をそれぞれ七回と六回、大阪と博覧会仮停車場の間を六回と五回、京都と堺の間をそれぞれ一回、御召列車に乗って往復した。といっても、これ

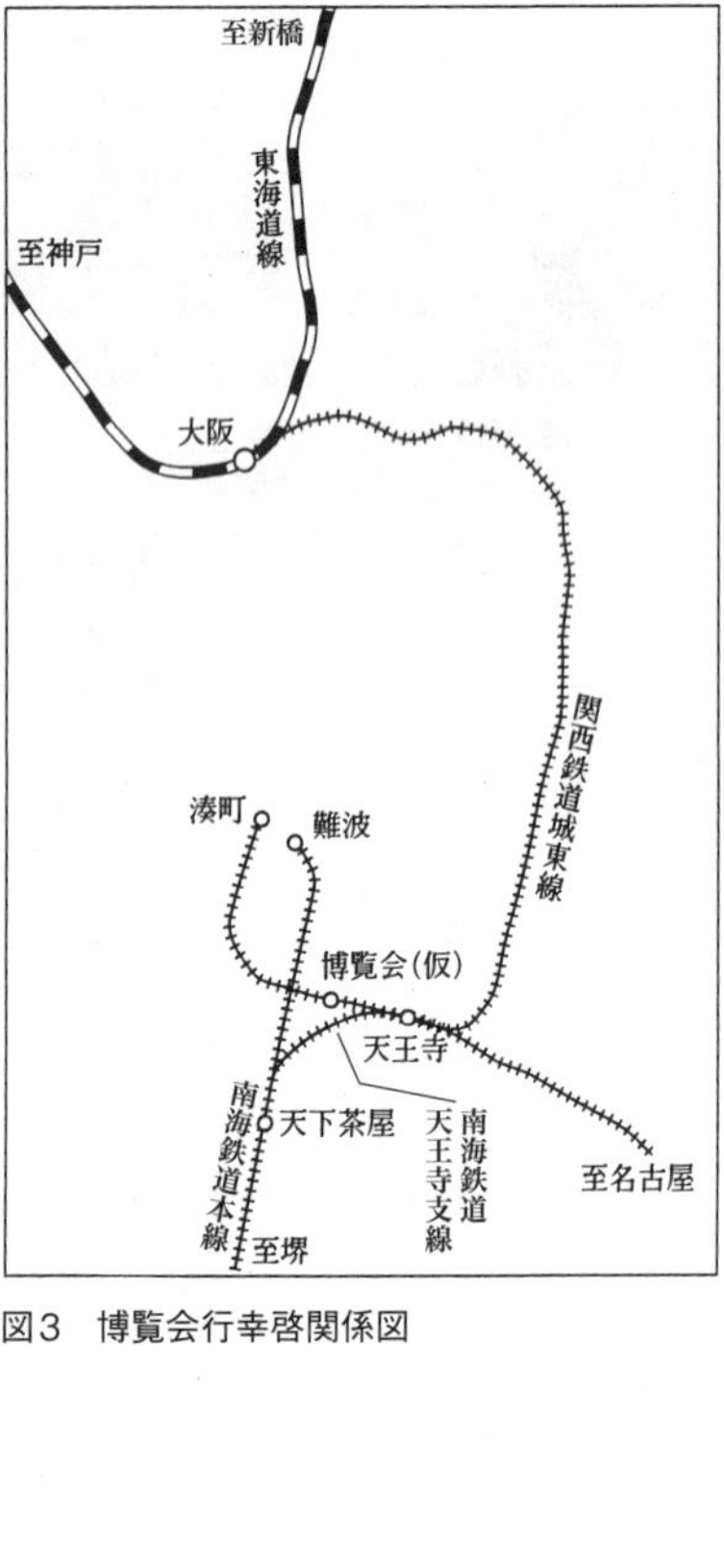

らの区間では、初日と最終日を除いて「御通輦の各駅は、一切の官民送迎を為すに及ばざる思召なる旨を通牒せられたるに因り、府庁にては謹で聖旨を奉し、其の向々に（中略）通牒に及」[5]んだため、まだ「はじめに」で述べたような沿線住民が列車に向かって奉拝すべく、連日にわたり強制動員されるような光景は見られなかった。天皇が五月五日に堺を訪問したときには、御召列車が天王寺駅に停車中に関西鉄道の重役に、また堺駅に停車中に南海鉄道の重役に、それぞれ拝謁を許している[6]。

図3　博覧会行幸啓関係図

ここで注意すべきは、大阪で馬車に乗り換えた四月二十日と二十四日を除いて、京都から博覧会仮停車場まで、あるいは京都から堺まで、同じ御召列車が使われたことである。大阪で官設鉄道から私鉄の線路に入ったにもかかわらず、天皇も皇后も、いちいち乗り換えることなく、列車はそのまま私鉄の線路に乗り入れることができた。つまりこのときの関西地域は、東海道線のほかにすでにいくつかの私鉄が開通していたが、両者が一本の線路でつながっていたのである。

なおこの年の十月には、和歌山、香川、愛媛、岡山四県の地方見学を目的として、嘉仁皇太子がまず和歌山を訪問したが、このときも東海道線と関西鉄道を使って天王寺まで行き、天王寺からは南海鉄道天王寺支線と本線を使って終点の和歌山市まで行くという、博覧会場を訪問したときと似たようなルートがとられている。[7] 関西鉄道と南海鉄道を使えば、東京から同じ列車に乗り、堺よりまだ先の和歌山まで行くことができたわけである。

関西鉄道と南海鉄道

天皇や皇后が内国勧業博覧会の会場を訪れた当時、関西地域の官設鉄道は東海道線しかなく、私鉄の関西鉄道がこの地域で最大規模の路線延長を有していた。関西鉄道は一八八九（明治二十二）年、草津—三雲（みくも）間の開通に始まり、一八九五年には草津—名古屋間を完成させた。その後、大阪、浪速、奈良鉄道などの私鉄を次々に買収して、一八九九年には現在の関西本線に当たる湊町—名古屋間が全通した。線路幅は東海道線と同じ一〇六七ミリで、タ

（上）南海鉄道難波駅
（下）同、堺駅

ーミナルは買収した大阪鉄道が作った湊町（現・JR難波）においていた。

一方、南海鉄道は、一八八五年に軽便鉄道の阪堺鉄道として難波と大和川（現在は廃止）の間が開通して以来、ターミナルを現在と同じ難波においていた。その三年後には堺まで開通する一方、一八九六年から翌年にかけて、官設鉄道と同じ線路幅に改めた。一八九八年に阪堺鉄道は吸収合併されて南海鉄道となり、その二年後には天王寺と天下茶屋を結ぶ天王寺支線を開業させている。難波と和歌山市を結ぶ本線が全通したのは、天皇や皇后がこの線に乗る直前の一九〇三年三月のことであった。

たしかに関西鉄道も南海鉄道も、それぞれ湊町と難波という、大阪駅からかなり離れたところに、独自のターミナルをもっていた。とりわけ関西鉄道は官設鉄道との対抗意識が強く、やがて東海道線との間で激烈な運賃値下げなどのサービス競争を演じるようになったことでも知られている。しかし他方で、関西鉄道の線路は、旧大阪鉄道に当たる城東線の線路を通して大阪で東海道線に接続しており、南海鉄道も、天王寺支線を開業させることで、それまで官設鉄道やどの私鉄とも接続していなかった線路を関西鉄道や東海道線に接続させた。

実際に両者は、一九〇一年から直通運転に関する契約を結び、大阪から関西鉄道城東線、南海鉄道天王寺支線を経由して南海鉄道本線の住吉（現・住吉大社）に至る直通の旅客、貨物混合列車が、一時間に一本の割合で運転されていた(8)。

つまり関西鉄道、南海鉄道ともに、自社の線路の完全な独立性が保たれることはなく、ターミナルはあってもそこがすべての列車を集める中心になっていなかったのである。

したがって、大阪駅でいったん降り、湊町や難波のような私鉄のターミナルに行かなくても、ただちに列車が私鉄の線路に乗り入れることができた。天皇や皇后は、大阪に滞在しなくても、京都から直通の列車でかなりの場所へ通うことができたのである。明治天皇と皇后美子の八回と七回にわたる博覧会への行幸啓は、まさにそれを象徴するものであった。

「帝都」である東京からのびてくる国家権力を乗せた列車が、本来東京とは別の中心をもっているはずの私鉄の領域へもたやすく進入する――これはまさに、「民」が「官」に従属する関係を示している。もちろんこの関係は、当時の関西地域だけでなく、全国的に見られたものであった。前章で述べたような関西私鉄に顕著に見られるさまざまな特徴は、まだこの時期にははっきりした形で現れていなかった。

2　法の抜け穴

私設鉄道条例

ではなぜ、このころの関西私鉄は、すべて「官」に従属していたのか。それを解く鍵は、一八八七（明治二十）年五月に公布された私設鉄道条例にある。当時の私鉄は、軽便鉄道や馬車鉄道などを除いて、すべてこの条例に基づいて敷設されたからである。この条例は、全部で四十一条から成っていたが、そのなかには、次のような条項が含まれていた。(9)

第七条　軌道ノ幅員ハ特許ヲ得タル者ヲ除クノ外総テ三呎六吋トス

第二十三条　戦時若（も）クハ事変ニ際シテハ徴発令ノ定ムル所ニ従ヒ鉄道ヲ使用セシムヘシ平時ト雖（いえど）モ至急ニ兵隊ノ派遣ヲ要スル場合ニ於テハ当該官庁ノ命ニ従ヒ速（すみやか）ニ之（これ）ヲ輸送スヘシ（以下略）

第二十六条　政府又ハ政府ノ許可ヲ得タル者ニ於テ会社ノ鉄道線路ニ接続シ若クハ之ヲ横断シテ鉄道ヲ布設シ又ハ会社ノ鉄道線路ニ接近シ若クハ之ヲ横断シテ道路橋梁（きょうりょう）溝渠（こうきょ）運河ヲ設クルトキハ会社ハ之ヲ拒ムコトヲ得ス

第二十七条　官設鉄道ニ施行スル規則ハ私設鉄道ニモ亦（また）之ヲ適用スヘシ

第三十四条　私設鉄道ノ官設鉄道ニ接続スル場合ニ於テ交互運輸ノ手続及賃金ノ割合等

ハ鉄道局長官之ヲ定ムヘシ（以下略）
第三十五条　政府ハ免許状下付ノ日ヨリ満二十五箇年ノ後（特ニ営業期限ヲ定メタルモノハ其満期後）ニ於テ鉄道及附属物件ヲ買上ルノ権アルモノトス

これらの条項は、何を意味しているのか。まず第七条を見てみよう。「三呎六吋」とは、3フィート6インチを漢字で表したもので、メートル法に換算すると一〇六七ミリとなり、官設鉄道と同じ線路幅を意味する。要するに、私設鉄道と官設鉄道の線路幅は同じでなければならないということである。これは第二十六条と第三十四条、それに第三十五条にかかわってくる。

すなわち第二十六条では、政府の判断で、官設鉄道の線路を私鉄の線路に接続させたい場合、私鉄会社はこれを拒否できないことを述べるとともに、第三十四条では、その場合の乗り入れの手続きや運賃は私鉄ではなく、官設鉄道の側が定めるとしている。そして第三十五条では、免許下付から二十五年が経過すれば、買収して官設鉄道の線路にできることを定めているのである。

これらはまさに、私鉄が官設鉄道と線路幅を同じにしなければ成り立ち得ない規定といえよう。このことは、たとえ私鉄として敷設された線路であっても、その線路としての地域性や独立性を保つことはできず、いつでも東京を中心とする官設鉄道の線路とつながり、事実上その一部となる可能性が担保されていたことを意味していた。

さらに第二十三条では、私鉄の線路といえども、非常時はもちろん、平時であってすら場合によっては旅客輸送よりも軍事輸送を優先しなければならないことを記しており、第二十七条では、官設鉄道の規則が私鉄にも当てはまることを明記している。これらの条項もまた、官設鉄道の線路を私鉄の線路に接続させることを前提としているといってよいであろう。

やがては官設鉄道の一部に

そもそも政府が私設鉄道条例を定めた目的は、一八八〇年代に訪れた空前の鉄道起業ブームに対抗して、政府による「民営鉄道の監督権を確保し、鉄道政策上の主導権を回復すると同時に、これに一定の規制をかけて秩序ある鉄道網の形成をはかる」[10]ことにあった。その目的は、以上に掲げた六つの条項にも、明確に貫かれている。

このように当時の私鉄は、官設鉄道に完全に従属し、やがては官設鉄道の一部となるものとしてとらえられた。なおこれらの条項は、私設鉄道条例を改めて一九〇〇（明治三十三）年に定められた私設鉄道法でも、ほぼそっくり受け継がれており、当時の政府の一貫した方針となっている。

先に述べた関西鉄道や南海鉄道の線路が、東海道線の線路に接続して一本に結ばれていたのは、まさにこの私設鉄道条例に見合うものだったのである。なお、関西地域でこのほかに、東海道線に接続していた私鉄の線路としては、山陽鉄道と西成（にしなり）鉄道、それに阪鶴（はんかく）鉄道があった。

このうち山陽鉄道は、一八八八年の開業当時は兵庫にターミナルを置いていたが、その翌年には兵庫と神戸の間が開通し、東海道線の線路とつながった。一八九四年の日清戦争に際しては、私設鉄道条例第二十三条が、その効力をいかんなく発揮することになる。東海道線とそれに接続する山陽鉄道では、多数の臨時の軍用列車が運転されたほか、天皇や皇后、皇太子が新橋から直通の御召列車に乗り、大本営の置かれた広島に向かったからである。また西成鉄道は、開業当初からターミナルを官設鉄道と同じ大阪に置き、阪鶴鉄道も、東海道線の神崎（現・尼崎）を起点としながら、一九〇四年以降になると、大阪から直通の列車を走らせるようになった。

一九〇六年には、「はじめに」でも触れた鉄道国有法が制定された。これにより、当時の私鉄の多くは、私設鉄道条例第三十五条（私設鉄道法では第七十二条）で定められた「満二十五箇年」を待たずして、買収されることが決まった。関西地域でも、前述した山陽、関西、西成、阪鶴の各鉄道が買収されたほか、当初は南海鉄道や、大阪の道頓堀（現・汐見橋）と長野（現・河内長野）を結んでいた高野鉄道（現・南海高野線）もその候補に上がっていた[11]。

もしこれが実現されていれば、私設鉄道条例により敷設された関西私鉄のすべてが、国鉄となっていたはずである。しかし南海鉄道と高野鉄道は、結局買収の対象からはずされ、鉄道国有法第一条のいう「一地方ノ交通ヲ目的トスル鉄道」としてそのまま残った。その後の南海鉄道や高野鉄道がたどった歩みについては、後に改めて触れるつもりである。

わずか三ヵ条――軌道条例

関西地域で私設鉄道条例や私設鉄道法に基づく私鉄が次々に開業するのと同じ時期に、もう一つの私鉄である軌道が開業する。軌道とは、前にも述べたように専用の線路をもたず、路面に敷かれる鉄道のことであり、当初は馬車鉄道を意味した。次いで人車鉄道や電気鉄道、蒸気軌道などが現れるが、軌道の主な勢力となっていったのは、電気鉄道であった[12]。

まず一八九五（明治二十八）年二月に、京都市内で最初の路面電車となる京都電気鉄道が開業するのに続いて、大阪や東京など、全国の主な大都市で同じような電気鉄道が次々に開業するが、一九〇五（明治三十八）年四月には、市内電車でない、大都市間を結ぶ最初の電気鉄道として、大阪の出入橋（現在は廃止）と神戸の三宮（東海道線の三ノ宮とは別）を結び、並行する東海道線よりも南側（海側）を走る阪神電気鉄道が開業している。

これらの軌道は、一八九〇年に定められた軌道条例に基づいて敷設された。この条例は、全部でわずか三ヵ条からなる簡単なものであった[13]。

第一条　一般運輸交通ノ便ニ供スル馬車鉄道及其他之ニ準スヘキ軌道ハ起業者ニ於テ内務大臣ノ特許ヲ受ケ之ヲ公共道路上ニ布設スルコトヲ得

第二条　馬車鉄道及其他之ニ準スヘキ軌道布設ノ為起業者ノ負担ヲ以テ在来ノ道路ヲ取

拡メ又ハ更正シ若ハ新ニ軌道敷ヲ設クルノ必要アルトキハ之ニ要スル土地ハ起業者ニ於テ土地収用法ノ規定ニ依リ内閣ノ認定ヲ経テ之ヲ収用スルコトヲ得

第三条　在来ノ道路ヲ取拡メ又ハ更正シタル部分及新設シタル軌道敷ハ倶ニ道路敷ニ編入ス

一見してわかるように、この条例には、線路幅に関する規定も、官設鉄道との接続や買収に関する規定もなかった。全部で四十一条からなる私設鉄道条例に比べて、きわめて簡単な内容であることがわかろう。軌道をせいぜいのところ、道路に付随する補助的な交通手段としてしか見ていなかった当時の政府の認識が、ここにはよく示されている。

まさに卓見――国際標準軌を採用

このため、官設鉄道と同じ一〇六七ミリの狭軌で敷設された京都電気鉄道を除いて、関西地域ではどの軌道も、官設鉄道よりも広い国際標準軌の一四三五ミリを採用することになる。この狭軌と国際標準軌という言い方については、注釈が必要であろう。そもそも日本の鉄道は、一八七二年の開業当初からイギリスの鉄道技術を導入しているが、その時点でイギリス本国でなく、植民地で多く使われていた一〇六七ミリの線路幅を採用したことが、今日にまでつながる官設鉄道（国鉄、ＪＲ）の線路幅を決定づけることになった。

だが、イギリス本国の線路幅は、それよりも広い一四三五ミリであった。この線路幅の起源は、古代ローマ時代にまでさかのぼるといわれており、イギリスでは一八四八年に、一四三五ミリを標準軌とし、それ以降に建設される鉄道の線路幅をすべて標準軌とすることを決めた[14]。

ヨーロッパ諸国をはじめ、他の国々でもこれに倣う動きが見られたため、「一八九五年ノ統計ニ依レハ全世界ノ鉄道ノ七十五『プロセント』ハ標準軌道式ニシテ十四『プロセント』ハ狭軌式、爾余ノ十一『プロセント』ハ広軌式[15]」というような、標準軌が世界の鉄道の大勢を占める状況となった。東京―下関間をはじめ、日本の主要幹線を順次標準軌に改めるべきだとする後藤新平（一八五七～一九二九）の有名な鉄道広軌化の主張も、この「世界ノ七割五分以上ヲ支配スルノ学理並技術的進歩[16]」に遅れてはならないという認識に支えられていたことは間違いない。

このように考えてみると、関西の軌道が狭軌でなく、初めから国際標準軌を採用したのは、まさに卓見であったといえよう。同じころの東京周辺の軌道が、大師電気鉄道（現・京急大師線）を除いて、依然として馬車鉄道と同じ一三七二ミリの線路幅を採用していたところが多かったのに比べても、関西の軌道には先見の明があった。

さらに、軌道条例よりも遅れて定められた私設鉄道法では、第一条で「本法ハ軌道条例其ノ他特別ノ法令ニ規定スルモノヲ除クノ外一般運送ノ用ニ供スル私設鉄道ニ之ヲ適用ス[17]」とあるように、私設鉄道と軌道がはっきりと区別された上、軌道が同法の適用を受けないことが明記されていた。軌道は、南海鉄道や高野鉄道のような「一地方ノ交通ヲ目的トスル鉄道」に該当しなかったから、「官」による買収の対象になるはずもなく、すべての軌道が私鉄ないしは公営の市電としてそのまま残った。

拡大解釈——阪神電気鉄道の開業

では、私設鉄道（私設鉄道条例に基づく私鉄）ではなく、軌道（軌道条例に基づく私鉄）と見なされる条件は何であったか。それはただ一つ、専用の線路を有するのではなく、原則として「公共道路上ニ布設スル」ことであった。京都電気鉄道や東京電車鉄道など、大都市に敷設された軌道は、この条件に忠実に従い、ほとんど路面上に線路が敷設された。だが阪神電気鉄道だけは、それに必ずしも従わなかった[18]。

阪神電気鉄道は、軌道条例による特許を受けた当初、全体の半分以上が道路に敷設されることになっていた。だが社長の外山脩造（とやましゅうぞう）（一八四二～一九一六）や技師長の三崎省三（みさきしょうぞう）（一八六七～一九二九）は、時速が八マイル（約一三キロ）しか出ない文字どおりの路面電車でなく、狭軌よりも高速運転が可能な標準軌の特性を生かして、阪神間を一時間程度で走行し、並行して走る東海道線との競争にも十分に耐えることのできる電車の運行を目指そうとしていた。

このため彼らは、いったんは改めて私設鉄道条例による特許出願を考えるが、結局軌道条例のまま、「軌道のどこかが道路についていたらよい」という広義解釈を、当時の逓信次官で、日本最初の工学博士としても知られる古市公威（ふるいちこうい）（一八五四～一九三四）に認めさせた。

（上）外山脩造
（中）三崎省三
（下）古市公威

古市は、軌道の存在を軽視し、電気鉄道を馬車鉄道の延長のようにしか考えていなかった当時の鉄道官僚のなかにあって、電気鉄道事業に理解を示し、その発展を予想することのできた数少ない一人であった。

これにより阪神電気鉄道は、全線三〇・六キロのうち、路面の部分はわずかに神戸市内と御影（みかげ）付近の計五キロだけとなり、あとは専用の線路が敷設される運びとなった。私設鉄道法によらず、軌道条例による特許を受けながら、ほとんど私設鉄道並みの専用線路をもち、全線が電化された初めての本格的な私鉄が関西に誕生したのである。

開業当初の出入橋―三宮間の所要時間は一時間三十分、表定時速は二〇・四キロであったが、その後ターミナルを出入橋から大阪駅に近い梅田に移すとともに、二年後の一九〇七年には、所要時間を一時間六分に縮め、表定時速を二七・八キロに上げた。しかし開業に先んじて、アメリカで最新の電気鉄道事情をつぶさに調査してきた三崎は、この時点で早くも、非電化の東海道本線の列車の速度をはるかに上回る、表定時速六五キロの電車を走らせることも可能であるという見通しを立てていた。

五大私鉄の開業

関西地域では明治末期になると、阪神電気鉄道の開業に触発されるように、私鉄、しかも電気鉄道の開業があいついだ。

一九一〇（明治四十三）年三月には、大阪・梅田から大阪平野を北上し、箕面と宝塚に達する箕面有馬電気軌道（以下、箕有電軌と略す）が開業したのに続いて、その翌月には、大阪・天満橋から淀川の左岸を通り、伏見を経由して京都・五条に達する京阪電気鉄道が開業した。一九一一年には、南海鉄道に並行して、大阪・恵美須町から浜寺駅前に達する阪堺電気軌道が、また一九一四（大正三）年には、大阪・上本町から生駒トンネルで生駒山地を横断し、奈良に達する大阪電気軌道（以下、大軌と略す。後の近鉄奈良線）が、それぞれ開業した。

これにより、先に開業した南海、阪神に、箕有電軌（後の阪急）、京阪、大軌を加えた五大私鉄が、大正初期までに開業したことになる。「大阪の郊外電気鉄道は明治末・大正初期の勃興期に主要なる幹線が大体敷設せられ、ついで順次その足らざるを補ひつゝ完成し来れる如くである。その普及は東京に比して極めて早く、而も其後の発展は比較的に漸進的であつた[19]」とされる所以である。

　箕有電軌、京阪、阪堺、大軌の各私鉄は、いずれも軌道条例による特許を受けていた。しかし、紀州街道上に忠実に敷設された阪堺を除く三つの私鉄は、いずれも路面の部分がきわめて少なかった。最も多いのは京阪であったが、それでも全長四六・六キロの線路のうち、路面に敷設されたのはおよそ三分の一に当たる一六・九キロにすぎなかった。しかも路面の部分は、淀川左岸の低湿地で、いずれにせよ専用の線路を敷設することが困難な箇所に当たっていた。[20] 箕有電軌や大軌は、大阪市内を除いてほとんどが専用の線路であった。これは明らかに、阪神がよい前例となっていた。

四つの特徴

これら三つの私鉄と先に開業した阪神には、いくつかの共通する特徴があった。

①それぞれの区間が、既存の国鉄の線路に並行していたこと、具体的にいえば、京阪は東海道本線の京都―大阪間に、阪神は同線の大阪―三ノ宮間に、箕有電軌は阪鶴線（一九一二年に福知山線に改称）の大阪―宝塚間に、大軌は関西本線の天王寺―奈良間にそれぞれ並行していたこと。

②にもかかわらず、阪神、箕有電軌の梅田、京阪の天満橋、大軌の上本町の各ターミナルが、いずれも国鉄の大阪駅や天王寺駅とは別に作られ、沿線でも国鉄との乗り換えができなかったこと。

③線路幅が、国鉄よりも広い一四三五ミリの国際標準軌をとっていたため、国鉄との相互乗り入れができず、冒頭に見たような天皇を乗せた御召列車がそのまま乗り入れるのは、そもそも物理的に不可能であったこと。

④開業当初から全線が複線電化されていたこと。

こうした特徴は、先に述べた関西鉄道や南海鉄道、高野鉄道など、私設鉄道条例や私設鉄道法の免許を受けた私鉄には見られなかったものであり、すでにこの時期に、後に見るような「私鉄王国」の基礎が形作られていたことを物語っている。

一方、鉄道国有法による買収の対象からはずされた南海も、次々と続く軌道の開業に刺激されるようにして、徐々に私設鉄道法の軛（くびき）を脱し、私鉄としての独自性を強めるようになる。まず蒸気から電化への切り替えが行われ、一九〇七（明治四十）年に本線の難波―浜寺公園間を電化するとともに、住吉から大阪への直通列車を廃止して、難波ターミナルの中心性を確立させた。その四年後には、本線全線の電化を完了させ、一九一五年には競争相手であった阪堺電気軌道を合併して南海の傘下（さんか）においた。[21]

また高野鉄道は、その後の業績不振から、新たに設立された高野登山鉄道に事業を譲渡した。高野登山鉄道は一九一五年には大阪高野鉄道と社名を変更しつつ、汐見橋から橋本まで電化開業したが、一九二二年にはやはり南海と合併して現在の南海高野線となり、一九二五年からは難波からの直通電車が走るようになった。[22]こうして難波が、旧河内（かわち）、和泉（いずみ）、紀州（きしゅう）一帯に路線網を広げる南海の中心駅となってゆくのである。

3　二つの風土

二枚の地図

ここに、二つの大阪（大坂）の地図がある。いずれも、財団法人大阪都市協会が発行したもので、現在の国土交通省国土地理院発行の大阪市域地図の上に復元され、精密に作られている。

その一つは、「浪花の繁栄」と題する十九世紀初期の大坂三郷（さんごう）の地図（八四ページ）である。市街地が赤色、武家地が橙色、寺社が緑色でそれぞれ示されている。

これを見ると、天満（てんま）、上町（うえまち）、北船場（きたせんば）、西船場、南船場、島之内（しまのうち）、堀江（ほりえ）の各地区からなる市街地は、ほぼ碁盤の目のように規則正しく形成されており、その北よりを淀川が東から西へ、また西端を木津川（きづがわ）が北から南へと流れている。この二つの川の間にはさらに、道頓堀川、西横堀川（にしよこぼりがわ）など、いくつもの小さな川が道路に並行して直線状に市街地に入り込んでいる。なおこのころは、新淀川はできておらず、いまの大川（旧淀川）が淀川の本流であった。一方、武家地は市街地の東側に隣接して、大坂城を中心に広がり、寺社はそのほとんどが市街地の南東側の、北平野町から天王寺村にかけての一帯に集まっている。

いま一つは、「近代都市の構築」と題する大正十年代の大阪の地図（八五ページ）である。市街地が赤色、軍用地が灰色、寺社や公園が緑色、官公庁が橙色、学校が黄色でそれぞれ示され、国鉄を含めた鉄道の線路が黒の実線であらわされている。

国鉄の東海道本線、城東線、関西本線に加えて、先に述べた南海、阪神、京阪、箕有電軌、大軌、旧阪堺、大阪高野の各私鉄が、すべて開業している。前の地図にはなかった新淀川が左上の部分を流れているが、旧淀川やそこから分かれた大小の水路の配置は前とほぼ同じである。軍用地となった大阪城の周辺を除いて、市街地が地図の全体をほぼ覆いつくし、その間に寺社や公園、官公庁、学校などが点在している。寺社がある場所は江戸時代からほとんど変わっていないが、先に述べた内国勧業博覧会が明治時代に開かれた場所は、天王寺公園と大衆娯楽地「新世界」に変わっている。

正反対

この二つの地図を見比べてみると、面白いことに気づくだろう。大正期には完全に大阪の市街地のなかに入っていた南海の難波、阪神や箕有電軌の梅田、京阪の天満橋、大軌の上本町、大阪高野の汐見橋の各ターミナルがある辺りは、実は京阪の天満橋を除いて、どこももとは大坂三郷に隣接する外側にあり、市街地に入っていなかったのである。市街地の北にあった梅田界隈は、曾根崎（そねざき）村や北野村に属しており、市街地の南にあった難波や汐見橋は難波村、また上本町は東高津町に属していた。

だが、同じく市街地に入っていなかったといっても、梅田のターミナルが作られる旧淀川

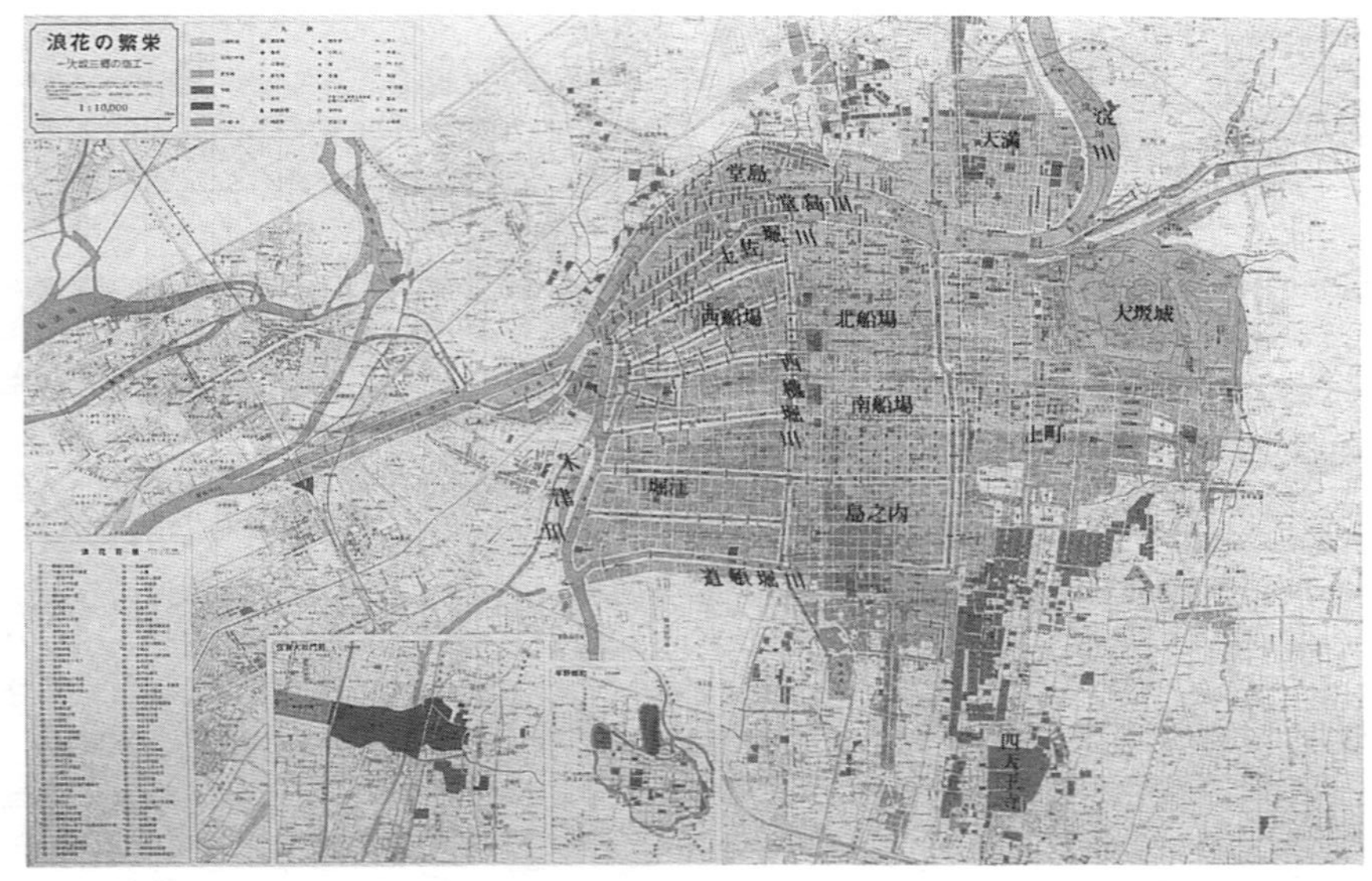
浪花の繁栄
—大坂三郷の商工—
1：10,000
天満
淀川
堂島
堂島川
土佐堀川
西船場
北船場
大阪城
西横堀川
南船場
上町
木津川
堀江
島之内
道頓堀川
四天王寺

（財）大阪都市協会

（財）大阪都市協会

以北の地域と、難波や汐見橋、上本町のターミナルが作られる旧淀川以南の地域では、明らかに風土が違っていた。地図に明らかなように、前者の地域は、もともと後者に比べて、寺社がはるかに少なく、見渡す限り湿地や田んぼが広がっているだけであった。そもそも「梅田」という地名も、田んぼを埋め立てて作った土地を意味する「埋田」に由来しているという。

梅田から海岸沿いに西の三宮にのびる阪神はともかく、梅田から大阪平野を北上する箕有電軌の沿線地域は、この梅田から続く「歴史上の空白地帯」に当たっていた。都市設計学者の上田篤(うえだあつし)は、この地域の特徴を次のように述べている。

北に北摂の山を控え淀川が東北から西南に流れている。南に沃野の大阪平野、西に西街道につながっている。この一番いい場所に都も立地しなければ文化財もない。歴史的にほとんどあの場所が無視されてきた。だからこそ現在ニュータウンとか万博とか新しい場所ができるのですよ。(中略)ここは吉備(きび)、出雲、大和、河内、伊勢といった様々な勢力の入会地で、だれもそこに都をもって行くことができなかった。つまり千里(せんり)を中心とした淀川右岸の地帯は、ある意味で歴史上の空白として長くあり続けたということです。(23)

これに対して後者の、旧淀川以南の地域には、先に見たように四天王寺や生玉(いくたま)社をはじめとする寺社が数多く点在していた。また歴史を遠くさかのぼれば、『日本書紀』や『続日本紀』に記された難波宮（前期難波宮および後期難波宮）がおかれた場所でもあった。

ちなみに「難波」という地名は、一般には『日本書紀』巻第三の神武天皇の東征のところに出てくる、「戊午年の春二月の丁酉の朔丁未に、皇師遂に東にゆく。舳艫相接げり。方に難波碕に到るときに、奔き潮有りて太だ急きに会ひぬ。因りて、名けて浪速国とす。亦浪花と曰ふ。今、難波と謂ふは訛れるなり(24)（戊午の年、春二月十一日に、天皇の軍はついに東に向かった。多くの船が続いて進んで、まさに難波碕に着こうとするとき、速い潮流があって大変速く着いた。よって名付けて浪速国とした。また浪花ともいう。いま難波というのはなまったものである）」に由来するといわれている(25)。

さらに難波や汐見橋、上本町から大阪平野の南部に向かってのびてゆく南海や大阪高野、大軌の沿線地域には、生國魂神社、住吉神社（現・住吉大社）や大鳥神社など、古い由来をもち、伊勢神宮に次ぐ社格を意味する官幣大社クラスの神社をはじめ、数多くの天皇陵や古墳があった。これは、箕有電軌やそれを受け継いだ後の阪急神戸線、今津線の沿線地域に、西宮市の廣田神社を除いて、官幣大社クラスの神社や天皇陵が分布していないのと対照的である（図4を参照(26)）。また、『日本書紀』に登場する古代王権がしばしば行幸を繰り返し、都がおかれるとともに、明治以降には天理教をはじめ、天理教から分派した天理研究会（天理本道。現・ほんみち）や、ひとのみち教団（現・パーフェクトリバティー〔PL〕教団）などの新興宗教の本部がおかれた地域でもあった。さらにこの地域は、和泉山脈や紀ノ川を境界として、高野山や吉野、そして熊野に隣接していた。

つまり、旧淀川以北が「歴史上の空白地帯」で、土地の神々や地霊に比較的無縁の風土をもっていたとすれば、旧淀川以南は古代以来の王権を中心とする歴史に彩られ、さまざまな土着的な宗教を生み出してきた地帯であったのである。両者の風土は、まったく相反していたといってよい。

キタの「合理主義」とミナミの「浪曼主義」

大阪には、キタとミナミという言葉がある。

経済学者で、大阪の歴史にも詳しい宮本又次(みやもとまたじ)（一九〇七〜九一）によれば、キタというのはもともと堂島(どうじま)や曾根崎の新地を指していたが、先の地図に見られるように市街地が拡張するにつれ、段々にもっと北、つまり梅田界隈を指すようになった。またミナミというのは本来、島之内を指していたが、やはり先の地図に見られるように市街地が広がるとともに、道頓堀や千日前(せんにちまえ)、難波、木津はもとより、天王寺や阿倍野(あべの)までも含めた地域を指すようになった[27]。

宮本は、両者の違いを次のように述べている。

オフィスと娯楽街と郊外電車、この三位一体こそがキタのすべてであって、いいかえるとサラリー・マンの街である。旦那さんや「ぼんぼん」、「とうはん」の町ではない。キ

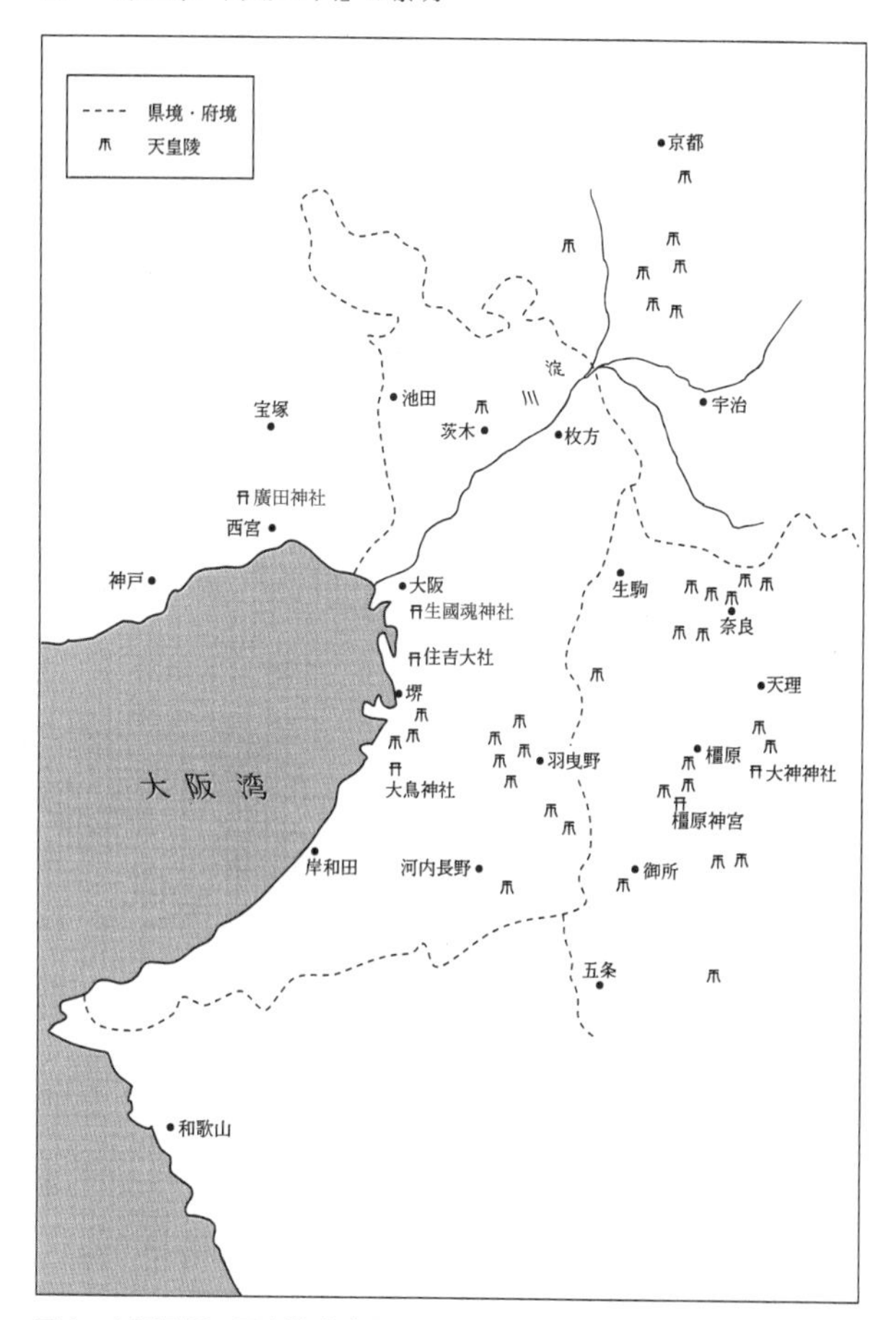

図4　大阪周辺の天皇陵分布図

タのファッションは阪神間の住宅地のモードとぴったり合うが、ミナミはまったくトーンがちがうのである。（中略）そして総体にキタではどこかすっきりした、いわば土着的でないものが、感ぜられる。高度線を感じさせるのである。[28]

このキタとミナミの違いはまさに、前述した旧淀川以北と以南の二つの地域の風土の違いとも、みごとに符合している。そこには一方で、江戸後期の町人学者であった山片蟠桃（一七四八〜一八二一）のような、神をも仏をも否定する乾いた「合理主義」を、他方で、主に昭和初期に日本浪曼派の中心として活躍した保田與重郎（一九一〇〜八一）のような、古代日本をウエットな感覚をもって美化する「浪曼主義」を、二つながら生み出すことができるような思想的土壌があったといえるかもしれない。

あえて図式的な言い方をするなら、キタを中心とする旧淀川以北の地域の風土が「合理主義」と親和性をもっていたのに対して、ミナミを中心とする旧淀川以南の地域の風土は「浪曼主義」と親和性をもっていたということになろう。

したがって大袈裟にいえば、私鉄のターミナルを大阪のキタに属する梅田におくか、ミナミに属する難波におくかによって、その私鉄が築き上げる文化の中身には大きな違いが生じてくるのである。関西私鉄が、同じように「官」とは違ったさまざまな文化を築いてきたことは、前章でも述べた通りであるが、より細かく検討すれば、その具体的な戦略は、ターミナルの場所や線路が敷設された地域により大きく異なり、それぞれの地域の風土によって少なからず規定されている。

　本書でいう「私鉄王国」とは、いわばそれらの複合体を指している。次章では、キタの梅田を拠点にして開業した箕有電軌・阪急を中心に、ミナミに拠点をおく南海などとも比較しつつ、大正末期までに確立されるこの王国の具体的内容を探ることにしたい。

	4月	14歳の裕仁皇太子、大阪行啓
1917（大正6）	4月	大阪市に都市改良計画調査会が設置される
1918（大正7）	2月	箕面有馬電気軌道を阪神急行電鉄と社名変更
	3月	大神中央土地株式会社設立、旧香爐園を住宅地として開発
1919（大正8）	4月	地方鉄道法公布（8月施行）
	11月	裕仁皇太子、大阪行啓
		都市改良計画調査会、大阪市区改正部案を発表
1920（大正9）	1月	都市計画法施行（前年4月公布）
	5月	鉄道院、昇格して鉄道省となる
	7月	阪急神戸線と伊丹支線が同時開業
	11月	明治神宮竣工
		阪急ビルディング竣工、1階は白木屋に貸し、2階は食堂に
	12月	後藤新平、東京市長となる
1921（大正10）	4月	軌道法公布（24年施行）
	9月	阪急西宝線開業（西宮北口―宝塚）
	11月	裕仁皇太子、摂政となる
1922（大正11）	9月	南海鉄道、大阪高野鉄道を合併
1923（大正12）	4月	大阪市社会部調査課『余暇生活の研究』
	9月	関東大震災
	11月	関一、第7代大阪市長となる
	12月	三浦周行「法制史上より観たる大阪」
1924（大正13）	7月	宝塚大劇場竣工

1909（明治42）	1月	阪神、西宮駅前に貸家34戸を建設
1910（明治43）	3月	箕面有馬電気軌道が開業（梅田―宝塚、石橋―箕面）
	4月	京阪電気鉄道が開業（天満橋―五条）、同時に香里園を開業（開業時の駅名は香里）
	11月	小林一三、箕面に動物園を開業
1911（明治44）	5月	宝塚新温泉の営業開始
	10月	箕面動物園で山林子供博覧会
	11月	南海鉄道の本線全線が電化される
	12月	阪堺電気軌道が開業
1912（明治45）	1月	「御召列車ノ警護ニ関スル件」改正
	7月	阪堺電気軌道、「新世界」をひらく 明治天皇崩御、大正と改元
1913（大正2）	5月	豊中運動場完成
	7月	小林一三、宝塚唱歌隊（のちに少女歌劇、さらに歌劇団と改称）を組織する
	8月	東海道本線全線複線化
1914（大正3）	1月	生駒トンネル開通
	4月	大阪電気軌道が開業（上本町―奈良）
	7月	南海、「楽天地」を建設 関一、大阪市高級助役となる
	12月	東京駅開業
1915（大正4）	3月	南海鉄道、阪堺電気軌道を合併
	4月	高野登山鉄道が大阪高野鉄道に名称変更
	8月	豊中運動場にて第1回全国中等学校優勝野球大会が開催される（大阪朝日主催）
	11月	大正大礼
1916（大正5）	3月	阪神、鳴尾競馬場内に野球場を開設

第三章　「阪急文化圏」の成立

1　往来ふ汽車を下に見て――小林一三という人物

単身、鉄道業へ

一九一〇（明治四十三）年に開業した阪急の前身、箕面有馬電気軌道（箕有電軌）を創業した人物が、小林一三であることはよく知られている。

小林は一八七三（明治六）年、山梨県に生まれ、東京の慶応義塾に学んだことからもわかるように、もともと大阪とは何の縁もない人物であった。また慶応に在学中は『山梨日日新聞』に小説を連載するほどの文学青年で、新聞記者になることを夢見ていたから、慶応を卒業して一八九三年に三井銀行に就職したことは、必ずしも小林の本意ではなかった。

しかも小林は、三井に入るとすぐに、大阪支店に転勤を命ぜられる。初めて東京から大阪に赴任したときの模様を、彼自身は『逸翁自叙伝』のなかで次のように回想している。

二十一歳の夏であった。明治二十六［一八九三］年九月、日は忘れたが、十日前後の午

> 後四時頃と記憶する。その前日、東京新橋駅から汽車に乗って、車中一夜をあかし暑さに疲れ果てた昼すぎ、朝日ビール工場の大きな広告を右手に見て、次がいよいよ大阪だ。
>
> 荷物を片付けて、独りぼっち梅田のステーションに降りた時は心細かった。[1]

それまで何の縁もゆかりもなかった場所へ一人赴くときのやるせない気持ちが、ここにはよくあらわれている。だがその後の小林は、名古屋支店や東京支店に勤務することもあったものの、一九〇七年に三井銀行を辞職してからは、完全に大阪に移住し、生涯の多くを大阪およびその郊外に送ることになる。この意味では、小林と大阪との運命的な出会いを語っているともいえる。

アイディア経営者、小林一三

小林が三井を辞めて大阪に移住したのは、三井時代の上役で北浜銀行の頭取であった岩下清周（いわしたきよちか）（一八五七～一九二八）が設立準備していた証券会社の支配人になるためであった。しかし、折からの不況でこの計画が頓挫すると、小林は岩下の口添えで阪鶴鉄道に入社し、監査役となった。これもまた、小林の生涯を決定づけた、銀行業から鉄道業への転身であった。

駅の位置

実際には阪鶴鉄道は、前章でも述べたように一九〇六（明治三十九）年に制定された鉄道国有法により買収され、国鉄となることが決まっていたから、阪鶴鉄道の関係者が発起人となって、それに代わるべき新会社が同年に設立された。梅田と箕面、宝塚、有馬温泉の間と、宝塚と西宮の間を結ぼうとした箕面有馬電気鉄道である。翌〇七年には箕面有馬電気軌道と改称され、これが会社の正式名称となるが、宝塚―有馬温泉間と宝塚―西宮間は計画だけに終わり、線路が敷設されることはなかった。

小林はこの会社の設立を、事実上たった一人で引き受けた。軌道条例による特許を受け、一年後の一九〇八年までには、早くも梅田と箕面、宝塚の間の工事が始まった。前章でも述べたように、路面の部分はほとんどなく、梅田付近を除いて専用軌道であった。開業の見通しが立った同年十一月には、小林は岩下清周を社長とし、みずからは専務の座にとどまったが、実質的な経営者が小林であることに変わりはなかった。

彼は当時の模様を、後にこう回想している。

会社の設立後一ヵ年の間に仕事はドシドシ進行する。その頃新淀川には、あやしげな木

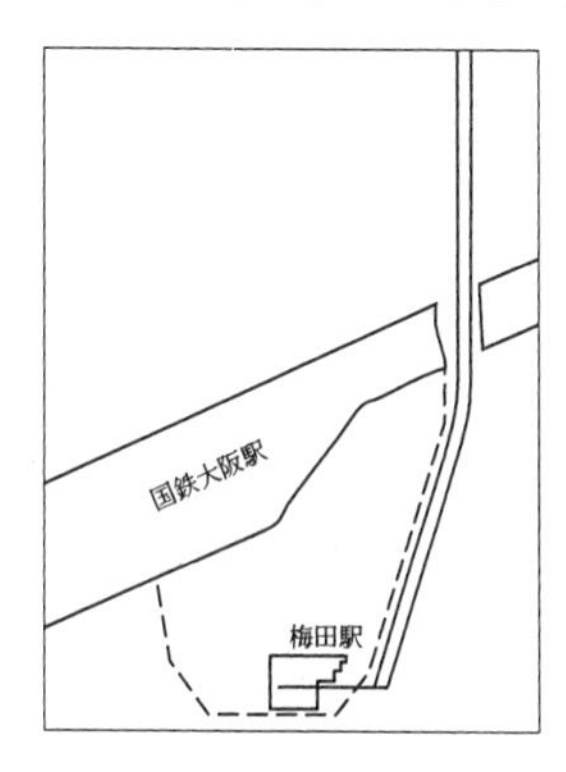

（左）図5　箕有電軌梅田駅の位置
（右）1910年、工事中の梅田駅

> 造の仮橋が架って洪水のたびごとに不通になるという時、鉄橋工事は目覚しく進捗して、生きた広告が道ゆく人達の眼をそばだてたが、〔明治〕四十二年九月には早くも竣工した。梅田の東海道線を越す跨線橋工事と梅田停車場たるべき予定地の看板は、この会社の信用を高めた。[2]

この回想で注意すべきは、起点に定められた梅田駅の場所である。

当初大阪市は、起点を梅田付近におくことを認めなかったが、小林は幾度も市と交渉を重ねた結果、駅の予定地を国鉄線路とは区別されたその南側の一角とすることに決定し、一九〇八年九月に大阪市参事会の承諾を得るとともに、当時の監督官庁であった鉄道院からも跨線橋を架設することの許可を得た。[3] こうして梅田駅は、現在と違って国鉄の大阪駅の南側に作られ、駅を出た線路はすぐに左へ曲がって坂を上り、東海道本線と城東線の線路をオーバークロスして北に進むコースがとられることになった（図5を参照）。

いうまでもなく東海道本線は、新橋と神戸を結ぶ近代日本の最重要幹線である。この国鉄の線路を越えることができた私鉄は、当時一つもなかった。大阪市と鉄道院の双方から妥協をかちとった小林は、「この会社の信用を高めた」とさりげなく記すが、実はここに、後に述べるような小林の思想を解く一つの鍵が秘められていたのである。

如何なる土地を選ぶべきか・如何なる家屋に住むべきか

一九一〇（明治四十三）年三月十日、箕有電軌の宝塚本線の梅田―宝塚間と、途中の石橋（いしばし）（現・石橋阪大前）で分岐する箕面支線の石橋―箕面間が、予定より三週間も早く開業した。もちろん全線複線電化で、線路幅は国際標準軌の一四三五ミリであった。沿線に京都や神戸のような大都市や目ぼしい観光地がなく、畠や田んぼのなかをひたすら走るこの電車には、「みみず電車」という陰口もたたかれたが、小林は十分に採算がとれるという見通しを立てていた。

開業に先立ち、小林は沿線を二度も歩いて往復し、沿線の駅前に郊外住宅を多数分譲し、箕有電軌に乗って大阪まで通勤する乗客を獲得することこそが、まだ基盤も不安定な「会社の生命」を救うと確信していた(4)。

それをよく示すのが、このとき小林が配った「最も有望なる電車」「住宅地御案内＝如何なる土地を選ぶべきか・如何なる家屋に住むべきか」と題するパンフレットである。各一万

（左）箕面有馬電気軌道の開業　（右）「最も有望なる電車」

部を印刷して大阪市内の各戸にばらまいたが、この二つのパンフレットには、後に「私鉄王国」の中核を築くことになる阪急＝小林の戦略が、すでにはっきりと現れているのを確認することができる。

それぞれの具体的内容を要約するなら、「最も有望なる電車」は、建設費から工事内容、収支予算、住宅地の経営、電鉄の価値などを三七ページにわたって説明したものである。箕有電軌の沿線が、同じ郊外に属する南海や阪神の沿線住宅地に比べていかに優れているかは、「飲料水の清澄なること、冬は山を北に背にして暖かく、夏は大阪湾を見下ろして吹き来る汐風の涼しく、春は花、秋は紅葉と中分のないこと[5]」に明らかだとしている。

一方、「住宅地御案内」も、「出産率十人に対し死亡率十一人強」を数える大阪の劣悪な生活環境に比べて、郊外がいかに人間的な生活に適しているかを強調しながら、箕有電軌が風光明媚な沿線の郊外に合わせて三一万二〇〇〇坪もの広大な土地を所有しているこ

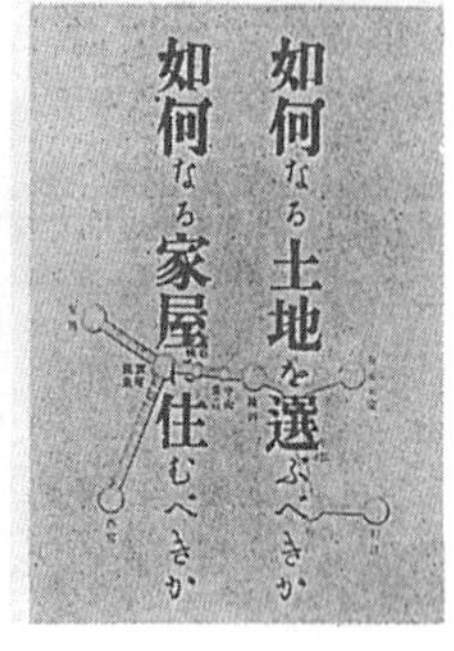

（左）池田室町住宅　（右）「如何なる土地を選ぶべきか・如何なる家屋に住むべきか」

とを述べたものである。(6) ちなみに、その第一弾として売り出された池田駅前に広がる室町住宅地の「模範的新住宅地、理想的新家屋」に備えられた「人為的設備」とは、次のようなものであった。

一、完全なる道路を設け両側に樹木を植ゆること。
一、一戸建の家屋を建築すること。
一、庭園を広くすること。
一、電灯の設備あること。
一、溝渠下水等衛生的設備を十分ならしむること。
一、会社直営の購買組合を設け、物資の供給を廉売ならしむること。
一、娯楽機関として倶楽部（クラブ）を新築し、玉突台其他の設備を完全ならしむること。
一、公園及花樹園を設け花卉（かき）盆栽園芸趣味を普及ならしむること。

一、床屋、西洋洗濯等日常必要なる店舗を設置せしむること。[7]

田園都市

このなかには、「会社直営の購買組合」のように、結局失敗に終わったものもある。しかしながら、社会学者の津金澤聰廣も指摘するように、小林が箕有電軌の沿線に「まさに従来の日本にはみられない新スタイルの自足的コミュニティ」[8]を作ろうとしていたことは、やはり注目しないわけにはゆかない。

ちょうどこのころ、民間だけでなく政府においても、ヨーロッパの田園都市に対する関心が高まっていたことは、一九〇七（明治四十）年に内務省地方局有志が編集する『田園都市』が博文館から刊行されたことにうかがえる。この書物は、ヨーロッパの田園都市建設の最初の動きを詳細に分析、紹介したものであり、小林もまたこの田園都市の構想から影響を受けていた。

しかし、内務省による田園都市国家の建設が、まず何よりも「畢竟一国の内容を精整して、国家繁栄の基石を固うすべき」[9]ことに主眼をおいていた上、その構想も幻に終わったのに対して、小林の目指す「郊外ユートピア」は、あくまで「官」から独立し、地域に根差した自足的コミュニティの建設であったのであり、それを実行に移そうとした点でも明らかな違いがあった。

実際にはコミュニティの中核となるはずの購買組合や倶楽部は定着せず、ヨーロッパの田園都市運動に見られる社会改革や協同社会論の理想を実現するところまではいかなかったが、室町住宅地をはじめとする沿線の住宅地には、すでに伝統的な職住一体の空間である「家」とは区別された、近代的な職住分離の空間である「家庭」の礎（いしずえ）が築かれるなど、後に大きく発展することになる「阪急文化圏」の原型が形成されていたのである。[10]

他社の試みと池田室町住宅地

もっとも、小林自身も述べているように、大阪の郊外に着目したり、そこを開発したりすること自体は、箕有電軌が最初に行ったわけではなかった。たとえば、箕有電軌よりも先に開業した阪神では、一九〇八（明治四十一）年に『市外居住のすすめ』と題する二二九ページの小冊子を発売している。[11] この小冊子もやはり、『田園都市』に触発されるようにして、大阪市内から阪神沿線の郊外に移り住むことが健康にいかによい影響を与えるかを強調したものであり、阪神もヨーロッパの田園都市構想についての情報を得ていた。

だが阪神が実際に行ったのは、郊外住宅地の分譲ではなく、貸家の経営であった。一九〇九年に西宮の駅前に、木造平屋、二階建の貸家を合わせて三十四戸作ったのを手はじめに、阪神は沿線の鳴尾（なるお）や御影（みかげ）にも貸家を建設していった。[12]

同じく箕有電軌よりも先に開業した南海では、後述するように沿線の住宅地の開発よりも海浜リゾートの開発の方が先行したため、明治末期に郊外住宅地といえるのは、せいぜい天王寺にほど近く、別荘地から発展した天下茶屋にある程度であった。

その駅前の光景はこうであった。

> 駅前東側には広場があり、その東に桜並木が、南北に続く。かなりの老木だが、春には通勤者の肩に花ビラを降らせた。秋になると南側の櫨（はぜ）の木が、真っ赤に色づく。[13]

大阪の中心部に通うサラリーマンが移り住んでいたことがわかるが、箕有電軌の沿線住宅地との相違点も明らかであった。このことは、天下茶屋と池田室町を比較する次の文章によく示されている。

> 自然の趣を残した天下茶屋とは対照的に、箱庭的な郊外生活は、豊能（とよの）郡池田町（今の池田市）で始まっていた。小林一三の箕面有馬電鉄（ママ）（阪急電鉄の前身）が開発した室町である。「勤務に脳漿をしぼり、疲労したる身をその家庭に慰安せんとせらるる諸君は、あしたに鶏鳴に目覚め、夕べに前栽（せんざい）の虫声を楽しみ……理想的新家屋は提供せられたるに非ずや」――明治末年から大正の初めにかけて、こんなパンフレットを手に、下見のため室町を訪れた人たちは驚いた。碁盤の目のような道路に百坪（三百三十平方メートル）単位の家が二百戸、規則正しく配置されている。わが国で初めての本格的な分譲住宅地だった。[14]

右の文章中の引用文は、前述した小林の「住宅地御案内」の一節である。当時の人びとにとって、池田駅前に広がる室町の分譲住宅地が、いかにそれまでの常識を打ち破る計画的なものであったかがわかる。一区画一〇〇坪の土地に二〇〜三〇坪の二階建ての家屋と庭園がついて二千五百円ないし三千円の価格で売り出されたこの住宅地は、二割の頭金に十年ローンを組み、一ヵ月につき二十四円ずつ支払えばよいという、今日すっかり定着しているシステムを初めて取り入れたこともあって、ほとんどが売れたのであった。[15]

「往来ふ汽車を下に見て」

このようにして箕有電軌は、乗客誘致のための周到な準備をして、三月十日の開業に臨んだ。乗客の出足は好調であった。そのなかには、『大阪新報』の記者で、開業とともに室町住宅地に引っ越してきた岩野泡鳴（一八七三〜一九二〇）がいた。開業の二年後には、大阪の今宮中学校の教師をしていた折口信夫（一八八七〜一九五三）が、沿線の蛍池に移り住んだこともあった。

彼らはみな、小林が目論んだ通り、箕有電軌を利用して、郊外から大阪の中心部に通勤する新しい生活を始めたのである。ただし、足掛け二年間室町に住み、小林とも交流のあった泡鳴は別として、折口はこのライフスタイルになじめなかったらしく、一年もたたずにまたもとの大阪市内に戻っている。[16] 昭和初期の小田急の開業とともに沿線の成城に移り住み、東京都心に通う生活を三年間続け、その後も生涯成城を離れることがなかった柳田國男と対比すると面白いが、ここではただ事実を指摘するだけにとどめたい。

だが開業当初に人びとの目を引いたのは、郊外の整然とした住宅地よりも、むしろ先に述べた東海道本線と城東線の上にかかる梅田付近の跨線橋であったようである。小林も『逸翁自叙伝』で引用しているが、開業を伝える『大阪朝日新聞』の三月十日の記事には、室町住宅地ではなく、「梅田跨線橋上を電車の往来する実景」の写真が掲載されている。

箕有電軌の電車が国鉄の汽車をまたぐ（写真は「阪急電車」）

そして実際に、梅田から箕有電軌の電車に乗ってみると、すぐに国鉄の大阪駅や、そこを往来する汽車を見下ろすことができた。私鉄が国鉄の線路をまたぐという光景を、小林は次のような「箕面有馬電車唱歌」として作詞し、市内および沿線のすべての小学校に配布するとともに、沿線に遠足に来る小学生に歌わせたのである。

東風（こち）ふく春に魁（さきが）けて
開く梅田の東口

往来ふ(ゆきか)汽車を下に見て
北野に渡る跨線橋[17]

この節は、全部で十五番まである箕面有馬電車唱歌の、最初の一番である。ここでいう「汽車」とは、いうまでもなく東海道本線のことである。

繰り返しになるが、当時この線を越えられた私鉄は一つもなかった。東京からのびてくる国家権力の象徴である東海道本線の上を、地域に根差した「郊外ユートピア」の建設をめざす箕有電軌の線路が通るということは、単なる物理的な位置関係を超えて、それだけで一つの思想表現となりえた。小林はその辺りをよく心得ていたのではないか。「往来ふ汽車を下に見て」という歌詞には、小林の「反官精神」がみごとに反映されていたといえる。

条文追加の意味

ここで改めて、一九〇三（明治三十六）年に内国勧業博覧会の会場を訪問した天皇や皇后を乗せた御召列車が、「北野に渡る跨線橋」が作られる前の東海道本線のこの区間を何度も往復していたことを想起する必要がある。その後、一九〇七年十一月に制定された御召列車に関する初めての全国的な規程である「御召列車ノ警護ニ関スル件」（三章五十一条）の第四条では、「御召列車ニ対シテハ階上其他高所ヨリ見下スヘカラス」[18]として、御召列車よりも上方に位置する視線の存在をシャットアウトした。箕有電軌の開業は、この条文にもかかわらず、御召列車が最も頻繁に運転される線路を「高所ヨリ見下ス」ことのできる私鉄が開業したことを意味していたのである。

「御召列車ノ警護ニ関スル件」は、箕有電軌の開業から一年十ヵ月後の一九一二年一月に改正され、三章五十七条となった。新たに追加された条文のなかには、次のようなものが含まれていた。

第三十九条　上下ニ於テ交叉スル線路ノ上方又ハ下方ニ御召列車カ運転スル場合ハ同時ニ他方ノ線ニ列車ヲ運転セシメサル様最寄（もより）駅長ニ於テ手配スヘシ(19)

この条文は、明らかに箕有電軌の開業を標的にしたものであった。「御召列車ノ警護ニ関スル件」が改正される前の一九一〇年十一月の岡山行幸と一九一一年十一月の久留米行幸では、いずれも明治天皇を乗せた御召列車が「北野に渡る跨線橋」の下を通っていたのである。この新たな事態を踏まえ、箕有電軌の電車の運行を規制するための、第四条よりもさらに具体的な規程が必要とされたことは、想像に難くない。

日本で初めての「自足的コミュニティ」を目指した池田室町住宅地と、「往来ふ汽車を下に見」る梅田付近の跨線橋と――。一九一〇年の箕有電軌の開業とともに、その起点と郊外に出現した二つの光景は、ともに「官」から独立した領域を象徴するものであったのである。箕有電軌の開業の時点で、すでに小林の思想は目に見える形で示されていた。

いる。

僕は青年時代から慶応で独立独行と云ふことを教へられて来たのだが、僕の社会生活は即ちそれだ。僕は人にお世辞を言はず、愛想を言はず、いつでも言ひ度いことを言つてしまふので人から愛されたことがない。[20]

2　民衆の都

ヘイコラしたことはない

一九三五（昭和十）年に出版された『私の行き方』のなかで、小林はこんなことを言って

先に述べたように、小林は福沢諭吉（一八三五～一九〇一）が生きていた当時、慶応義塾で学んだが、彼によればそこで学んだ独立の精神こそは、その後の生涯を貫く指針となったものであった。慶応を卒業して三井銀行に入っても、上司におもねるところは一切なく、「小林って、あんな生意気な、いやな奴はない」と弾劾されたという。[21]

やはり反骨のジャーナリストとして知られ、[22]世間から危険人物視されていた宮武外骨（一八六七～一九五五）と親交を結ぶようになるのも、互いの気性がよく似ていたからであろう。小林はもともと浮世絵が好きで、一九一〇年に宮武が発刊した浮世絵研究雑誌『此花』

を愛読しており、自分が手に入れた浮世絵をよく宮武に鑑定してもらっていた。

両者の関係は、宮武が『此花』の廃刊後に創刊した日刊新聞『不二』の社屋を、小林が一九一三（大正二）年に提供したのを機に深まったが、『逸翁自叙伝』のなかで、戦後になって小林が「友人の宮武外骨君」の仕事場であった東大法学部の明治新聞雑誌文庫を訪れ、『山梨日日新聞』に連載していた自分の小説を見せてもらったエピソードを紹介していることからわかるように、その関係は終生を通して変わらなかった。[23]

もちろん「官」の力が強まる戦時体制下にあっても、民間人としての小林の姿勢に揺るぎはなかった。一九四〇（昭和十五）年には、第二次近衛文麿内閣でその経営手腕を買われて政界に入り、商工大臣となるが、統制経済の強化を目指す次官の岸信介（一八九六〜一九八七）ら革新官僚や軍部と対立したため、八ヵ月余りで辞任に追い込まれた。

その直後に書いた「大臣落第記」のなかで、小林は大臣であった時期を振り返り、「私自身は役人としては不向であるその性格を露出し尽した」と総括している。[24]同時に、小林に寄せられた「お役所にはお役所の習慣があり、官吏には官吏の性格があつて、それらの系統を充分に理解しないと、ただ自分だけが正直であれば、よいものはよい、悪いものは悪いと簡単に片づくものと思ふならば大間違ひ」という批判に対しても「官吏に対する私の考へ方は、諸君達の言はれるところとだいぶ違つてゐる」とかわしている。[25]

このような小林の反官思想が、箕有電軌の開業当時から一貫するものであったことは、前述した箕面有馬電車唱歌の歌詞からうかがえるが、彼自身が後年、次のように述べていることとからも知られよう。

われわれから言へば、京阪神といふものは鉄道省にやつて貰はなくてもよろしい。そんなことは大きにお世話です。われわれがどんなにでもして御覧に入れます。（「交通問題を中心として」一九三八年九月）[26]

私はようちの人に言はれるのですよ。「もういろんなことを言はないでおいて下さい。僕等は鉄道省へ行つてヘイコラしてゐなければ憎まれて困りますから」と言ふ。意気地のない奴ばかりだ。僕等は生れが銀行で畑が違ふけれども、阪急を創立してからでも、鉄道省へも内務省へも逓信省へもヘイコラしたことはない。そのかはりどこのお情けにすがつたこともない。どこへ行つたつてケチなことは言はない。それで来てゐるから、どこでも憎まれてゐる。（同）[27]

ここでいう鉄道省とは、正確には一九二〇年に鉄道院を昇格して作られた中央官庁を指すが、それ以前の鉄道院も含まれると考えてよいであろう。「阪急を創立してからでも、鉄道省へも内務省へも逓信省へもヘイコラしたことはない」という小林の言葉には、まさに「私鉄王国」を作り上げてゆく中心人物の面目躍如たるものがある。箕有電軌の創業以来、鉄道院や鉄道省からの天下りを一人も入れないという会社の方針にも、それは反映している。

小林の大阪論

この反官思想とともに小林に顕著に見られるのが、大阪と東京を比較する複眼的思考法である。生粋の大阪人でない小林には、大阪と東京の違いがかえってよく見えていた。たとえば彼は、こう述べている。

必ず東京の事業には政治が伴つてゐる。或は近代の政治組織がこれに喰ひ入つてゐる。東京のあらゆる会社がさうであるといつてよくはないかと思ひます。あらゆる有名な会社事業は大概政治の中毒を受けてゐる。（中略）その点に行くと大阪はまことに遣りよい。何ら政治に関係して居らない。しかも政治に関係して居らないと殆んど政治といふものと実業といふものが分れて居るためにさういふ心配は少しもない。（中略）要するにこの政治中心の東京を真似ずして、政治以外に一本調子でやつて行く西の方の財界の精神を尊重して行きたいと思ふのであります。（「事業　東京型と大阪型」一九三五年[28]）

小林は、「政治中心」の東京に対して、「何ら政治に関係して居らない」大阪を、「民衆の大都会[29]」と呼ぶ。ここから大阪では、純粋に民衆のための鉄道を目指さなければならないという視点が生まれてくる。この点に関して、彼はさらに次のように述べている。

ここで一寸、すこし御参考までに民衆の大阪、実業の都会である大阪において私のとつて来た方針のことを申し上げたいと思ひます。決して手前味噌をならべるといふ意味ではありませぬ。それは、私が電気鉄道会社を経営してをりまする関係から、事業としての電気鉄道の経営といふことは、将来は一般乗客のために利益の大部分を犠牲に供すべきものである、独占事業であるから株主だけがウマイことをすればよいといふやうなことは間違つてゐる、公共事業の性質として利益は断じてむさぼるものではない、といふ方針を立てて、これからさきは民衆相手の仕事を商売とすることが一番安全だと考へました。（以下省略）（「平凡主義礼讃」[30]）

このような、「一般乗客のために利益の大部分を犠牲に供すべきものである」という乗客本位の経営方針は、初めてのローン返済方式を取り入れた池田室町住宅地を分譲した時点で、すでに現れていた。その後に箕有電軌の沿線で展開されるさまざまな文化事業にも、こうした方針が受け継がれてゆくことは、後に見る通りである。

そして同じ大阪のなかでも、箕有電軌のターミナルをミナミの難波や上本町ではなく、キタの梅田においたことは、大きな意味をもっている。なぜならこのことは、小林の手になる箕有電軌が、難波にターミナルをおく南海や、上本町にターミナルをおく大軌に比して、より合理主義的で、歴史や伝統に拘束されない沿線文化を築いていてゆくことを暗示していたからである。明治末期から大正初期にかけて築かれるその具体的内容を、次に検討しよう。

宝塚少女歌劇団

梅田と箕面、宝塚を結ぶ箕有電軌の沿線は、前章でも触れたように、「歴史上の空白地帯」に当たっていた。小林はここに、開業早々から、次々と新しい行楽施設や文化施設を作ってゆく。

開業の八ヵ月後に当たる一九一〇（明治四十三）年十一月に、まず終点の箕面に動物園を作り、次いで一九一一年にもう一つの終点である宝塚に宝塚新温泉を開き、その二年後には宝塚唱歌隊（後に少女歌劇団と改称）を創設した。このうち動物園は廃止に追い込まれるが、後の二つは成功し、とりわけ少女歌劇団は、箕有電軌の沿線イメージを高めるのに貢献した。小林は、この宝塚に着目した動機を次のように説明している。

> 元来あすこは温泉場だから、温泉をやつた訳です。一つハイカラな温泉をやらうといふのであゝいふものを拵へた。然し、新しいハイカラな温泉を拵へて見た所で、それだけではお客が来ないといふので、それでは、何か余興をやらうといふので、止むを得ずあんなことをやつた訳なのです。（「学生と語る」[31]）

実際には知られるように、少女歌劇団は小林のまったくの独創というわけではなく、それ以前に三越百貨店で結成された少年音楽隊をヒントにしていた[32]。だが、小林が寂しい温泉場

にすぎなかった宝塚に、ヘルスセンターの草分けといえる新温泉を開設したばかりか、当時としてはきわめて斬新(ざんしん)な、少女だけの歌劇団を創設した背景には、前章で述べたキタの風土とも通じる、歴史や伝統に縛られない自由な発想があったことは、強調してよいように思われる。

このほかに小林は、大阪毎日新聞社と提携して、一九一一年に箕面動物園で山林子供博覧会を開いたのをはじめ、一九一三（大正二）年からは宝塚新温泉で毎年のように、婦人博覧会、婚礼博覧会、家庭博覧会といった博覧会を開催した。[33] そこに現れている個々のテーマからもわかるように、これらの博覧会もまた少女歌劇団と同様に、国家から疎外された大衆のなかでも、とりわけ女性や子供を標的としたものであった。家父長を中心とする従来の「家」ではなく、女性や子供を含めた「家庭」を重視しているところに、先に述べた室町の分譲住宅地と相通じるものを感じさせ

宝塚新温泉全景。右から大歌劇場、大食堂、納涼台、大浴場、中劇場へと続く。

よう。[34]

　また一九一三年には、沿線の豊中（とよなか）に新たに駅を開設するとともに、当時としては最大級の施設を有する豊中運動場を作り、その二年後には大阪朝日新聞社が主催する全国中等学校優勝野球大会を誘致し、記念すべき第一回大会をここで開いている。[35] このようにして小林は、箕有電軌の沿線に、商人や工場労働者の集まるミナミの道頓堀や千日前とは異なる、キタの新しい文化を意識的に作っていったのであった。

「新聞王国」大阪

　ここで注目すべきは、箕有電軌の沿線で開かれた博覧会や中等学校野球が、ともに大阪毎日新聞社や大阪朝日新聞社のような新聞社とタイアップしていることである。また少女歌劇も、大阪毎日新聞社が社会事業を行うため一九一一年に設立した大阪毎日新聞慈善団により広く紹介されたことが、社会的に認知される結果となり、その後の発展につながったとされている。[36] いずれも、大阪における私鉄と新聞の深い関わりを物語っている。

実際に大正期の大阪では、私鉄とともに新聞が発達した。一九二一年の大阪市社会部による労働者調査では、十代から五十代の各業種の常傭・日雇の労働者九十二人のうち、五十一人が新聞に接触していると答えており、二紙を購読している者も七人いた。接触している新聞は、『大阪毎日新聞』二十三人、『大阪朝日新聞』十七人、『大正日日新聞』五人、『大阪時事新報』一人となっており、『大阪毎日新聞』と『大阪朝日新聞』の二大新聞だけで、全体の購読者の九割以上を占めていた。[37]

この調査は、大阪では中産階級だけでなく、労働者のなかにも新聞が広く浸透していることを示すものであった。さらに一九二七（昭和二）年に内務省が行った調査によれば、『大阪朝日』と『大阪毎日』の発行部数は、それぞれ約百二十六万部と約百十七万部に達していた。この二つの数字は、『東京日日』（四十五万部）、『東京朝日』（四十万部）、『報知新聞』（二十五万部）など、東京で発行されるどの新聞の発行部数をも、はるかに上回るものであった。[38] 大阪ほど新聞が発達せず、しかも大小さまざまな新聞が並立する東京との大きな違いも、この調査を通して浮き彫りになった。

民衆の上に

このような大阪における新聞の発達ぶりについて、小林は早くも一九一六（大正五）年の段階で次のように述べている。

（引用者注――大阪では）大毎、大朝の二大権威を度外視しては、知事も、市長も、府会議員も、いはんや実業家のごとき、何事も出来ないくらゐに勢力がある。いまや大阪は新聞紙専制の王国としてその暴威を振つてゐる。しかしこれは当然来るべき運命であつて、即ち、大毎、大朝の発達は、大阪市民の発達と共に発達して来たのであつて、官僚の保護によらず、政治家の機関ともならず、また何人にも利用せられず、ただ商品として多数の顧客に普く愛さるる必要品として製造せられて来た。（中略）即ち民衆を基礎としてゐる新聞王国専制の時代が現はれたのは決して偶然にあらずと言ふべしである。（「新聞王国専制の大阪」[39]）

やはりここでも、東京と大阪が対比されている。「政治家の機関」として新聞が生まれた東京に対して、『大阪朝日』と『大阪毎日』の二大新聞を中心に、「その基礎が民衆の上に置かれて発達して来た」大阪の歴史が振り返られているのである。小林によれば、大阪では東京とは異なり、中産階級や労働者を含めた民衆を基礎とする「新聞王国」が築かれてきたということになるが、こうした説明は、「政治中心」の東京に対して、大阪を「民衆の大都会」ととらえる前述した視点とも重なるものである。

小林はさらに、大阪では「民衆の威力を背景として立つ新聞紙に対抗する策はおそらく絶無であらう。官権の力をもつてしても、その瞬間を制するに過ぎざるべし[40]」と述べている。ここでいう「新聞紙」を「私鉄」に、「官権」を「鉄道院」や「鉄道省」に置き換えると、当時の箕有電軌をはじめとする関西私鉄と国鉄の関係にもそのまま当てはまる説明となることがわかろう。

いわば大正期の大阪では、「私鉄王国」と「新聞王国」が、ともに民衆に基礎をおきながら形成されてゆくのである。小林は、この台頭してくるマス・メディアの社会的影響力の大きさを早くから予見し、それを最大限利用したのであった。

3　沿線文化の確立

日本一の海浜リゾート――浜寺海水浴場

明治期から大正期にかけて、鉄道の沿線に大衆のための新しい生活文化や余暇文化を築いていったのは、箕有電軌だけではなかった。この時期に開業した関西私鉄は、どこもただ線路を敷設するだけでなく、国鉄や他の私鉄に対抗するようにして、次々と乗客を獲得するための経営戦略を立ててゆくことで、全体として「私鉄王国」を形作っていったのである。以下、大正末期までに展開された各私鉄の具体的な戦略を見てみよう。

まず南海鉄道について見ると、箕有電軌が終点の宝塚に目をつけたのに対して、難波と和歌山市を結ぶ南海は、その沿線の浜寺に早くから着目していた。浜寺も明治中期までは、大阪湾に面した寂寥たる松原にすぎなかった。ところが、一八九七（明治三十）年に南海の浜寺（現・浜寺公園）駅が開業したのを機に、ここに園遊場や食堂、海水浴場、公会堂などが、南海の資本により次々と作られてゆくのである。

特に注目すべきは、大阪毎日新聞社とタイアップして一九〇六（明治三十九）年に浜寺海

（上）浜寺海水浴場
（中）イルミネーション輝く楽天地
（下）通天閣とルナパーク

水浴場を開設し、その二年後には浜寺公会堂を建設したことである。[41] 南海もまた、箕有電軌と同じように早くから新聞の発達に着目していたわけである。

これにより浜寺は、たちまち日本一の海浜リゾートへと発展した。南海は、大阪毎日新聞社とともに、大衆、とりわけ大阪市内の商家の店員に、健康のための海水浴を定着させる役割を果たしてゆくことになるのである。[42] その後も浜寺海岸では、数々のスポーツイベントが開かれたほか、浜寺公会堂では、志賀重昂（一八六三〜一九二七）や新渡戸稲造（一八六二〜一九三三）ら著名人を招いての学術講演会が開催された。また一九一四（大正三）年には、ターミナルの難波に近い千日前に、地下一階、地上三階建ての娯楽の宮殿「楽天地」を建設した。

新世界

南海に合併される前の阪堺電気軌道も、一九一二（明治四十五）年二月に堺市から第五回内国勧業博覧会の会場であった大浜公園を借り受けたのを機に、大浜公会堂を建設したのに続き、大浴場や食堂が一体となった「大浜汐湯」をここに建設し、隣接する大浜海水浴場とともに目玉とする[43]一方、同（大正元）年八月には、沿線の宿院と大浜海岸を結ぶ大浜支線を開業させ、多数の乗客を新たに獲得した。

そして起点の恵美須町付近には、やはり内国勧業博覧会会場の西側の跡地を利用して、同（明治四十五）年七月に大衆娯楽地「新世界」が開かれた。

新世界の中心には、エッフェル塔を真似た通天閣があり、その北方には、半円形の広場を中心に、放射状の三本の道路が走っていたが、これらは明らかにパリを模したものであった。また通天閣の南方には、アメリカのコニー・アイランドをモデルにした遊園地ルナパークがあり、通天閣とルナパークの間はロープウェイで結ばれていた。この新世界は、欧米の都市や遊園地をモデルにしていることからもわかるように、中産階級の家庭の健全な遊び場を目指していたが、宝塚とは異なり、しだいに大阪市内の労働者や商人らが多く集まる歓楽街へと変質していった(44)。

阪堺沿線に作られたこれらの施設は、並行して走る南海との激しい競争のなかから生み出されたものであったが、両者の間には共通点もあった。それをよく示すのが、新世界と楽天地の類似性である。楽天地はもちろん、当初はモダンな娯楽地を目指したはずの新世界も、結果的にはミナミの伝統的な大衆文化を受け継いだ面があった。女性や子供が多く集まった箕有電軌の宝塚に比べると、そこに集まっていたのは、両者ともに商人や工場労働者が多かった。一九一五（大正四）年の阪堺の南海への吸収合併以降、両者は一体となって沿線

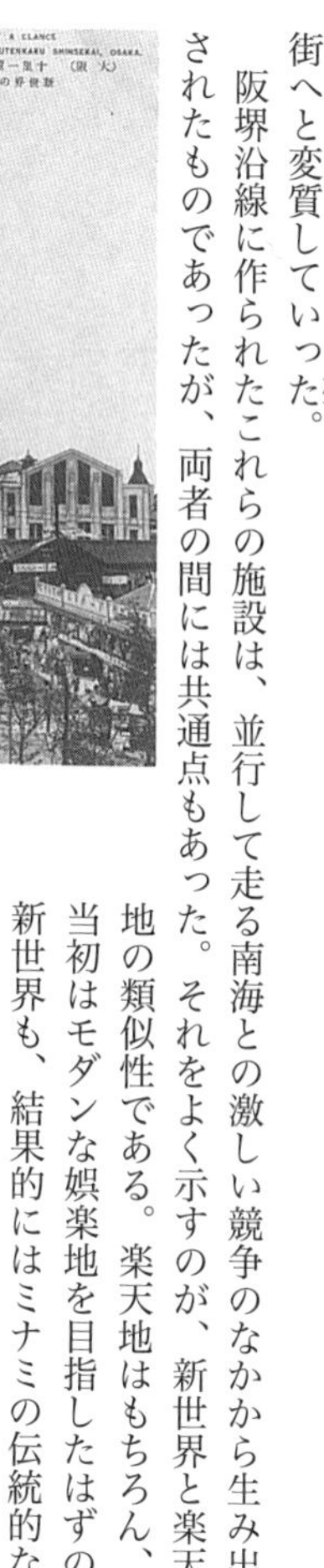

通天閣全景

文化を形作っていった。

香櫨園と甲子園

次に、梅田と三宮を結ぶ阪神電気鉄道と、天満橋と五条（一九一五年には三条まで開通）を結ぶ京阪電気鉄道について見てみよう。

まず阪神で注目されるのは、香櫨園（こうろえん）の経営である。一九〇七（明治四十）年に開園したこのテーマパークには、阪神直営の動物園や博物館などがあったほか、隣接して海水浴場も開かれた。阪神は香櫨園駅を設けて乗客の輸送に当たったが、同園は一九一三（大正二）年に廃止された。この理由として阪神は、前述した沿線での貸家経営が成功するなど、定期客を中心とした固定客が増加したため、あえて「副業」に手を出す必要がなくなったことをあげている。(45)

その後一九一八年には、民間土地会社の大神中央土地株式会社が設立され、旧香櫨園の土地を住宅地として本格的に開発し始めた。一九二二年には、兵庫県から旧枝川（えだがわ）の廃川敷（はいせんじき）の払い下げを受け、八〇万平方メートルもの広大な土地を、後述する大野球場を中心とするスポーツセンターと高級住宅地として開発することに決定した。これが後に、甲子園と呼ばれる地域となる。(46)

一方の京阪は、一九一〇年の開業とともに、阪神と同様、沿線の香里（こうり）に遊園地を開園した。しかし乗客がわざわざ立ち寄るほどの魅力がなかったため、この年の十月から十二月にかけて、遊園地で菊人形展を開催した。翌年も開催したが、入園者が減少したせいもあり、結局遊園地は廃止され、香里園は住宅地として再開発されることになった[47]。

阪神も京阪も、大阪と神戸、京都を結ぶ大都市間連絡電車として開業したせいか、箕有電

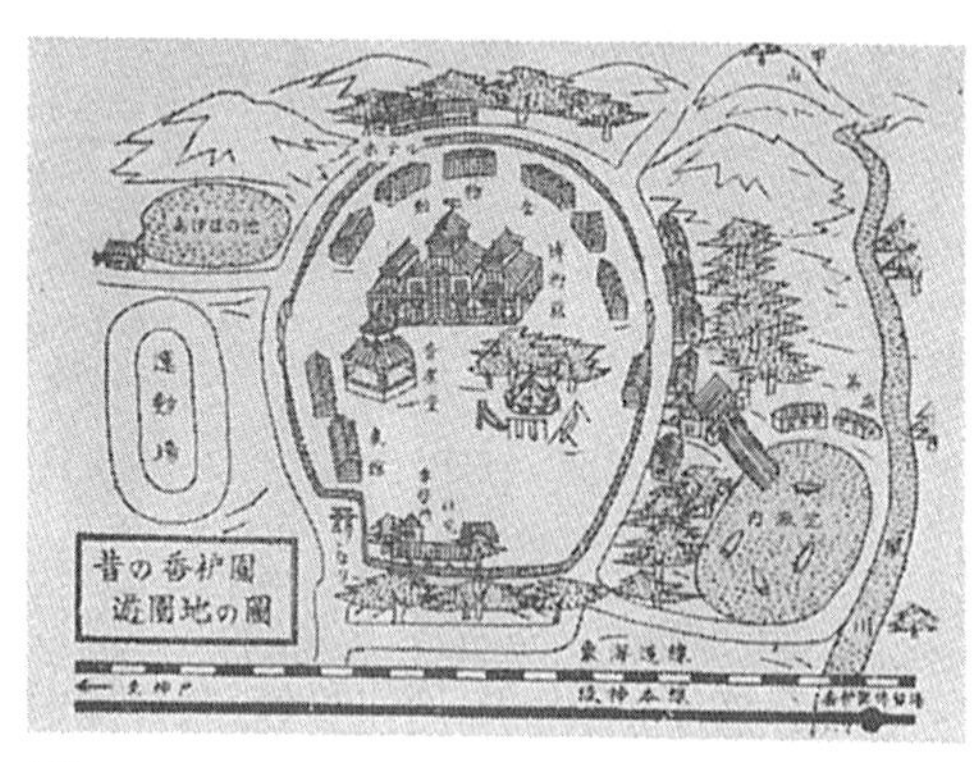

（上）香櫨園の見取図
（下）阪神直営の香櫨園博物館

軌ほど新しい乗客の取り込みには熱心でなく、香爐園も香里園も、宝塚のような一大レジャーセンターにはならなかったが、その代わりに沿線の住宅地の開発には力を注ぐようになったわけである。

ただ特筆すべきは、一九一六年に阪神が鳴尾にあった競馬場内に野球場を開設したことである。これにより、豊中で行われていた中等学校野球大会は、鳴尾で開かれるようになり、さらに干支でいう甲子の年に当たる一九二四（大正十三）年には、約六万人を収容できる巨大スタジアム、阪神甲子園球場が完成し、観客のために甲子園駅が作られた。大会がここに移ることで、中等学校野球の人気は全国的なものとなり、野球はポピュラーな競技となっていった[48]。

これに対して、上本町と奈良の間を結んで一九一四年に開業した大阪電気軌道では、大正末期までは奈良を訪れる旅客の輸送に主力を注いだため、沿線住宅地の開発が行われることはなかった。ようやく一九二五年に沿線の小阪、長瀬、生駒の住宅地を開発したほか、その翌年には奈良県生駒郡にあった菖蒲池を、奈良時代にそうだったとされる文字どおりの花菖蒲の名所に変えるとともに、この池を中心とする菖蒲池遊園地を完成させた[49]。

浅草は……

以上に見たように、大正末期までに大阪を中心とする関西地域では、私鉄が発達するとともに、それぞれの沿線に多様な生活文化や余暇文化が花開くことになった。大正期の大阪では、同じくこの時期に発達した新聞とも連携しつつ、同時代の東京には見られない「私鉄王国」が作られていったのである。

その実態をよく示すのが、大阪市社会部調査課が一九二三年に編纂した『余暇生活の研究』と題する報告書である。この報告書では、「郊外電車と余暇利用」という一章が設けられ、前述した関西五大私鉄の発達が余暇生活に及ぼす影響を考察することを通して、両者の密接な関係が浮き彫りにされている[50]。

そこで取り上げられた私鉄沿線の娯楽地には、宝塚新温泉や少女歌劇をはじめ、堺の大浜公園、鳴尾球場、香櫨園の海水浴場などがあった。これに報告書で「民衆娯楽の中心地」とされた千日前の楽天地や新世界が加わると、当時の私鉄が開いた娯楽地はおおよそ網羅(もうら)されることになる。では、同時代の東京はどうだったのであろうか。小林一三による大阪と東京の娯楽地の比較を述べた文章を次に引用しよう。

> 東京で大衆の集まる処は浅草よりない。そこへ行くと、大阪では道頓堀、千日前、更にそれが南の方に延びて行つて楽天地がある。また郊外には、浜寺もあれば、私の方の宝塚もある。阪神沿線には甲子園もあるといふ風に、インテリなり、若い人なりの遊びに行く場所が、相当に充実してゐる。東京はそれに比較すると、僅に浅草を数ふるにすぎない。（中略）しかも此の浅草はどうかと言へば、余りに下等である。と言ふと語弊があるが少し低級過ぎて、相当の家庭の人、相当の教養のある人には浅草は食ひ足り

ない。(51)

小林は、『余暇生活の研究』と同じように、宝塚だけでなく、楽天地や浜寺、甲子園のような他の私鉄が開設した文化施設にも触れながら、それらが一体となって「私鉄王国」を形成していることを正しく指摘している。

大正期の大阪では、私鉄の発達とともに、中産階級の家庭に属する女性や子供はもとより、中学生、商人、工場労働者など、国家から疎外されたさまざまな大衆の集まる空間が建設されていった。キタの文化を代表する箕有電軌とミナミの文化を代表する南海の違いはあったが、どちらも大衆を標的としている点では共通していたというわけである。

これに対して同時代の東京は、まだ私鉄が十分に発達しておらず、大衆の遊び場は「僅に浅草を数ふるにすぎな」かった。大阪で浅草の十二階(じゅうにかい)(52)(凌雲閣(りょううんかく)。関東大震災で損壊)や花屋敷(はなやしき)に相当するのは、おそらく新世界や楽天地であろうが、新世界や楽天地とは異なり、十二階や花屋敷は私鉄が開いたわけでなかった。小林のいう「相当の家庭の人、相当の教養のある人」が楽しむことができる場が、少なくとも大正期までの東京にはなかったのである。これは東京の鉄道網が、あくまで国鉄を中心に形成されていったのと関係がありそうである。

なお一九二五(大正十四)年三月から四月にかけて、後述する大大阪市の誕生と、大阪毎日新聞社の一万五千号の発刊を記念して、大阪毎日新聞社が主催し、大阪市が後援する大大阪記念博覧会が開かれた。会場は、第五回内国勧業博覧会場の東側跡地に作られた天王寺公園と大阪城であった。皇族の訪問はあったが、もはや天皇や皇后の行幸啓はなかった。五大私鉄をはじめとする関西私鉄は、大阪毎日新聞社の要請を受けて、多数の旅客割引券を発売した。

第一会場である天王寺公園内に建設された本館の展示は、全部で二十七の部門に分かれていたが、そのなかには大阪市の交通機関を網羅した模型地図を中央に配置した「交通の大阪」のコーナーをはじめ、「女の大阪」「子供の大阪」「運動の大阪」「家庭の大阪」など、私鉄の発達と関連の深いコーナーが少なからずあった[53]。このことはまさに、大正期に台頭する二つのメディア――私鉄と新聞――の相互の関係を象徴しており、小林のいう「新聞王国」大阪で開かれた大大阪記念博覧会が、前述したようなこの時期に確立された「私鉄王国」の内容を、具体的に紹介する役割を果たしていたことを意味している。

阪急への改称と神戸線の開業

さて、話をふたたび「私鉄王国」の中核となる箕有電軌に戻すことにする。

一九一八（大正七）年二月に、箕面有馬電気軌道は阪神急行電鉄と社名を変更している。いわゆる阪急の誕生である。その背景に、もはや箕有電軌は路面電車の延長の「軌道」では名実ともになくなったという意識があったことは、容易に想像できよう。ここで注目すべきは、私鉄の商号に「急行」や「電鉄」をつけることは、昭和に入ると小田原急行鉄道（現・

小田急電鉄）や東京横浜電鉄のように増えてゆくが、当時にあっては初めてだったことである。

阪神急行電鉄という名称には、鉄道院と内務省がクレームをつけた。二つの官庁は、大阪、兵庫両県知事に対して、行政指導に従って適当な商号に変更せしむるよう、つまり軌道条例（一九二一年には改定されて軌道法となる。施行は二四年）によって特許を受けている以上、軌道と名乗るべく指導するよう通牒したのである。だが、商号変更は届出事項であり、建前上は監督官庁が容喙できるものではなかったため、阪急はそれに従うことなくそのまま使用した。[54]「官」に容易に従わない小林の思想が、ここにも鮮やかにあらわれている。

続いて一九二〇年七月には、梅田と神戸を結ぶ神戸線と、神戸線の塚口と伊丹を結ぶ伊丹支線が同時に開業した。これらの線もまた、旧箕有電軌の宝塚線と同様、軌道条例により敷設されたが、実際には全線が専用軌道であった。

しかも神戸線では、それまでの私鉄の最高速度である二五マイル（約四〇キロ）よりも速い三五マイル（約五六キロ）のスピードを出すことが、初めて認められた。[55] 高速運転時代の幕開けであり、文字どおりの阪神急行電鉄の誕生であった。六甲の山麓を走り、カーブが少なく、並行する阪神に比べて駅の数も少ない神戸線の電車を、小林は「綺麗で早うて、ガラアキで眺めの素敵によい涼しい電車」と呼び、その乗り心地と車窓からの眺めの良さを宣伝した。[56]

神戸線や伊丹線の開業に続くようにして、阪急では大正末期までに新線の開業が相次いだ。一九二一年には、神戸線の西宮北口と宝塚を結ぶ西宝線が、一九二四年には同じく神戸線の夙川と甲陽園を結ぶ甲陽線がそれぞれ開通したほか、その翌々年には、西宮北口と今津を結ぶ今津線が開通し、西宝線も今津線と改称された。こうして京都線やその支線を除く現在の阪急の路線網が、大正末期までにできあがったのである。

拡大された「阪急文化園」

それだけではない。神戸線をはじめとする新線の開業は、第一章でも触れたように、宝塚線の沿線に次ぐ「郊外ユートピア」が、阪急沿線に誕生したことを意味していた。これらの新線の開業に並行して、阪急は六甲山麓の沿線住宅地の開発を進め、神戸線の岡本や今津線の甲東園など、大正末期までに沿線十ヵ所以上に次々と住宅地が作られていったのである[57]。

もちろん阪急沿線の住宅地のなかには、大神中央土地株式会社が開発した神戸線の夙川駅周辺や、株式会社六麓荘が開発した芦屋六麓荘のように、大正末期から昭和初期にかけて民間の土地会社が造成した住宅地のほか、耕地整理法に基づく区画整理事業による住宅地も数多く含まれていた[58]。これらの住宅地が、阪急の開発した住宅地にも増して質が高かったことは、六麓荘に関する次の説明からうかがえる。

一区画少なくとも三〇〇～四〇〇〇坪以上を標準とし、自然の地形をできるだけ生かし、たとえば敷地内を流れる山からの湧水を小川として取り込むほか、溜池や道路を横切る

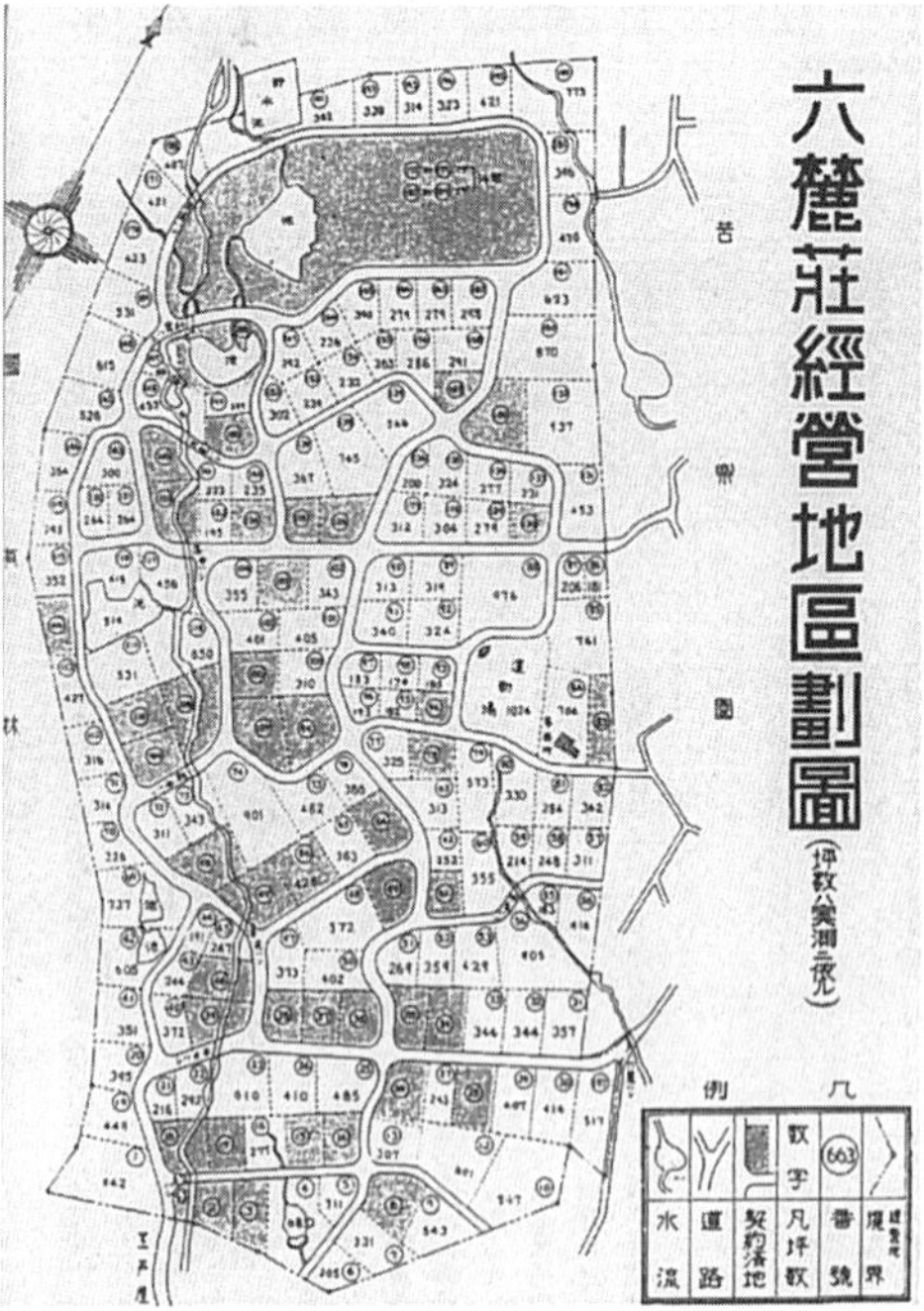

六麓莊經營地區劃圖（坪數ハ實測ニ依ル）

六麓荘区画図

川には橋を架け、高い所より羽衣のたき、雲渓橋、もみじたき、紅葉橋、月見橋、落合橋、劔谷橋、清見橋などと名づけている。さらに特色として、当時の案内書をみると「青松其他の緑樹を以て経営地全面を満し、其樹間は躑躅（つつじ）及萩（はぎ）を以て掩（おお）ひ、且つ古色を帯びたる庭石の散在無数でありまして、其自然の風致は一大庭園をなして居ります」とある。上水道は経営地の最高部に貯水池を設け、下水道はヒューム管を埋設、さらに都市ガスを導入している。また電気は電柱が著しく風致を損なうとして、多額の費用をかけて地下埋設とし、道路の保全と美観上の問題を含めて、全面的な道路舗装をおこない、あわせて歩道を設けるなど、安全上にも留意された。このほか遊園地、テニスコート、子供用の運動場なども設けられた[59]。

まさに第一章第2節で触れた『細雪』の舞台をほうふつとさせる記述である。「中産階級のユートピア」の究極の内容が、ここには余すところなく盛り込まれている。それはまた、池田室町に始まる「阪急文化圏」が、民間土地会社の協力のもとに六甲の山麓一帯にまで拡大された姿でもあった。

4　反官思想の結実――阪急デパート

梅田―十三間の複々線化

大正最後の年に当たる一九二六（大正十五）年七月には、梅田ターミナルが改造されて地上駅から高架駅に変わるとともに、梅田と宝塚線、神戸線の分岐点に当たる十三（じゅうそう）の間が、高架複々線化された（次ページ図6を参照）。

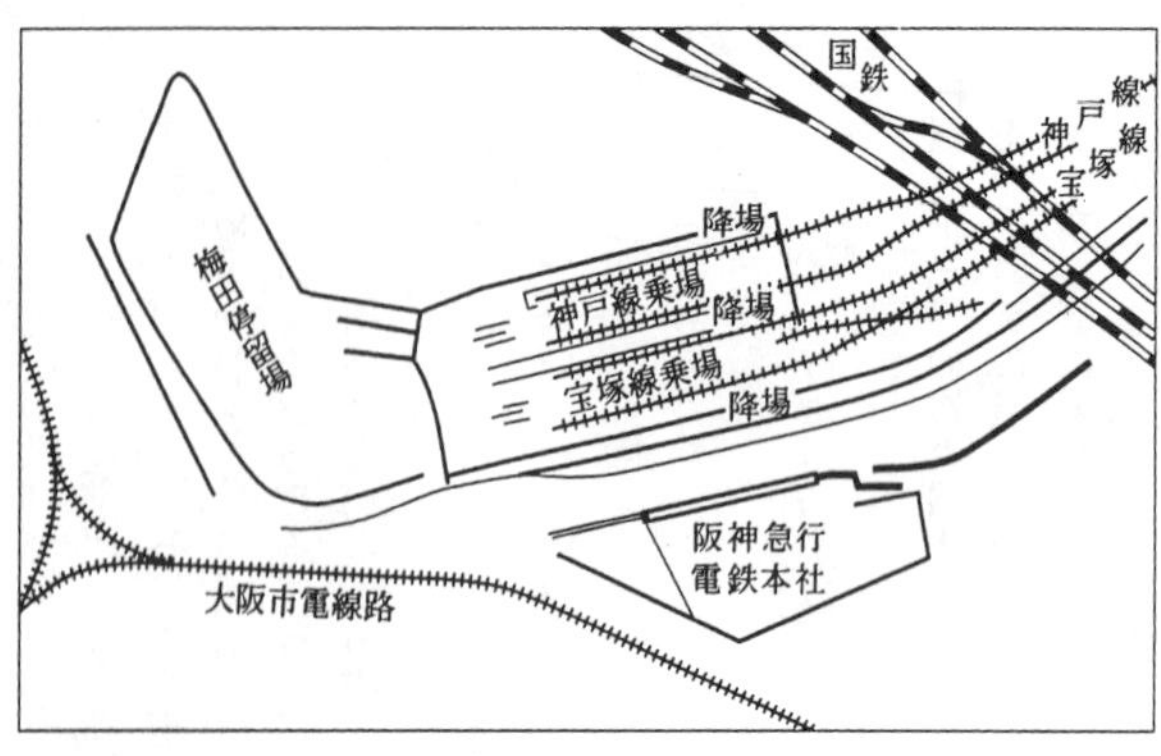

図6　高架複々線化された梅田駅

一般乗客の利用に先立ち、七月三日には梅田と十三の中間にある中津（なかつ）駅で開業式が行われた。開業式には、小林のほか、後述する大阪市長の関一（せきはじめ）（一八七三〜一九三五）や、鉄道省の地方機関として、当時関西地域などを管轄していた鉄道省神戸鉄道局の局長ら、約四百人が出席したが、[60]この式に鉄道省の関係者が出席していたことは留意されてよい。

梅田―十三間の複々線化は、先に述べた「北野に渡る跨線橋」を通過する阪急電車の本数が、激増することを意味した。当時のダイヤによれば、東海道本線の本数は、一時間に平均して上下合わせて四本程度であった。

これに対して宝塚線は四分ないし八分ごと、神戸線も同じく四分ないし八分ごとに電車が運転されるようになり、東海道本線の約十倍に当たる一時間に上下合わせて四十本の電車が、[61]同線をまたぐ高架線を通ることになったのである。

これもまた、大阪における「民」の優位を視覚的に示そうとする、創業以来の小林の周到な戦略の一環であったと見ることができる。ちなみに当時もまだ、東京近辺では、東海道本線の上を通ることができた私鉄は、依然として一つもなかった。SLに引かれた列車の上を高性能の電車が頻繁に行き交う光景は、まさに「私鉄王国」大阪を象徴するものとなってゆく（一〇五ページ写真を参照）。

天六にそびえる新京阪ビルヂングの威容

スピードの時代

その後一九三〇（昭和五）年に阪急は、梅田―神戸間を三十分（翌年には二十八分）で結ぶ特急電車の運転を始めた。ちなみに当時の東海道本線の普通列車の大阪―三ノ宮間の所要時間は、約四十五分であった。一九二八年に大阪の天神橋（てんじんばし）（現・天神橋筋六丁目）と京都の西院（さいいん）の間に開業した新京阪鉄道や、一九三〇年に天王寺と東和歌山（現・和歌山）の間に開業した阪和電気鉄道は、はじめから軌道法ではなく、地方鉄道法による免許を受け、特急より速い超特急を走らせるなど、昭和に入るとともに関西私鉄は本格的な「スピードの時代」に入った。

これにより、関西私鉄の速度や所要時間は、現在とほとんど同じになった。たとえば、阪急神戸線の特急のスピードは、大阪梅田と神戸三宮を二十八分で結ぶいまの神戸線の特急とあまり変わらなかった。また阪和電気鉄道の超特急の平均時速は八一・六キロで、現在のJR阪和線を走る特急「くろしお」とほぼ同じであった。

このことに関連して、一九三〇年にある大阪人は次のように述べていた。

スピードの競争は近頃は殊に目立つて来てゐる。電車だけに言葉通りスピード時代の尖端を行つてゐるのかも知れない。新京阪の超特急をはじめとして、どこでもかしこでも特急である。阪急の阪神間一停車の急行も実際早い。(中略) スピード、スピード、何でもいゝから早いが勝と云ふのが今日の電車の世の中である。まだまだ此競争は深刻につゞくに相違ない。[62]

ここで注意すべきは、「どこでもかしこでも特急」を走らせ、スピードを競っていたのは、あくまで関西の私鉄であって、関東の私鉄はそうではなかったことである。そもそも当時の関東私鉄には、超特急はもちろん、特急も、浅草(現・とうきょうスカイツリー)と東武日光を結ぶ東武を除いて一つもなかった。

たとえば一九三〇年当時、京王電気軌道(現・京王線)の新宿駅前と東八王子(現・京王八王子）の間は普通しかなく約一時間十分、武蔵野鉄道（現・西武池袋線）の池袋と所沢の間もやはり普通しかなく四十三分もかかっており、いまよりはるかに遅かった。こうした事実は、いかに当時の関西私鉄が進んでいたかを逆照射するものといえよう。

私は嬉しくてたまらない——阪急百貨店の開業

神戸線をはじめとする新線の開業と、複々線化にともなう電車の本数の増加により、阪急梅田の乗降客は大幅に増える傾向にあった。一九二七（昭和二）年に小林は専務から社長となり、名実ともに阪急の経営者となったが、この乗降客の増加を見て、梅田ターミナルに隣接して本格的なデパートを作ることを思いついた。

小林はこう述べている。

私どもの阪神急行は毎日十二、三万人の乗客を持つてゐる。この乗客の全部が買物をするわけではもとよりないが、それでも煙草を買ひ、昼食を食ふぐらゐのことは誰でもするだらう。それには此処から自動車で各自の百貨店へ行くよりも、此処で用事が足りるやうな百貨店を新設するに越したことはない。（「事業　東京型と大阪型」）(63)

それまでの大阪のデパートとしては、大丸、三越、高島屋、十合（現・そごう）、それに松坂屋があった。これらの老舗のデパートは、すべて呉服店から発達したもので、心斎橋（しんさいばし）や

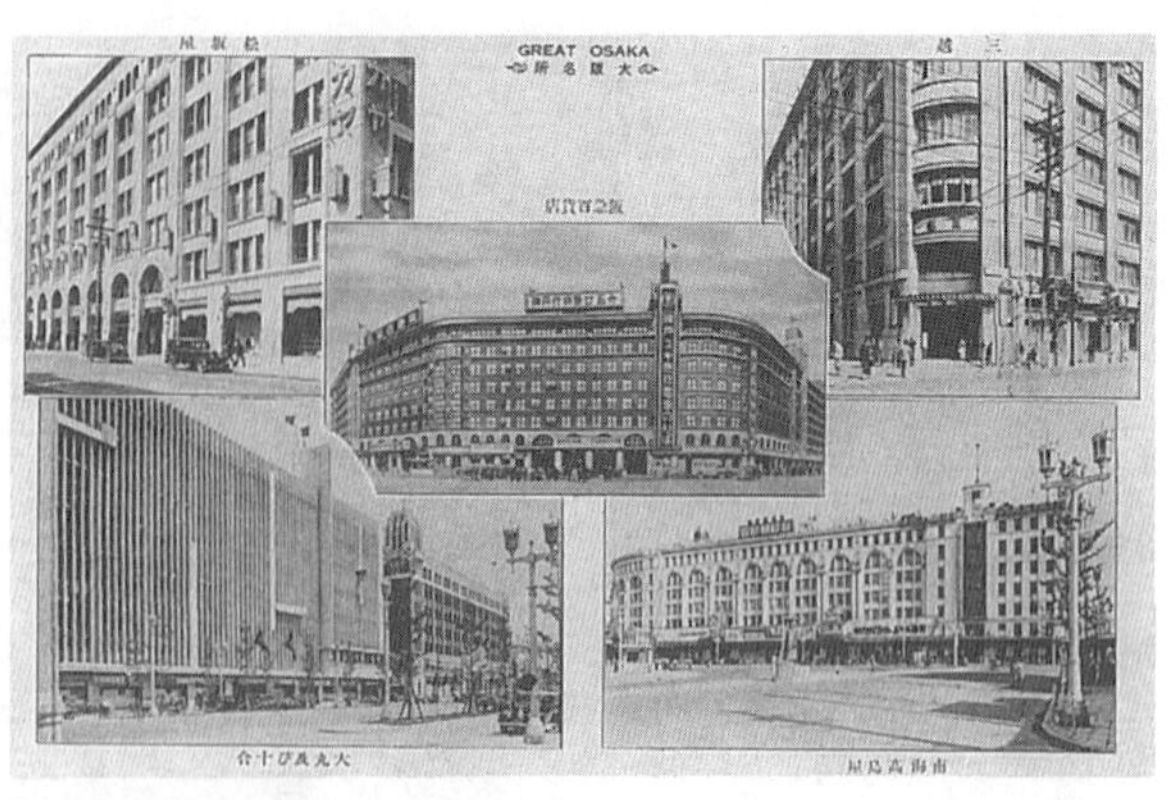

「大阪名所」のデパート。阪急百貨店が中央にあるのに注目。右上から時計まわりに三越、南海高島屋、大丸および十合、松坂屋。

北浜（きたはま）、長堀（ながほり）など、市の中心部にあり、梅田から行く場合には市電やバスに乗り換え、旧淀川を渡らなければならなかった。その流れてゆく阪急の乗客を、梅田でくい止めようというのである。

阪急はすでに一九二〇（大正九）年十一月、梅田駅に隣接して阪急ビルディングを竣工し、白木屋（しろきや）に貸して日用雑貨を販売させていたが、一九二五年に白木屋との賃貸契約が満了したのを機に、ここに直営の阪急マーケットを開業した。一九二九（昭和四）年四月には、さらにそれを改装する阪急ビル第一期工事を終え、新たに地上八階、地下二階の阪急百貨店を開業させた。日本で初めてのターミナルデパートが、阪急梅田に誕生したのである[64]。

梅田ターミナルの玄関となった阪急百貨店は、まさに阪急が生み出した生活・消費文化の総本山であり、明治末期以来沿線に築かれてきた「阪急文化圏」を完成させるものであった。ここでもやはり、女性や子供をはじめとする大衆のためのデパートがめざされたことは、高級呉服よりも雑貨や日用品、食料品の販売に重点をおいたことからうかがえる。最上階には阪急食堂を開いたが、この食堂ではライスだけを注文でき、しかも大量の福神漬がついてくるという有名な〝ソースライス〟の逸話も、百貨店の特徴をよくあらわしている[65]。

そしてここからは、大阪駅がよく見えた。当時の大阪駅は、一九〇一（明治三十四）年に改築されたままの地上式の駅で、駅前は狭く、ＳＬの煤煙による汚れが目立っていた。「由来大阪駅は大都市の停車場中最も旧式であり且最も醜悪なものであった[66]」。真新しい阪急百貨店は、阪急梅田の景観を一新するとともに、旧態依然たる地上の大阪駅ホームをあたかも見下ろすかのように、そびえたっていた。続いて梅田阪急ビルの第二期、第三期増築工事が始まったが、小林はこれらの工事を前に、こんなことを漏らしている。

> それにしても梅田駅の改築の竣工も長いことではないが、あの新しい梅田駅前の広場を、阪急がただひとり巍然として占拠するのかと思ふと、何と言ってよいか、全く正直な話が、私は嬉しくてたまらない、大阪一の花形地域だから。（「あの頃・この頃[67]」）

ここにはまぎれもなく、小林の本音があらわれている。

国鉄大阪駅を尻目に、「ただひとり」発展を続ける阪急――。箕有電軌の開業以来保持されてきた小林の反官思想は、ここに一つの結実を見たのである。

実際に、一九二九年十一月五日に調査された関西主要駅の乗降人数を見ると、阪急の梅田は、南海の難波の七万八千二百三十八人に次ぐ六万五千五百二十二人を有しており、東海道本線、城東線、西成線、福知山線を合わせた国鉄大阪の三万八千百二十二人を大きく上回っていた。[68] 折からの世界的な不況下にもかかわらず、百貨店の出足も順調であった。

その後、南海の難波に高島屋南海店（現・大阪タカシマヤ）が、大軌の上本町に大軌百貨店（現・近鉄百貨店上本町店）がそれぞれ建てられるなど、関西私鉄ターミナルの拡張、整備が行われた。これらはすべて、梅田の阪急百貨店をモデルとしたものであった。東海道本線をはじめとする全国にのびる国鉄の中心であり、宮城の方角に向かって一九一四年に建てられた赤レンガの東京駅丸の内駅舎とは別の、「私鉄王国」の中心を象徴するターミナルビルが、昭和初期の大阪に次々と建てられてゆくのである。[69]

	7月	大阪市、御大典記念事業として大阪城天守閣の復興を新聞紙上に公表する
	10月	大阪で大礼奉祝交通電気博覧会が開催される（～11月）
	11月	新京阪鉄道開業（天神橋―西院） 昭和大礼
	12月	三浦周行「難波津と皇室」講演
1929（昭和4）	3月	大阪市長関一、宮中に参内、昭和天皇に大阪市勢を進講
	4月	徳富蘇峰、大阪毎日新聞の社賓となる 阪急百貨店が完成、地上8階、地下2階
	5月	魚澄惣五郎「皇室と大阪」
	6月	国鉄大阪駅構内の高架改良工事がひそかに始まる 徳富蘇峰「今上天皇陛下を奉迎す」 昭和天皇、大阪に行幸、「官民協力奮励」を求める
	12月	東京駅に八重洲口ができる
1930（昭和5）	4月	阪急、梅田―神戸間を30分で結ぶ特急運転を開始
	6月	阪和電気鉄道開業（天王寺―東和歌山）
	9月	京阪電鉄、新京阪鉄道を合併
	12月	参急、青山トンネル開通、大阪と伊勢が一本で結ばれる
1931（昭和6）	2月	阪神、三宮付近の地下工事に着手（1933年6月開通）
	6月	鉄道省大阪鉄道局、阪急に8項目の通達 →阪急クロス問題のきっかけ

◆関連年表③

1924（大正13）	8 月	阪神甲子園球場が完成
	10月	阪急甲陽線開業（夙川―甲陽園）
1925（大正14）	3 月	大大阪記念博覧会（〜4月）
	4 月	大阪市、近隣44町村を合併→大大阪の誕生、人口・面積ともに東京を抜き日本一
	5 月	裕仁皇太子、大阪行啓
	6 月	直営阪急マーケット開業
	11月	上野―神田間が開通、山手線の環状運転がはじまる
	12月	東海道本線、東京―国府津間電化
1926（大正15）	6 月	大軌、菖蒲池遊園地を開園
	7 月	阪急梅田ターミナルが地上駅から高架駅にかわり、十三との間が複々線化
	10月	御堂筋の拡張工事はじまる
	12月	阪急今津線開通（西宮北口―今津）、西宝線も今津線と改称
		大正天皇崩御、裕仁皇太子践祚、昭和と改元
1927（昭和 2 ）	3 月	小林一三、専務から社長となり名実ともに阪急の経営者となる
	4 月	小田急、新宿にターミナルを作る
	8 月	東京横浜電鉄、渋谷にターミナルを作る
	9 月	参宮急行電鉄（参急）、大軌の姉妹会社として設立される
	11月	この年の内務省の調査で『大阪朝日新聞』126万部、『大阪毎日新聞』117万部
	12月	東京地下鉄道開業（浅草―上野）
1928（昭和 3 ）	4 月	西武、高田馬場にターミナルを作る

第四章　昭和天皇の登場

1　「大大阪」の誕生

昭和天皇の皇太子時代

前章では主に、大正期に大阪を中心とする関西地域に確立される「私鉄王国」の具体的な姿を、箕有電軌・阪急を中心としてとらえるとともに、高速運転やターミナルデパートの完成など、昭和初期におけるその発展についても触れておいた。

しかしながら、そこではあえて、一つの重大な事実が伏せられたままになっていた。一九二六（大正十五）年十二月二十五日、長らく病気療養生活を送っていた大正天皇が葉山御用邸で死去し、裕仁皇太子が正式に天皇として即位することになったのである。昭和天皇という新たな天皇の登場は、後述するように大阪の歴史に大きな影を落とすことになる。

もっともこの天皇は、すでに皇太子時代から三回ほど大阪市を訪問していた。最初の訪問は一九一六年四月で、大阪造幣局、大阪城内第四師団司令部、大阪砲兵工廠などを見学した。当時裕仁皇太子はまだ十四歳で、東宮御学問所に在学しており、この行啓も皇太子の教育の一環として行われたのである。

二回目の訪問は一九一九年十一月で、目的は大正天皇が統監して兵庫県で行われる陸軍特別大演習の見学にあった。この行啓はあくまで軍事目的のものであり、大阪市へは大演習の終了後に立ち寄り、城東練兵場で観兵式に臨んだにすぎなかった。このため、一回目、二回目ともに、市民との接触はあまりなく、大阪を訪問したとはいっても、その影響は限られたものでしかなかった。[1]

大阪市の市域拡張

これに対してより重要なのは、地方視察を目的として一九二五年五月十九日に行われた三回目の訪問である。昭和改元の一年あまり前に行われたこの大阪行啓を説明するためには、それに先立ってまず、同年四月に行われた大阪市の市域拡張に触れておく必要がある。

当時の大阪市は、第一次世界大戦後の商工業の発展とそれにともなう人口増加により、いわば飽和状態にあった。「市民の活動安息の場所が従来の大阪市の市域では不充分となった[2]」のである。市域拡張は、こうした状態を打開すべく、後述する市長の関一（せきはじめ）の都市計画の一環として構想された。

この計画には、大阪府も理解を示し、大阪市と府は一体となり、内務省に対して、大阪市の周囲に広がる西成（にしなり）・東成（ひがしなり）両郡の大阪市への編入認可を働きかけた。[3]もっとも西成・東成両郡には、広大な農村地帯が残っていたため、市街地化している地域のみを市域に編入するとの方針をとっていた内務省地方局が当初難色を示すが、結局一九二四年十一月に認可され、一九二五年四月に市域拡張が実現された。

この市域拡張により、東成・西成両郡の四十四町村の全部が大阪市に編入され、市域はそれまでの五五・五七平方キロメートルから、一八一・六八平方キロメートルへと大幅に拡大した。また人口も、それまでの百三十三万人から二百十一万人に急増し、関東大震災で人口が激減した東京市を抜いて、面積、人口ともに日本一の大都市となった。[4] いわゆる「大大阪」の誕生である。

これを記念して大阪市と大阪府では、裕仁皇太子の行啓を宮内大臣と宮内省東宮職に対して願い出たところ、「幸に御聴許あらせられ[5]」、同年五月に京都と大阪を同時に訪問することが決められた。当時の皇太子は、病気のため公務につくことができなくなった大正天皇に代わる摂政になっていたから、この行啓は事実上天皇の行幸に匹敵するものといえた。

一九二五年の大阪行啓

皇太子の一行は、この年の五月十五日に東京を出発、東海道本線を走る御召列車に乗り、その日のうちに京都に到着した。皇太子は京都御所に滞在し、伏見桃山陵や京都帝国大学など、京都周辺を回った後、十九日に大阪に入った。大阪駅からあらかじめ用意された自動車に乗り換えると、淀屋橋、北浜を通って大阪の南北を貫く通りの一つである堺筋に入り、この通りを南下して一気に奉迎式場に定められた天王寺公園へと向かった。

このときの市内の沿道で、大掛かりな「奉迎」「奉送」の儀式が行われたことは、次の記事からうかがえる。「沿道堵列の軍隊、在郷軍人、青年団員、学生生徒児童、宗教団体の深厚なる敬礼に対しては一々御鄭重に挙手の御答礼をたまはつた。更にこれら各種団体奉迎者の背後には一般市民が老幼の別なく男女の差なく『われこそけふ晴れの行啓を拝まんもの』と早朝から十重二十重に整列して赤誠を披瀝した」（『大阪朝日新聞』五月十九日夕刊）。すでに市の中心部では、後の昭和天皇の行幸を思わせるこうした光景が展開されていたのである。

しかもこの模様は、ラジオを通して放送されていた。大阪でラジオの本放送が正式に始まるのは、一九二五年六月一日であったが(6)、その十三日前には、大阪放送局と大阪朝日、大阪毎日両新聞社の協力のもと、市内各地の市民の集まりやすい場所に設置されたこの新しいメディアを通して、行啓の模様が刻々と放送されていたのである。

また十九日の夜から二十日にかけては、やはり大阪朝日、大阪毎日両新聞社がそれぞれ主催する、行啓の模様を記録した活動写真の上映が、北区の扇町公園や中央公会堂で行われた。このように一九二五年の行啓は、大阪の二大新聞社の協力により、新しいマス・メディアが本格的に使われたことでも注目すべきものであった。

前述したように、皇太子が向かった天王寺公園は、一九〇三年に開かれた第五回内国勧業博覧会の会場であり、明治天皇が八回にわたり訪問した場所であると同時に、前月まで大阪毎日新聞社の主催する大大阪記念博覧会が開かれたばかりの場所でもあった。この年の三月から四月にかけて、小林一三のいう「民衆の大都会」としての「私鉄王国」大阪、また「新聞王国」大阪を象徴する行事が行われていた天王寺公園は、五月になると一転して国家的イベントの舞台となったわけである。

市ノ繁栄ト市民ノ福祉トヲ増進セムコトヲ望ム

皇太子の入場を前にして、すでに公園には二万人もの市民が埋めつくしていた。その前には、大正天皇の即位礼が行われた京都御所の紫宸殿を模した台座が特別に作られていた。陸軍中佐の軍服を着用した皇太子は、公園に到着するとすぐにこの台座に上がり、市長の関一が市民を代表して皇太子の前に進み出て、「奉迎の辞」を述べた。これを受けて、皇太子は次のような「御詞」を読み上げた。

> 大阪市ハ久シク本邦商工ノ中心タルノミナラス今又大都市実現ノ端緒ヲ開クヲ見ル予ハ其ノ企図ノ大成シ以テ市ノ繁栄ト市民ノ福祉トヲ増進セムコトヲ望ム。(『大阪毎日新聞』五月十九日夕刊)

ここで注意すべきは、大阪「市ノ繁栄」を望むという言葉の内容もさることながら、皇太子が多くの市民を前に生身の姿で現れ、公的な場で「御詞」を読み上げるという行為のもつ意味である。

こうした行為は、皇太子が一九二一年九月にヨーロッパから帰国した際に、東京の日比谷公園や京都の平安神宮大極殿(だいごくでん)で開かれた東京市奉祝会や京都市奉祝会に前例があったが[7]、少なくとも明治天皇や皇太子時代を含めた大正天皇にはなかったことであった。このとき、多くの大阪市民が、後の昭和天皇のあの肉声を、初めて生(なま)で聞いたのである。「殿下には御演説口調で朗々と御朗読あらせられたので、二万人も容(い)れたさしもの広い式場の隅迄ハッキリと拝聴し得た、その御凛々しさとありがたき御詞に、思はず感泣してゐる人が多かつた」(『大阪朝日新聞』五月十九日夕刊)。なおラジオでは、皇太子の肉声が生放送されることはなかったが、約一時間半後にアナウンサーによりそのまま代読され、市民の知るところとなった。

皇太子の「御詞」に感激したのは、一般市民だけではなかった。皇太子に「奉迎の辞」を読み上げた当の関一自身が、その一人であった。五月十九日の関の日記の欄外には、「大都市実現ノ」以下の皇太子のこの言葉が、ほぼそっくり書き写されている[8]。その一年後の五月、関は再び皇太子の行啓を回想し、「御詞」に触れながら、「そのお言葉はわれわれ市民が如何なる場合にも忘るべからざるもの[9]」と述べている。皇太子自身から「大大阪」の発展を期待された関の心境は、いったいどのようなものであったろうか。

「英国流」——関一の都市計画論

次に、関一（一八七三〜一九三五）という人物について、少々説明しておきたい。

関一

関は静岡県伊豆の出身で、東京高等商業学校（現・一橋大学）教授を長らく務め、交通政策や社会政策で実績を上げていた学者であったが、一九一四（大正三）年にその業績を行政の現場に生かすべく、大阪に移り、大阪市高級助役となった。この点では関もまた、小林一三と同じく、生粋（きっすい）の大阪人ではなかった。一九二三年十一月には第七代大阪市長となり、全国でも珍しい学者市長が大阪に誕生した。任期途中の一九三五（昭和十）年一月に病死している。それ以降、三期十一年余にわたり大阪市長に選ばれたが、

大阪の都市計画は、助役時代の関一が中心となり、大正中期から始められた。一九一七年に大阪市に都市改良計画調査会が設置され、関がその会長になるとともに、市区改正部（後の都市計画部）も設けられた。なお同年に東京でも、内務大臣の後藤新平（一八五七〜一九二九）を中心とする都市研究会が作られている。このころの関の都市計画に関する考え方は、主に一九二三年に出された『住宅問題と都市計画』にまとめられているが、その序にはこう述べられている。

都市計画の目的は我々の住居する都市を「住み心地よき都市」たらしめんとするに在る。故に都市改善の計画は住宅問題と内容実質に於て不可離関係を有するべきである。従て各国の都市計画は決して一様でなく、夫れ々々(それぞれ)特色を有する。斯の如く各国の都市計画が特色を有する所以は其国民性と歴史とに深き根底を有して居るが、大別して二つの流れを認め得る。一は仏蘭西(フランス)流、欧州大陸流の王宮を中心とした、都市美観主義、集中主義の都市建設であつて、他は英国流の家庭を本位とした分散主義の都市建設である。(10)

続いて関は、「我国に於て新に都市計画を取扱ふに当つては、先づ此根本問題を深思熟慮する必要がある」(11)と述べており、「仏蘭西流、欧州大陸流」と「英国流」のうち、大阪でどちらの都市計画をモデルとすべきかは明言を避けている。だが本文を読むと、それが明らかになる。当時の大阪市内の居住環境の悪化を改善して、「住み心地よき都市」を作るためには、郊外住宅地を作り出し、住宅地と業務地とを交通機関によって結び、大都市への人口集中を避けて都市を分散させることが必要であるとしているからである。(12)

「郊外ユートピア」との類似性

もちろん彼も、「私は茲(ここ)に至つても、尚(なお)一国の経済上の発展に就(つい)ては全然大都市少くとも、今日迄発達した大都市が消滅若(もし)くは縮小するとは考へられない」(13)として、大都市自体の存在を否定するイギリスの田園都市構想がそのまま実現できるとは考えていない。だが他方で、「都市の将来の発展は田園都市の思想を織込んだ都市計画、地方計画であるべきことは、都市計画運動の到達した帰着点である」[14]とも述べているように、この構想が少なくとも都市計画の重要な一部になることは強調しているのである。

つまり彼は、みずからの都市計画論を、「仏蘭西流、欧州大陸流の王宮を中心とした、都市美観主義、集中主義の都市建設」よりは、むしろ「英国流の家庭を本位とした分散主義の都市建設」に近いものとして位置づけたのである。ここに小林一三が阪急沿線に作ろうとした「郊外ユートピア」との類似性がある。

このため関は、大阪市内にターミナルをおく関西私鉄に対しても、「現在の郊外電車線が住居分散上に多大の貢献をなして居ることは、近年住居難の声と共に、其沿線に於ける住宅増加の著しきことを以て証明し得る」[15]として、その発達ぶりを評価する一方で、「大阪市の発達に徴すれば、尚数線の放射状の線路を速(すみやか)に布設すべきである」[16]と述べている。関の理想とする「分散主義の都市建設」の完成のためには、東京よりもはるかに発達した大正末期当時の私鉄の路線網ですら十分でなく、さらなる私鉄の発達が不可欠とする認識を示しているのである。

昭和初期における新京阪鉄道や阪和電気鉄道などのあいつぐ開業は、まさに関のこうした要請にこたえるものであり、後述する市営高速鉄道も、この私鉄の路線網を補完するものとして計画されることになる。

後藤新平は語る

関が会長を務める都市改良計画調査会は、一九一九（大正八）年に大阪市区改正部案を発表したが、この案は同年末に、大阪市会で正式に決定されている。

そこでは、関の都市計画論に基づき、大阪市内の鉄道を、当時地上線になっている国鉄の区間も含めて、すべて高架か地下にするべきだとする改善案や、市内の道路四十二路線の街路の新設や拡張、八十二ヵ所の橋の改築などが盛り込まれていた。後述する御堂筋の拡張計画も、その一つであった。この改正計画は、一九二〇年一月に都市計画法が施行されたのを受けて、政府により正式に許可され、その後の財政危機から予算縮小を余儀なくされながらも、「更生第一次都市計画事業」として実現される運びとなった。

後藤新平

一九二三年に関が市長に就任すると、その卓越したリーダーシップのもとで、市域拡張が実現されたのをはじめ、彼が長年温めてきた都市計画がいよいよ実行に移されてゆくことになる。いつしか大阪は、東京からも地方自治のモデルとして仰がれるようになってゆくのである。

東京の都市計画の中心人物で、一九二〇年に東京市長、次いで関東大震災後に帝都復興院総裁となり、帝都復興計画を実現しようとして挫折した後藤新平は、大正最後の年に当たる一九二六年にこう述べている。

大阪市民の自治生活が東京のそれに比して遥かに優れて居ることは余の平素から推賞措かないところである。(中略) 大阪市は実にこの自治生活に徹底した土地であつて都市的施設について見るも東京市の如き範を却つて大阪に求むるやうな有様である。これは大阪市民が議論家でなく実行家であつて都市の改善発達に熱心なるがためである。[17]

一九二五年の裕仁皇太子の大阪訪問は、後藤と同様に、かねてより都市計画に関心をもっていた皇太子が「自治生活に徹底した土地」を見いだし、「都市の改善発達に熱心なる」大阪の発展を認めたことを意味していた。[18] 皇太子行啓の一年後に、「大阪市民は自治の歴史を誇ると共に大大阪の建設を完成し得る精神の力を有してゐる」とし、「我々は三十年後を想像してゆけば殿下の令旨に叶ふのではないかと思ふ」[19]と述べた関は、おそらく誰よりもよく、このことを認識していたにちがいない。

そしてやがて、昭和という時代が始まると、大阪に深い関心をもつ新しい天皇が、この日本国内で最も都市計画の進んだ市街を本格的に視察するようになる。それとともに、元来は合理的な思想の持ち主であったはずの関の頭脳に、「市ノ繁栄ト市民ノ福祉トヲ増進セムコトヲ望ム」と述べた裕仁皇太子＝昭和天皇の占める比重が、しだいに大きくなってゆくのである。[20]

2　昭和大礼と都市空間の変容

天皇が行幸されたときにお歩きになる道を作るのんや――御堂筋の拡張

関がめざした「大大阪」建設のなかでも、最も重視していたのは、現在「御堂筋（みどうすじ）」として知られる目抜き通りの建設であった。

ちなみに、大阪では一部の例外を除いて「通（とおり）」といえば東西の通りを指しており、南北の通りは「筋（すじ）」といった。一九二五年に裕仁皇太子の一行が通った堺筋も、南北の通りの一つであった。これは江戸時代に、大坂城を中心として、それに向かう方の道を通、その反対の道を筋と呼んだからで、[21]この呼び方の習慣は、現在でも変わっていない。御堂筋というのは、沿道にある西本願寺津村別院と東本願寺難波別院を、それぞれ「北御堂」「南御堂」というのに由来しているが、拡張されるまでは「広路」と呼ばれる幅員六メートルの未舗装の裏通りにすぎなかった。

この裏通りを舗装した上、大阪のキタの中心で、大阪駅や阪急、阪神のターミナルが集まる梅田と、ミナミの中心で、南海のターミナルのある難波を直結するメインストリートとし、後藤新平の考案した帝都復興計画にも見られなかった幅員四三メートルを超える大通りに拡張しようというのである。関はこの途方もない計画を通して、「中心ナキコトヲ感ゼザルヲ得[22]」なかった大阪に、後述する大阪城天守閣と並ぶ新しい中心を作ろうとした。

御堂筋の拡張工事が始まったのは、一九二六年十月七日のことであった。当日の関の日記には、「午前十時広路起工式　梅田車庫附近ノ広場ニテ挙行[23]」とある。この工事に当たり関は、御堂筋建設予定地の両側に住む地主の全員から、その所有する土地の面積に対して一定の比率を乗じた負担金を割り当てることで、全工事費の三分の一をまかなおうとした[24]。

つまり地主にとっては、先祖伝来の土地の相当部分を道路用地として強制的に買収された上に、それによって上昇する地価に見合った負担金を要求されるという、二重に割の合わない話を、関はあえて実行に移そうとしたのである。当然のごとく、地主は土地の明け渡しを拒否したため、工事は難航をきわめた。

そこで持ち出されたのが、まだ記憶も新しい裕仁皇太子の行啓であった。御堂筋の北端が天皇や皇太子の利用する国鉄の大阪駅に接していることから、買収交渉が行き詰まると、市の職員は「天皇が行幸されたときにお歩きになる道を作るのんや」と言って地主を納得させたという[25]。都市計画の実現に当たり、大正天皇に代わって大阪市民の前にさっそうと登場した若き昭和天皇の存在が、市民に深い印象を与えていたことがわかろう。御堂筋の正式名称が決められたのは、後述する一九二九年の昭和天皇の大阪行幸の直前であったが、会議では天皇の通る道にふさわしく、「御幸通（みゆきどおり）」とすべきだとする提案も出された[26]。しかし結局、関の判断で御堂筋の名はそのまま残った。

（上）御堂筋
（下）大阪市営地下鉄
いずれも市長関一の大きな功績である。

市営地下鉄の建設

さらにこの御堂筋の地下をはじめとする市内の中心部に、従来の市電に代わる高速鉄道として、市営地下鉄の建設を考えたのも関であった。大阪市では市電が開業した一九〇三（明治三十六）年以来、市内の交通に関しては「大阪市に於て将来敷設すべき市街鉄道は総て大阪市直接に之を経営するものとす[27]」という市営主義を一貫してとっていたが、地下鉄の建設についてもこの市営主義を踏襲した。これは、最初の地下鉄（上野―浅草）を市ではなく、東京地下鉄道株式会社が建設した東京との大きな違いであった。

関はまず、市域拡張にともない、新しい交通機関が必要になった背景をこう説明している。

> 今日迄の市内交通は短距離の輸送を主として居つたのであるから路面電車のみで間に合つて居つたが、市の地域が従前に三倍して約六十五平方哩（マイル）の広い地域となり、且つ漸次に住居の分散が行はれると共に長距離の輸送が非常に重要になつて来るから、短距離の輸送と長距離の輸送とに対して夫々（それぞれ）異つた交通機関を要求することは申す迄もない。茲（ここ）に於て高速度交通機関が起るのである。（「大阪市の交通機関[28]」）

ここで関は、長距離の輸送が増えた「大大阪」では、従来の路面電車とは異なる「高速度交通機関」の建設が必要であることを述べている。だが、問題はその先にあった。すなわち、その交通機関を高架に作るべきか、それとも地下に作るべきかという問題である。当初は建設費が安くすむ高架論が優勢であったが、関は戦争による爆撃の危険が避けられるとして、地下の優位を主張した[29]。

結局、市の中心部は主に地下鉄とする一方、周辺部では高架区間も取り入れることになり、大阪府豊能郡豊津村榎坂（現・吹田市江坂）から、御堂筋の地下を通って大阪市住吉区我孫子町に達する一号線（現在の大阪メトロ御堂筋線）をはじめとする四本の高速鉄道が計画され、一九二六年には内閣からも認可を得た（高速鉄道の計画路線図については図7を参照）。

これらの高速鉄道は、大阪の中心部を貫く交通機関となるばかりでなく、郊外と中心部を直結する公営の鉄道として、「私鉄王国」を補完する役割をも担うことが期待されていた。ただし着工されたのは、昭和に入った一九三〇（昭和五）年一月のことであり、しかもその区間は、当面は御堂筋の地下部分に当たる梅田と難波の間だけにとどまった。

小林一三との相違

しかしながら、このような地下論を優先させる関の考え方は、小林一三とは対照的であった。

小林は「私は日本が地震のない外国の真似をして地下をやつてゐるのは根本において間違

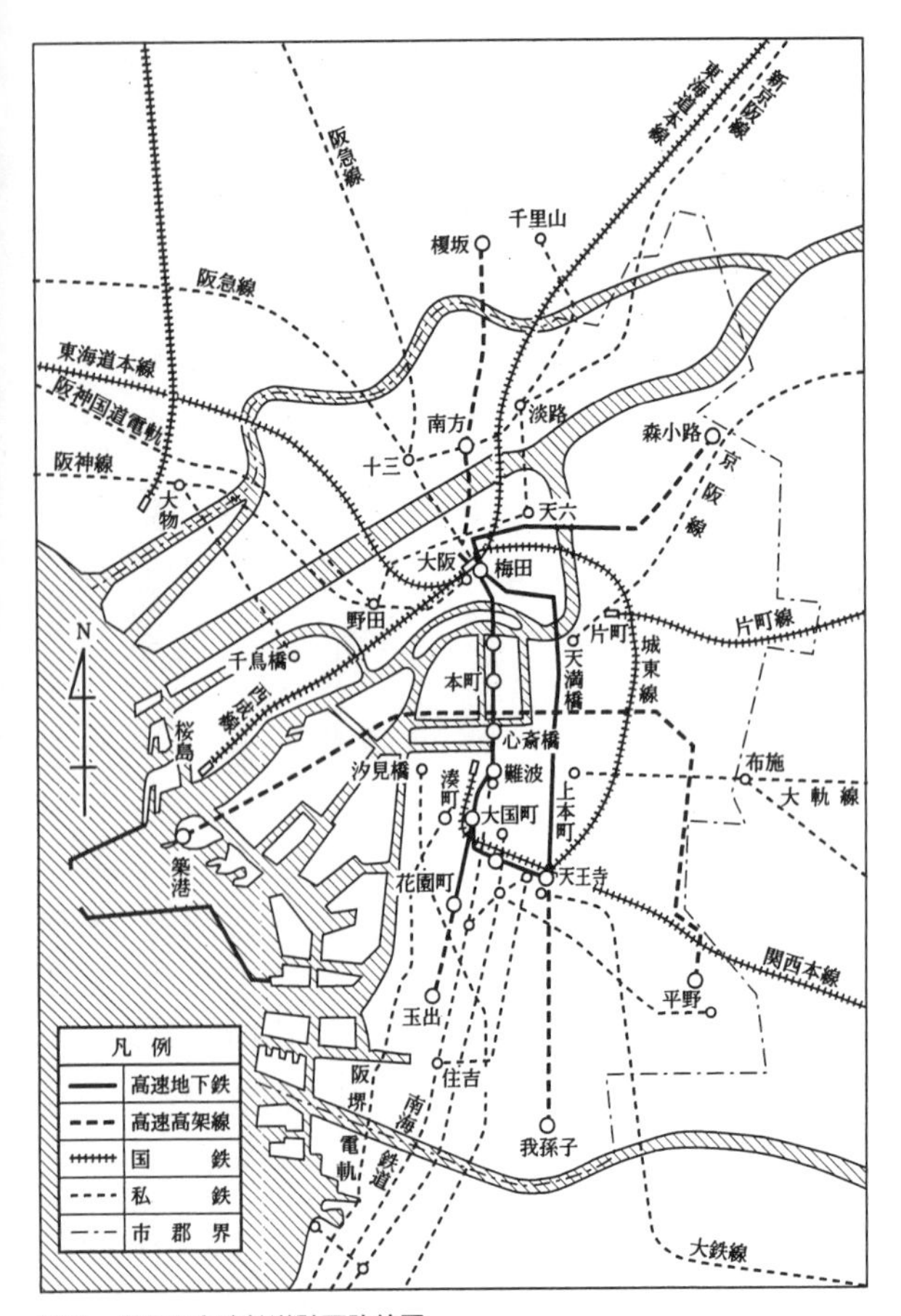

図7　大阪市高速鉄道計画路線図

つてゐると思ひます。これは私の最初からの持論で、阪急も頑として高架にしたのです[30]」として、一貫して高架論をとっていたからである。関と小林は、ともに大阪の中心部から郊外にのびる鉄道網の重要性を認識していた点では一致していたが、その建設の具体的な方法については、真っ向から対立していたわけである。

小林は、梅田と難波を結ぶ高速鉄道一号線の建設に対しても、次のように述べていた。

> 梅田新道（しんみち）から南海電車までの地下鉄工事を見るたびごとに、その竣成と同時に、大阪市の電鉄事業は必ず破産状態に陥り、さらにその建設物が時代錯誤の標本として、昭和時代の歴史的遺物となりはせぬかと心配してゐる。（「地下鉄道の時代は既に去れり[31]」）

ここには、関が大阪市の「高速度交通機関」の切り札として計画した地下鉄の建設を、シニカルに見つめる小林の冷めた視線がある。地下鉄を「昭和時代の歴史的遺物」とする小林の見方は、今日から見れば時代錯誤のそしりを免れないが、少なくともこの当時、小林の高架に対する信念は、揺るぎないものであった。このことが、次章で述べる「阪急クロス問題」を引き起こす導火線となってゆくのである。

大正天皇という人物

前述したように一九二六（大正十五）年十二月、大正天皇が死去し、昭和と改元、裕仁皇

大正天皇と貞明皇后

太子が践祚した。

大正天皇は、一九〇〇(明治三十三)年に九条節子(後の貞明皇后)と結婚してから、一九一二年に天皇になるまでの皇太子時代は比較的健康であったが、天皇に即位してからはしばしば体調を崩し、特に一九二〇年以降は天皇としての公務をこなすことが事実上できなくなった。避寒や避暑を目的とする日光や葉山の御用邸への長期間の滞在を除いて、行幸は行われなくなり、大正末期には天皇の実像はすっかり人びとの目から遮断されたものになっていた。

大正天皇は、もともと生まれてすぐから全身に発疹があるなど、身体が病弱であったが、それに加えて宮中生活になじまないたが、それに加えて宮中生活になじまない規制を嫌う性格が十分に矯正されないまま成人になったことが、天皇になってからの心身両面での健康の維持を妨げる大きな原因となっていた。この天皇が最も生き生きとしていたのは、東京での生活から解放され、比較的自由を享受できた皇太子時代にあたる一九〇〇年から一九一二年までの、日露戦争の時期を除いて毎年のように行われた全国巡啓のときであった。その詳細については別の拙著に譲るが[32]、沖縄県を除く全道府県と、当時日本の保護国下にあった大韓帝国を回った巡啓の途上での皇太子の、饒舌で、時に生身の人間性を剝き出しにした奔放ともいえる振る舞いは、さまざまな規制がしかれた同時代の明治天皇の行幸とは、まったく異なるものであった。

　したがって天皇になってからも、大正天皇は何かにつけ、明治天皇と同じやり方を嫌った。天皇は即位直後に「成るべく諸事簡単を望ませられ、又随て行幸の御道筋も時々変更せらるゝ事あるべし[33]」と述べ、毎年十一月に行われる陸軍特別大演習の統監を目的とする行幸に際しても、「多人数御跡より附添ひ来るは面白からざるに付之を止むる様[34]」指示した。また一九一五（大正四）年十一月に行われた大正大礼の前にも、天皇は内務大臣の原敬（一八五六～一九二一）に対して、「可成簡便なる様にせよ[35]」と述べている。

　しかし実際には、こうした天皇の意思はほとんど無視され、結局は明治天皇のときと同じような、秩序や威厳を重んじ、さまざまな規制に拘束された生活を、大正天皇も送ることを余儀なくされた。原が天皇の病気の実態に初めて気づくのは、天皇が帝国議会の開院式を休んだ翌年の一九一九年二月のことであった[36]。

　そして一九二一年十一月には、ヨーロッパ旅行から帰国したばかりの裕仁皇太子が、摂政となった。関東大震災が発生した直後の一九二三年十月には、行幸や行啓の途上での沿線や沿道での奉送迎を原則として不要とする宮内大臣の通牒が出されたが[37]、はからずも天災により、かねてよりの大正天皇の希望が実現されたわけである。

だがこのときには、天皇はもはや政治的主体にはなっていなかった。大正末期の大阪が「民衆の大都会」となり、東京とは異なる「私鉄王国」が形成されていった背景には、このような東京を中心とする「帝国」の秩序の後退があったことを見逃してはならない。

昭和大礼の意味

以上のように大正天皇の人物像を見ることによって、大正と昭和の違いもはっきりする。すでに大正末期から摂政という、天皇に相当する存在があったとはいえ、昭和という時代は、カリスマ性をもった天皇が大きく登場し、(明仁親王が生まれる一九三三年まで)皇太子がいなくなる点で、大正とは決定的に違うのである。むしろこの時代は、昭和天皇自身が明治天皇を理想の君主として意識し、実父の大正天皇への言及を極力避けたことからも知られるように、天皇が「大帝」と称(たた)えられた明治時代によく似ているといってよい。

実際に昭和初期には、大正を忘却し、明治天皇や明治時代の記憶をよみがえらせるためのさまざまな企てがなされた。一九二七(昭和二)年には明治天皇の誕生日に当たる十一月三日が「明治節」として祝日に制定され、大正天皇の喪が明けたその翌年には大々的に祝われた。一九三三年からは、文部省により明治天皇が行幸の途上で宿泊したり訪れたりした場所を「聖蹟」として顕彰するキャンペーンが始められている。

またこの時期には、民間の文学界やアカデミズムの分野でも明治ブームが起こっている。島崎藤村（一八七二〜一九四三）の小説『夜明け前』の連載や、吉野作造（一八七八〜一九三三）の編集する『明治文化全集』の刊行、それにマルクス主義史学に属する講座派による一連の明治維新研究などがその代表的な事例といえよう。これらの動きは、総じて国民国家創設の偉大な時代としての明治維新の再評価と結びついており、明治や天皇を見なおす気運を高めるのに貢献した[38]。

その一環として、一九二八年十一月の昭和大礼もあった。この時期には、大正期にあまり自覚されることのなかった天皇の「聖徳」が新聞を通して喧伝されるなど、神格化への動きが早くも始まるとともに、ナショナルな諸価値が、この大礼を機に再浮上してきたのである[39]。

大礼のころの昭和天皇

「はじめに」で触れた昭和大礼の光景は、鉄道という装置を通して、それまで見えなかった「帝国」の実像が、東京からのびてくる国鉄の沿線で視覚的に明らかにされたことを意味するものであった。ここで改めて、大礼に際して鉄道が果たした役割に着目し、「国の儀式はかくの如くにして、始めて公民生活の主要なる一部をな」すと述べた柳田國男の洞察に、思いをめぐらすべきであろう。

第一章で述べたように、それでも昭和大礼では、天皇を乗せた列車が「私鉄王国」のなかにまで入ってくることはなく、その東の周縁部をかすめただけにとどまった。だがそれは同時に、東京を中心として広がる「帝国」の秩序が、「私鉄王国」大阪を本格的に侵食する時代の始まりを告げる儀式でもあったことが、しだいに明らかとなってゆく。

天守閣復興は御大典記念

昭和大礼が行われることが一九二七年に発表されると、それを期して、全国道府県市町村で、それぞれ独自の大典記念事業を行うよう、政府からの呼びかけがあった。これを受けて大阪市でも論議が重ねられたが、関一は市の新しいシンボルとして、太閤（たいこう）・豊臣秀吉（ひでよし）（一五三七〜九八）の時代の大阪城（大坂城）天守閣を復興させることを提案した。この提案は、翌年二月の大阪市会で全会一致で可決され、天守閣は正式に復興されることになった。

当時の大阪城には、天守閣がなかった。これは、一六六五（寛文（かんぶん）五）年に落雷があり、天守閣が焼け崩れて以来のことであった。明治以降の大阪城は、陸軍第四師団の本拠地となり、師団司令部や倉庫などの軍用施設がおかれていた。一九二五年の大大阪記念博覧会では会場の一つとなり、多くの市民が城内を訪れたが、これはあくまで例外であり、ふだんは市民でも許可なく立ち入ることができなかった。関はここに天守閣を復興するとともに、大阪

（上）陸軍第四師団司令部玄関から望む大阪城天守閣
（下）第四師団司令部の建物

城一帯を整備し、市民の公園として一般開放することを提案したのである。

ただし復興に当たっては、陸軍の側からいくつかの条件がつけられた。移転する第四師団司令部のために新しい庁舎を建設すること、また軍部が必要とする場合には、いつでも一方的に大阪城への市民の立ち入りを禁止することができ、天守閣も軍用施設として自由に使用できることなどがそれであった。現在は複合施設「MIRAIZA OSAKA－JO（ミライザ大阪城）」となっている建物は、この条件に基づき、もともと第四師団司令部として建てられたものである。

天守閣の復興と大阪城一帯の公園化は、一九二八年七月十四日付の新聞で、次のように公表された。「大阪市は今秋の御大典記念事業として、大阪に最もゆかりの深い大阪城を大公園化すること、殊に随一の名物として残れる天主台上に昔そのまゝの天守閣再築の計画をたて久しいあひだ陸軍省と師団とに交渉を重ねてゐたところ、今回漸く正式の許可を得たのでこゝに計画一切を整へ十三日発表するにいたつた」（『大阪朝日新聞』七月十四日）。同年八月には、文末に寄付申込書の用紙が付き、裏面に天守閣復興と大阪城公園整備計画の説明が印刷された趣意書が、市長名で市内全戸に配布された[40]。

これに対する市民の反響は、大変なものであった。各区役所に設置された推進委員会には寄付申込者が相次ぎ、わずか半年で目標とする百五十万円の募金額に達した。市民の浄財により、第四師団司令部庁舎を含むすべての建設費用が調達されたのである。

その背景には、大阪における豊臣秀吉の根強い人気に加えて、先に見たような御堂筋の拡張工事を推し進める際にも原動力となった、大正末期以来の昭和天皇に対する市民の強い崇敬の念があったことがあげられる。実際に大礼期間中の大阪市内の奉祝ムードは、関をして「大阪市内ノ奉祝モ頗ル盛ニシテ　市民ノ奉祝ハ大正即位トハ幾倍ノ意気込ナリ」[41]と言わしめるほどであった。この奉祝ムードがなければ、反響ははるかに小さなものとなり、天守閣の復興が遅れたことも十分考えられよう[42]。

復興される天守閣は、当時の常識を破る鉄筋コンクリート造りによるものとされ、天皇の即位を記念する半永久的なモニュメントにすることが目指された。復興工事は一九三〇年五月に始まって、翌年の十一月七日に完了、同日大阪城公園で記念式典が行われた。こうして、当初の都市計画にはなかった天皇即位の記憶をとどめる新しいモニュメントが、御堂筋と並ぶ「大阪市の中心」としてにわかに脚光を浴びるようになったのである。

交通電気博覧会の開催

大阪城天守閣の復興と並ぶ大阪市の大典記念事業として、忘れてはならないのは、一九二八年十月から二ヵ月間、「大礼奉祝交通電気博覧会」が天王寺公園と旧住友別邸で開かれたことである。同じ時期に京都では大礼博覧会が開かれるなど、全国各地で大礼を祝う博覧会がいっせいに開かれていたが、大阪で「大礼奉祝」と「交通電気」を結びつける博覧会が挙行されたことは、この時期の大阪を象徴する出来事として注目に値する。

まず第一会場となった天王寺公園では、同じ場所で開かれたかつての大大阪記念博覧会の

「交通の大阪」と似たような空間が再現された。

すなわち、「大軌、阪急、南海、阪神、京阪、大鉄（引用者注――大阪鉄道。現・近鉄南大阪線）、新京阪各電鉄の沿線の名勝をすべて電気万能で現はしただけに目も覚めん許り(ばか)の美しさ、動く小さな電車が観(み)る人を秋色麗しい郊外へ頻(しき)りに誘惑する」(43)大阪郊外電車の模型などを展示した「陸の交通館」が建てられたのである。このほかにも、建設が決まった高速鉄道一号線の地下部分の線路の縦断面を巧みにあらわした大模型を展示した「高速鉄道館」などが建てられ、全体として「私鉄王国」大阪の発展ぶりが詳しく紹介された。

だが他方で、この博覧会には、大正末期に開かれた大大阪記念博覧会にはなかった展示物も含まれていた。それをよく示すのが、第二会場の旧住友別邸に作られた「大礼参考館」である。このパビリオンでは、昭和大礼を目前に控えて、平安時代に天皇の即位式などの重要な儀式が行われた平安宮朝堂院大極殿(だいごくでん)の模型や、明治天皇が一八六八（明治元）年に大坂に行幸したときに乗った輦(れん)など、天皇関係のさまざまな遺物や宝物が展示されていた。

つまり市民は、第一会場で当時の大阪における私鉄の発達に改めて気づかされてから、第二会場に入ると一転して、昭和大礼のもつ歴史的意味に思いをめぐらすという仕掛けになっていたのである。これもまた、大正から昭和へという時代の移り変わりを示すものであった。

3　官民協力奮励セヨ――一九二九年の行幸

関一、天皇に進講す

大礼が行われた翌年の一九二九（昭和四）年になると、関一の動きがにわかに慌ただしくなり、大阪を空けることが多くなった。東京と大阪の間を、公用で何度も往復するようになるからである。

その理由は一つには、大阪市が当時、東京市、名古屋市、京都市、神戸市、横浜市とともに、市の自治権を府県から独立させて内務大臣の直接監督下におき、官選知事の権限を市長に移そうとする特別市制の運動に関わっており、東京でそのための六大市長を集めた会議が開かれたことがあった。もう一つは、天皇自身の強い希望に基づき、大阪への行幸がこの年に計画されていたことがあった。このうち本論との関係で重要なのは、前者ではなく、後者の天皇の行幸の方である。

関の日記から再現すると、二月十六日、内務次官から大阪府知事の力石雄一郎（ちからいしゆういちろう）（一八七六～一九三三）あてに打たれた、知事と市長がともに上京するようにとの電報を受けている。その二日後に、知事とともに上京すると、宮内大臣の一木喜徳郎（いちききとくろう）（一八六七～一九四四）から、五月（実際には六月）の大阪行幸を知らされた。二十日に大阪に戻るが、三月二十二日には、この大阪行幸に先立って、大阪市勢につき進講するよう宮内省より連絡を受けている。二十六日、関は再び大阪を発って上京し、二十八日午後に宮中に参内している。

関が昭和天皇に市勢を説明するのは、天皇が摂政として大阪を訪れた一九二五年以来のことであった。だがこのときは大阪市役所を舞台としていたのに対して、今回は特別に招かれ、宮中でそれを行うのである。宮中での進講の模様を、関はこう記している。

〔午後〕二時表御座所ニテ御出御ヲ待ツ　二時十分御出御　侍従長ヨリ氏名奏上　拝謁ノ後　陛下正面径四尺位ノ卓子ヲ隔テテ座ヲ賜ハル　直ニ大阪市ノ現勢ニ就キ奏上　四枚ノ図表ニ就テ市勢ノ大要ヲ奏上ス　三時十五分終了　其儘(そのまま)ニテ茶菓ヲ賜ハリ　御下問アリ　支那ノ動乱ノ影響、市会現況等ニ就テノ御下問ハ特ニ感銘スベキ所ナリ　三時五十分頃御入御ニ付退出[44]

関は天皇の面前で、幕末以来の大阪市勢の変遷や、大阪市の都市計画、人口密度、高速鉄道の建設などにつき、一時間あまりにわたって説明した。そして天皇からの質問を受けた後、「最後に今日の大をなせる所以は、実に、御稜威(みいつ)（引用者注――天皇の威光のこと）の然(しか)らしむる所なるにつき、厚く御礼を言上して御進講の大任を果[45]」たしたという。

時に関五十五歳、天皇二十七歳であった。

陛下御自身の思召――一九二九年行幸の特色

　こうして昭和天皇は、関からの進講を宮中で受けた後、大礼後の初めての地方行幸の一環として、一九二九年六月に海路経由で大阪を再び訪問する。この大阪行幸は、かねてより大阪の発展に深い関心をもっていた天皇が、再びこの日本一の大都市を訪問し、都市計画の現状を実地に視察することを主な目的とするものであった[46]。

　それまでは明治天皇にせよ大正天皇にせよ、天皇の東京府外への行幸といえば、第二章で触れた内国勧業博覧会の見学のような例外を除いて、毎年十一月に行われる陸軍特別大演習の統監をはじめとする軍事的なものが大半を占めていた。このような軍事的あるいは国家的な目的ではなく、純然とした地方視察を目的として天皇が行幸するのは、いわゆる明治初期の六大巡幸の最後の巡幸となる一八八五（明治十八）年の山陽（山口、広島、岡山）巡幸以来のことであり、きわめて異例であった。

　しかも、「この度の行幸は全く特殊な地方行幸であつて、大阪府市からの願出によるものではなく陛下御自身の思召（おぼしめし）に出でさせられた[47]」ものであった。行幸に先立ち、関が市民に対して、わざわざ「吾等大阪市民は貴き　大君の御代の弥増（いやま）す御栄えに大阪市か有する責務の一層重大なるを自覚し将来倍々（ますます）粉骨砕心以て　聖旨に副（そ）ひ奉り　天恩の万一に報ひ奉らむことを期する次第てあります[48]」と呼びかけたゆえんである。

　またこの行幸は、明治天皇が即位後に初めて京都御所を出て、訪問した場所が大阪であったことを踏まえてもいた。昭和天皇が明治天皇と同じような「大帝」となるためには、大阪にまず行くことが歴史的必然であったのである。

天皇は当時の明治天皇と同じく、大阪城内の紀州御殿に三日間滞在することになるが、このことに関連して、宮内大臣の一木喜徳郎はこう述べている。「陛下には御不便をおいといもなく、明治大帝陛下が、明治初年同じ御殿に御駐輦(ごちゅうれん)になりました当時をお偲(しの)び遊ばされたことゝ拝察いたしたのであります」[49]。ここでも、大正を忘却し、即位間もない天皇を「明治大帝陛下」にオーバーラップさせるための演出がなされていたわけである。

感激ノホトバシリ

天皇は横須賀から軍艦那智(なち)に乗り、まず八丈島を訪問、同島で軍艦長門(ながと)に乗り換え、伊豆大島、それに和歌山県に立ち寄ってから、六月四日に大阪港に入港し、神戸に向けて出発する七日まで、大阪に滞在した。大阪滞在中の天皇の足跡は、次のようなものであった。

・六月四日
午前七時三十分、大阪港入港。九時十分、大阪築港着。築港および安治(あじ)川河口を巡覧。十時十五分、住友伸銅鋼管株式会社工場着。午後零時十分、紀州御殿着。午後二時、大手門前奉迎場着。御堂筋を経由し、二時二十分、大阪医科大学着。三時三十五分、大阪市役所着。御堂筋を経由し、四時四十五分、大阪府庁着。五時五十五分、紀州御殿着、泊。

・六月五日

午前九時、紀州御殿を出発。九時十九分、大阪都島工業学校着。十時五分、大阪市立北市民館着。十時三十五分、大阪控訴院着。十一時二十分、紀州御殿着。午後二時、城東練兵場着。親閲式に臨む。三時二十五分、陸軍造兵廠大阪工廠着。三時四十分、紀州御殿着、泊。

・六月六日
午前九時、紀州御殿を出発。九時二十五分、大阪高等学校着。十一時六分、大日本紡績株式会社平野工場着。午後零時十五分、紀州御殿着。午後一時四十分、城東練兵場着。観兵式に臨む。二時三十分、商品陳列場着。三時五分、紀州御殿着、泊。

・六月七日
午前九時二十分、紀州御殿を出発。九時五十分、大阪築港着。十時、大阪港を出港、神戸に向かう(50)。

このように天皇は、紀州御殿に滞在しながら、大阪港や大阪府庁、市役所をはじめ、市内の主な工場や学校、控訴院、練兵場などをくまなく回った。なお二万五千人もの市民が集まった六月四日の大手門前の奉迎場での光景を、関一は当日の日記に「一時大手門前奉迎場ニ至ル　既ニ立錐(りっすい)ノ余地ナキ迄ニ満員ナリ　午後二時入御　奉迎辞ニ上リ　万歳三唱　場内一斉ニ高唱ノ万歳ハ感激ノホトバシリナリ(51)」と記している。

この光景は、天皇の肉声が聞かれなかったことを除けば、一九二五年の行啓における天王

（上）城東練兵場での親閲式に臨む昭和天皇
（下）天皇が滞在した紀州御殿

寺公園での光景をほうふつとさせるものであった。ただし万歳の叫び声は、四年前は天皇、皇后、皇太子、皇太子妃の万歳をそれぞれ叫んでいたのが、今度はただ「天皇陛下万歳」だけとなっている。大勢の市民の前に、天皇が大元帥服を着用して生身の姿をさらし、万歳の儀式を受けるのは、一九二八年十二月に上野公園で四万七千人もの市民を集めて開かれた東京市奉祝会以来のことであった[52]。

六月五日と六日には、天皇は城東練兵場で親閲式と観兵式に臨んでいる。前者では男女学生や青年団員など約十二万人が、後者では諸兵約一万人が集まり、天皇の面前で分列式などを行った。同時代の東京でいえば、城東練兵場は宮城（現・皇居）前広場と代々木練兵場を兼ね備えたような空間になったのである[53]。

勝るとも劣らず――牧野伸顕の感想

天皇は、大阪港に上陸してから再び出港するまで、市内を移動する際にはすべて自動車を使っており、私鉄はもちろん、国鉄も使われていない。上陸した四日には、奉迎場に臨んでから、行幸を前に部分的に仮仕上げが出来ていた御堂筋を進んでもいる[54]。沿道の土地の買収に当たって市の職員が発した「天皇が行幸されたときにお歩きになる道を作るのんや」という殺し文句は、決して虚言ではなかったわけである。

この行幸では、昭和大礼のように東京から東海道本線を走る御召列車が運転されなかったため、「はじめに」で述べたような光景がナショナルな規模で現れることはなかった[55]。ただし、大阪市内を自動車で回ったときの沿道の光景は、やはり一九二五年のときと同じであった。いや、奉祝ムードにあふれた昭和大礼を経て、市民の天皇に対する忠誠心は、ますます堅固なものになっていた。

このことに関連して、行幸に同行した内大臣の牧野伸顕（一八六一～一九四九）は、大阪で滞在中に得た印象を次のように述べている。

> 此三日間の奉迎振りを見るに、民衆の敬虔なる態度、尊皇心の顕はれ等〔に〕至りては様々の機会に於て目撃したるが、他地方に比し毫も遜色あるを覚へず。兼て浪華は皇室に縁故浅く（比較的）、又近年不健全なる外来思想の発達したる土地の如く、取締り上にも当局は余程心配らしく聞へ居りて、何となく案じ居りたる為めにや、実地の模様に直面したるに、却て反対に大坂人の一般は他方面に勝るとも劣らざる皇室尊崇の信念濃厚なるを痛感したり。[56]

訪問する前には「皇室に縁故浅く、又近年不健全なる外来思想の発達したる土地」とばかり思っていた大阪が、実は「他方面に勝るとも劣らざる皇室尊崇の信念濃厚なる」都市であることを知った牧野の素直な驚きが、ここにはよくあらわれている。昭和天皇の登場とともに、「私鉄王国」の中枢部にも、「帝国」の秩序が着実に根を下ろしつつあったことがわかろう。

努力の現はれてゐるのを嬉しく思ふ

それでは、四年ぶりの大阪を、昭和天皇自身はどう見ていたのか。

一九二九（昭和四）年六月六日に紀州御殿で天皇と面会した大阪府知事の力石雄一郎にむかって、天皇は次のような言葉を発した。なおこの言葉は、その日の号外でいち早く紹介されたほか、翌日の新聞でもいっせいに報道された。

> この度大阪に来て、各方面の現状を見て、努力の現はれてゐるのを嬉しく思ふ、なほ一般の熱誠な歓迎を受けて満足に思ふ、将来官民協力奮励して、一層の発展を期するやうに[57]（『大阪朝日新聞』六月六日号外）

これもまた、当時としてはきわめて異例の出来事であった。天皇が多くの市民の前で生身の姿をさらしたばかりか、みずからの感情をあらわにした言葉を知事に向かって発し、それがそのまま新聞に報道されたのである。

このうち、「この度大阪に来て……努力の現はれてゐるのを嬉しく思ふ」という言葉は、過去との対比で当時の大阪を評価したものといえよう。すなわち、一九二五年にやはり昭和天皇（当時は皇太子）が述べた「予ハ其ノ企図ノ大成シ以テ市ノ繁栄ト市民ノ福祉トヲ増進セムコトヲ望ム」という「御詞」に照応するものであり、かつて天皇が期待した通り、大阪

昭和四年六月六日

大阪朝日新聞 第二號外

大阪府市民へ優渥なる御言葉

力石府知事を召されて

大阪府知事は六日午後五時半御召により行在所に參內、御座所において聖上陛下に拜謁をたまはり、左の如き優渥なる御言葉を拜受した

【大阪府發表】

この度大阪に來て、各方面の現狀を見て、努力の現はれてゐるのを嬉しく思ふ、なほ一般の熱誠な歡迎を受けて滿足に思ふ、將來官民協力奮勵して、一層の發展を期するやうに

大阪朝日新聞發行所

天皇の「御言葉」を報ずる『大阪朝日新聞』号外

が「市ノ繁栄ト市民ノ福祉トヲ増進」すべく努力してきたことを評価し、その発展を天皇自身が認めたことを意味していた。また、「なほ一般の熱誠な歓迎を受けて」という言葉からは、他ならぬ天皇自身が、四年前よりも一層強い「奉迎」「奉送」の儀式を受けたと実感していたことがうかがえよう。

一方、「将来官民協力奮励して」以下の言葉は、将来の大阪に対する天皇の希望を述べたものであり、四年前の「御詞」にはなかったものであった。これからの大阪が、小林一三のいうような、「官」への敵対心の強い「民衆の大都会」のままでいるのではなく、「官」と「民」が互いに協力し合って、一層の発展を遂げることを、天皇みずからが求めたのである。

ここでいう「官」とは、必ずしも小林が想定した鉄道省のような中央官庁だけを指しているとは限らないが、いずれにせよ東京に比べて「民」の力が強く、その象徴として「私鉄王国」が形成されていた大阪にあって、天皇自身が「官民協力」を求めたことの意味はあまり

にも大きいといわなければならない。このことについては、後述する機会があろう。

なお、大阪の発展ぶりに目を見はっていたのは、天皇だけではなかった。牧野とともに行幸に同行した宮内大臣の一木喜徳郎は、新聞記者から大阪の感想を求められて、「私は地方官をしたことがなかつたので大阪とは別に縁故はないが、都市計画の完備してゐるのは全く気持よく、大阪の人が東京へ行つたらむしろ田舎へ行つた様な気がするであらう、全くうらやましい位だ」[58]と述べている。

当時の大阪はまだ御堂筋が完成せず、地下鉄の建設も緒についていなかったが、依然として震災から完全に復旧していなかった東京よりも都市計画が進み、整然とした町並みができつつあった。「大阪の人が東京へ行つたらむしろ田舎へ行つた様な気がするであらう」という一木の言葉に、誇張はなかったと思われる。

三度にわたる大阪訪問

一九二九年の行幸があってから三年あまりがたった一九三二（昭和七）年十一月、天皇は再び大阪にやって来た。この行幸の主な目的は、奈良県と大阪府で行われる陸軍特別大演習の統監にあったが、大阪市内の視察を同時に兼ねており、のべ八日間にわたって大本営のおかれた大阪城内の第四師団司令部に滞在した。

この行幸の具体的なスケジュールや特色などについては第六章で述べるが、さしあたりここでは、皇太子時代を含めて、同じ天皇が七年間に三度大阪を訪問したことに注目しておきたい。このような短期間に、単なる軍事的な目的ではなく、地方視察のために同じ都市を三度も訪れるというのは、きわめて異例といえるからである。「曩きに摂政宮殿下として大阪市に行啓のことあり、ついで陛下地方行幸の御第一次として大阪市行幸の光栄を拝し、今またこの光栄を拝す。これ大都市無上の光栄にして、二百万市民もまた都市の隆興に協力し、謹んで聖慮の万一に応へ奉るところがなければならぬ[59]」。

一九三二年に東京市が豊多摩郡や荏原郡などに属する周辺の町村を合併して「大東京市」となり、面積や人口で日本一の座を取り返すことから、天皇が大阪を訪問した時期は、大阪が文字どおり「大大阪」であった時期とみごとに重なっている。

阪急をはじめとする関西私鉄が大阪に「私鉄王国」を築き上げ、反官の文化を築いていった大正末期を継いだ昭和初期という時代は、大阪が「大大阪」になると同時に、天皇が代替わりし、「官民協力」を期待する新しい天皇の強い影響のもとに、大阪の都市空間が大きく様変わりしてゆく時代でもあった。そのことがますます明らかとなるのが、次章で述べる「阪急クロス問題」である。

第五章　阪急クロス問題

1　「官」の巻き返し

国鉄大阪駅の改良工事

ここでもう一度、一九二九年の大阪に舞台を戻してみよう。

この年の四月に阪急の梅田ターミナルに隣接して、「私鉄王国」の象徴ともいうべき阪急百貨店が完成し、小林一三が「ただひとり」発展を続けていると自画自賛したことは、第三章の最後に見た通りである。だがこの二ヵ月後には、阪急梅田の近くで、その発展に待ったをかけるように、国鉄大阪駅構内の高架改良工事がひそかに始まっていた[1]。

ちょうど同じ六月に、昭和天皇が大礼後初めての行幸として大阪を訪問したが、海路を経由したために天皇が大阪駅を使うことはなく、この高架工事については新聞にも報道されなかった。当然、天皇行幸にすっかり眼を奪われていた市民の注目を浴びることもなかった。

この行幸で、天皇自身が「将来官民協力奮励して、一層の発展を期するやうに」と表明していたことを、いま一度思い起こす必要がある。天皇の言葉は、大阪市だけでなく、それまで「民」のリードを許してきた「官」、すなわち鉄道省にも「巻き返し」の機会が到来したことを暗示していたからである。天皇が大阪を訪問するのと時を同じくして始められた大阪駅の改良工事は、地上を走っていた城東線の天王寺―大阪間を電化高架化するとともに、東海道、山陽本線の吹田―須磨間を電化するのにともない、地上駅で旧態依然とした大阪駅を、御堂筋と同様、天皇を迎える大阪の玄関駅としてふさわしい高架駅にするための工事であることが、やがて明らかとなってゆく。

阪急の知らぬうちに――ことの経緯

しかしながら、この改良工事のルーツは、すでに大正期からあった。前章で述べたように、一九一九年に都市改良計画調査会が作成した大阪市区改正部案では、大阪市内の鉄道を、既存の国鉄の線路を含めて、すべて高架か地下にすべきだとする案が出されていたからである。これにともない、大阪駅はそれまで一体であった旅客駅と貨物駅を分離し、貨物駅を大阪駅とは別の場所に移した上、旅客駅としての大阪駅を高架にする案が浮上してきた[2]。当時大阪市の助役で、都市改良計画調査会の会長として、市区改正部案を事実上作成した関一が、この高架案にも深く関係していたことは容易に想像できよう[3]。

そして実際に、関は一九一九年六月、市の関係者とともに上京して、鉄道省の前身である鉄道院を訪問している。同月二十一日の関の日記には、「午前鉄道院ニテ杉技師、岡野改良課長、杉浦局長ニ面会　梅田駅（引用者注――ここでは阪急や阪神ではなく、国鉄の大阪駅

地上ホーム時代の大阪駅。右手が、阪急の建物と線路である。オーバークロスしているさまがよくわかる。

を指す）ノ改築問題ニ付直木氏ト市ノ意見ヲ話シ置ク[4]」とあるが、おそらくそこで鉄道院側と話し合われたのは、「梅田駅ノ改築問題」という表現からして、大阪駅の高架改築を具体的にどうするかという問題であったのではないかと見られる。

だが、これに対する鉄道院（一九二〇年からは鉄道省）の反応は、きわめて鈍いものであった。大阪市と鉄道院（省）の間で意見の調整がつかず、具体的な設計がまとまらなかったこともあり、大阪駅は大正期を通して、旧態依然とした地上駅の状態が続いた。

その間に市区改正部案に沿う形で、阪急が逆に大阪駅付近で国鉄と立体交差する梅田付近の高架線をさらに拡張し、宝塚線と神戸線が並行して走る高架複々線にする認可を得た。このときにも、国鉄の高架化やそれにともなう切り替えについては何の命令や条件もついていなかった[5]。そして一九二六年七月に阪急の中津駅で行われた高架複々線の開通式には、当時の鉄道省神戸鉄道局長も参加して祝辞を述べていたのである。

阪急が国鉄の線路の上に高架複々線を新たに建設したことで、鉄道省が大阪駅付近の国鉄の線路を高架にすることは、阪急よりもさらに高い高架線でも建設しないかぎり、物理的に不可能となった。鉄道省が大阪駅の高架改良工事に着手することを決めたとき、三年前にできたばかりの阪急の高架線が障害となることは、当然十分に予想できたはずである。実際に工事が着手される一年前に、ある鉄道省の関係者は、「阪急線阪神線及市電を運転中に上下に切換へと大阪駅の第二次工事に於ける仮本屋の築造とは余程困難で、且混雑を引起こす仕事と考へてゐる[6]」と述べていた。

にもかかわらず、工事着手の決定は阪急にまったく知らされなかった。鉄道省は、かつて阪急に送った祝辞を裏切るようにして、物理的に不可能なはずの工事にとりかかったのである。

一九三一年六月の通達

大阪駅の改良工事が始まってから二年後の一九三一年六月、鉄道省大阪鉄道局(一九二八年五月に神戸鉄道局から移転。略称は大鉄局)に属する大阪改良事務所から、阪急に向けて全部で八項目からなる通達書が、突然公式に届けられた[7]。

その具体的な内容は不明であるが、要するに大阪駅をはじめとする国鉄の線路（東海道本線、城東線）の電化と高架改築が具体的に決定したから、交差している阪急の高架線を新たに敷設する国鉄の高架線の下にし、地上線にせよという通達であった。しかも、この通達書には、阪急の線路を高架線から地上線へと架け替えるのにかかる費用が詳細に記され、その費用はすべて阪急側で負担せよという条件が付されていた[8]。

工事の開始から二年がたってから、このような一方的な通達を受けたことに対して、阪急は鉄道省に対する不快の念をあらわにし、断固とした拒否の姿勢を貫くことになる。阪急の技師であった鈴木祥六郎（すずきしょうろくろう）は、当時の模様を『社報』にこう記している。

> 総て合理的に建設された営業線を鉄道高架の為めに、降下する場合其費用は全部自弁せよと言ふのでありましたから、夫（そ）れは余り無理ではありませんか。相当に御考慮願ひますと申出て其交渉に比較的時間を要した迄でありまして、決して当初より不条理の主張をする筈は無いのであります。爾来（じらい）この主義、主張で邁進（まいしん）したのであります。（以下略）[9]

この鈴木の言葉は、そのまま「われわれから言へば、京阪神といふものは鉄道省にやつて貰はなくてもよろしい」と述べ、「鉄道省へも内務省へも逓信省へもヘイコラしたことはない」ことを誇った当時の阪急社長、小林一三の言葉であるといっても、決して誤りではなか

1926（大正15）年、大阪市内高架線が開通した当時、中津駅での小林一三（制服姿で腰かけている）。

ろう。阪急は、京阪や阪神など、他の関西私鉄とも協力して、当時鉄道省が大阪一帯で進めようとしていた工事を止めさせるべく、種々の働きかけを試みる。

　だがこの二ヵ月後には、小林の神経を逆なでするような、「電鉄会社の反対は蹴る　京阪神、城東線電化工事　鉄道省の方針」と題する次の記事が掲載されたのである。

鉄道省で目下工事中の大津、明石間電化計画の第一期工事としての京阪神電化計画ならびに城東線電化工事の進行に伴ひ京阪、阪神、阪急、宇治電などの各電鉄は大いに脅威を感じ鉄道省に対し右工事の中止方を運動中だが今回右各社が結束して陳情書を提出し十四日の局長会議に披露されたが鉄道省としてはもとよりかくの如き陳情書に耳を藉（か）す

ことなく既定方針に本づいて工事を進めることになつてゐる。(『大阪朝日新聞』一九三一年八月十五日)

それまで「私鉄王国」の発展を許してきた関西地域に、いよいよ本格的に乗り込もうとする鉄道省の強い意志が読み取れるような記事である。

しかしこの記事は、電化工事に反対する各私鉄の動きを総体的に報じているだけで、まだ大阪駅付近で立体交差する阪急の高架複々線の線路をどうすべきかという固有の問題については触れられていない。一九三一年の段階では、この問題はあくまで、鉄道省と阪急という当事者どうしの内輪の問題にとどまっており、市民の注目を浴びていなかったことがわかる。

高架か地下か

だがいうまでもなく重要なのは、この時期の阪急が、単に国鉄の電化に反対するだけでなく、阪急の高架化の障害となる国鉄の高架化そのものに反対していたことである。市街地を走る阪急の線路は、地上線や地下線でなく、すべて高架線にするべきだというのが、宝塚線の開通に際して小林一三が「往来ふ汽車を下に見て　北野に渡る跨線橋」と作詞した「箕面有馬電車唱歌」以来の、阪急の一貫した信念であった。

それを当時よく示していたのが、阪急神戸線の神戸中心部への乗り入れ問題である。一九

（左）神戸駅　現・神戸三宮駅、昭和11年
（右）高架工事中の三宮付近

二〇（大正九）年に開業した神戸線の終点は、神戸といっても中心から離れた上筒井（かみつつい）（現在の王子公園駅付近）にあったため、阪急は中心部の三宮までの延長を計画した。この計画は当初、地下式で線路を建設することを条件に免許を得たが、阪急ではすぐに計画を高架に変更し、改めて許可を申請した。兵庫県はこの申請を保留した上、事態を察知した神戸市議会が再三にわたって反対決議を行い、神戸商工会議所などもこれに同調する動きを見せたため、一九二七（昭和二）年から翌年にかけて、「この問題は兵庫県で最も注目を浴びる事となった」[10]。

しかし阪急は、高架の方針を変えようとしなかった。それどころか阪急では、高架に固執する理由を十二ヵ条にわたって列記し、最後に小林の手になると見られる「要するに我邦の現状に於ては国家経済上よりしても地下鉄道に比し建設費も少なき高架式を採用するを以て国状に適するものなりと信ず」と結論づけたパンフレットを一九二八年九月に発行して、地下に対する高架の優位を強調した。(11) 結局この問題は、後述するように阪急梅田の高架線をめぐる阪急と鉄道省の対立が決着を見るのと同じ一九三三年に、阪急側の主張が認められることで解決し、神戸線では高架による三宮（駅名は神戸）への乗り入れが実現される運びとなった。

ちなみに、この高架開通式が行われたのは、それより三年近くがたった一九三六年四月一日のことであった。当時コロンボからシンガポールに向かう船上にいた小林は、その前日の日記に「明日はいよいよ阪急神戸高架線の開業当日であるが、ウマク、滞なく、施行せられん事を祈る」と記し、当日は「阪急より四月一日神戸高架線開業の電報到着。ヤレヤレと安心した。四月一日開業と確信しては居るもの丶此電報が来る迄は何か故障でもあつては——と中々心配のものであつたが……」と記している。(12) 後に見るように、この時期の小林はすでに阪急の社長を辞めていたが、やはり高架線の開業だけは最後まで気にかかっていたようである。

阪神、地下線の建設に踏み切る

そもそも阪急では、東海道本線や城東線と交差する梅田―十三間をはじめ、福知山線と交差する清荒神(きよしこうじん)―宝塚間（宝塚線）、東海道本線と交差する西宮北口―今津間（今津線）のような、国鉄の線路と交差する区間を、ことごとく高架にしてオーバークロスさせることに努めてきたという経緯があった。(13) 小林が誇ったように、これらの区間では、時々しか汽車が来ない国鉄の線路の上を、阪急の高性能の電車が頻繁に走る光景を目にすることができた。その光景は、東京を中心とする「帝国」の秩序よりも優位に立つ「私鉄王国」大阪の姿を象徴するものであった。阪急にとって、国鉄の上を通すための高架線の建設は、単なる工事技術や建設費の問題ではなく、やはり一つの思想的表現としてあったと見るべきであろう。[14]

とりわけ、梅田ターミナルや阪急百貨店を控え、大阪駅を見下ろすことのできる梅田—十三間の高架複々線がもっていた意味は大きかった。したがって、鉄道省からの一方的な要求に屈して、梅田付近の阪急の高架線を地上線に（あるいは地下線に）することは、そのまま「私鉄王国」が、関西地域に迫ってきた「帝国」の秩序に完全に包摂されることを意味しかねなかった。

この時期の小林一三が、「地下鉄道の時代は既に去れり」という観点から、神戸線の高架乗り入れに固執するとともに、御堂筋で進めていた大阪市の地下鉄建設を批判していたことはすでに見た。けれども、小林の意図に反して、「地下鉄道の時代」が将来訪れることを予想し、地下線の建設に踏み切る関西私鉄が現れた。梅田と三宮を結び、阪急とはライバル関係にあった阪神である。

阪神は、高架に固執する阪急とは対照的に、一九三一（昭和六）年二月に三宮付近の地下工事に着手し、一九三三年六月に開通させたのに続いて、一九三六年三月には元町まで地下区間を延長させた。また同年十一月には梅田付近の地下工事を始め、一九三九年三月に完成させた。[15] これにより阪神は、その起点と終点の付近が、いずれも地下線となった。

もちろん梅田付近を地下にしたのは、必ずしも阪神が主体的に決めたのではなく、前述した大阪市区改正部案が下敷きとなっていた。だが三宮付近の地下工事は、高架に固執することで三宮への乗り入れが難航していた当時の阪急よりも早く工事を完成させることで、ライバル会社に対して優位に立ちたいという思いが明らかにあった。

こうして阪神は、東海道本線と並行していたにもかかわらず、大阪市と同様に地下論をとることで、鉄道省との衝突を避けることができた。一方それとは対照的に、梅田付近の高架線の撤去を求める鉄道省と、それを拒む阪急の対立は、しだいに激しさを増していったのである。

2　逆風

クロス問題の表面化

それでも一九三二（昭和七）年に入ると、折からの不況にともなう工事予算の削減などの影響はあったものの、大阪駅周辺の高架改築工事は明らかな進展を見せていった。

そして五月には、「新大阪駅（引用者注――これは新しい大阪駅という意味で、現在の新大阪駅ではない。以下も同じ）の高架プラットホームができ上がつた、スラヴ(ママ)式鉄筋高架建に淡紫の支柱を立て白銀色浪形スレートの上屋根がまぶしくきらめいてゐる」（『大阪朝日新聞』五月十二日）という記事まで現れ、近い将来の完成を予感させた。ただしできたのは、無人で線路もない高架式のホームだけで、列車が走る線路や実際に使うホームは、依然として地上のままであった。しかもその工事は、いうまでもなく阪急と国鉄が立体交差する地点付近で立ち往生していた。

同年六月になると、ようやくこの問題が新聞で取り上げられるようになる。少し長いが、六月四日付の『大阪朝日新聞』に掲載された「阪急の切替でまた思案投首」と題する四段抜きの記事を次に引用しよう。

大阪駅改良高架第一期工事は、駅附近はすでに七分通り出来上り、現在は北区小深町の阪急跨線橋附近約五十メートルを残すのみで、目下工事中の阪急地下引込線用プラットホーム五本の竣成次第。いよいよ鉄道（東海道線及び城東線）は高架へ、阪急（神戸、宝塚両線）は地下への切替工事を行ふことになつた。ところが、この阪急側の切替工事費約百五十万円を誰が負担するかゞ、最近鉄道及び阪急双方の頭をなやましてゐる。

この点に関し両者間に従来何ら契約書を交換してをらず、また問題の性質上負担者がはつきりせず、阪急側は切替問題の起るとゝもに「附帯工事費を入れると百五十万円以上になるが、この不況時代だ、皆といはずともせめて三分の二の直接工事費くらゐは鉄道側で支弁してほしい」との趣旨のもとに同社吉田建設部用地課長を大阪鉄道局に日参、改良事務所長並びに保線課長らと交渉せしめてゐるが、鉄道側とて自身の高架工事費だけで手一つぱいの予算なので、策の施しようなく思案投首、本省へこの旨具申、回答を待つてゐるが、赤字、噴水騒ぎ、予算削減で延期に延期を重ねてゐる大阪駅改築工事に、またしても一つ癌がふえたわけで、この問題の帰趨は注目されてゐる。（読みやすいように原文よりも句読点を増やした。以下同じ）

これにより、いわゆる「阪急クロス問題」（「省線クロス問題」ともいう）は、初めて明るみに出ることになった。

新聞と鉄道にすきま風

ただしこの記事には、重大な誤りが含まれている。まず、国鉄が高架へ、阪急が地下への切り替え工事を行うことが決まったかのような言い方がなされているが、先にも述べたようにこの時点での阪急は、まだ切り替え工事そのものに反対の立場を崩していない。ましてや、小林一三があれほど反対した地下への切り替えなどを阪急が認めた形跡もない。また事の経緯からして、阪急側が鉄道省大阪鉄道局に対して、「この不況時代だ、皆といはずともせめて三分の二の直接工事費くらゐは鉄道側で支弁してほしい」と主張したかどうかも、大いに疑問の残るところである。

いずれにせよ、クロス問題の発生がどこに根差しているかをきちんと検証しようとせず、「大阪駅改築工事に、またしても一つ癌がふえた」と結論づけたこの記事は、明らかに阪急側にとって不利な報道であった。大正末期まで「民衆の大都会」大阪をともに形作ってきた

「新聞王国」と「私鉄王国」の関係が、破綻したことを示す記事といってもよい。
それを知った市民の反応については、阪急の鈴木祥六郎の次の回想が参考になる。「当社線降下に要する費用負担に関して鉄道省と当社の意見が相違し、又新聞紙ではいゝ加減なデマを飛ばして如何にも当社が無理を言つて居た様に世間から誤解を受けた事もありました」[16]。鈴木はこのような「誤解」が具体的にいつごろから現れたのかを明らかにしていないが、それはすでに、クロス問題が『大阪朝日新聞』の報道を通して表面化した一九三二年六月の時点から生じていたのではないか。

「流言蜚語録」

クロス問題に関する先の記事が出た二週間後の六月十八日、小林は直接東京の鉄道省に赴き、鉄道大臣の三土忠造（一八七一〜一九四八）に電化の中止と切り替えの再考慮を訴えた[17]。そして時を同じくして、小林は「流言蜚語録」と題する文章をひそかに執筆している。そこには次のような一節があった。

私は、今、日常の平凡生活において、見たり聞いたり、その片言隻語の中、どれだけが事実であり、どれだけが虚言であるかを知らない。新聞紙は記事差止めの命令を受けて、沈黙と同時に、大事件潜在の謎のやうな硯滴があらずもがなの○○を意識せしむるのである。そこに不安の念が高まる。いはゆる疑心暗鬼のデマが放送されるから、随分いかがはしい噂の種に花が咲いてゐるかも知れない。それだけこの種のエピソードは将来の参考品としての特種であるかもしれない。[18]

右の文章中の○○は、原文の伏せ字を意味しているが、おそらく「疑惑」ないし「誤解」であろう。当時の社会は、折からの不況に加えて、一九三二年二月から三月にかけて血盟団事件が、続いて五月に五・一五事件が起こるなど、政府や財界の要人を狙うテロが頻発しており、不安感が人びとの心を支配しつつあった。それにともない、しだいに根拠のないうわさやデマが飛び交うことが多くなる。[19] この文章も、一見したところでは当時のこうした不穏な世相に対する危機感を、小林独特の高揚した調子で表明したもののようである。[20]

だが見方によっては、クロス問題をめぐる公平を欠いた新聞報道にともなって、市民の間に誤解が生まれ、阪急に対する非難の声が寄せられてくることを、小林が早くも予感していた文章ともとれる。わざわざ東京に出向き、鉄道省に直接、切り替えの再考慮を訴えたのも、小林の切迫した心境を反映していたのである。もはや、旧態依然とした大阪駅をよそに、阪急梅田のターミナルが「ただひとり」発展を続けてゆくことを確信していた三年前までの小林の姿はどこにもなく、阪急の将来を憂える一人の経営者がいるだけといってよかった。

大阪駅に降り立つ天皇

国内でテロが頻発したこの時期、大陸では日本の関東軍が起こした戦争が、傀儡(かいらい)国家を誕生させていた。一九三一（昭和六）年九月に満洲事変が勃発して以降、東海道本線には軍用列車が大幅に増加していた。大阪駅は大陸に出征に赴く兵士や、戦地から帰還した兵士や遺骨を乗せた列車が多く行き交うようになり、次のような光景がしばしば見られるようになった。

大阪駅頭には早朝にもかゝはらず、見送りの在郷軍人、青年団学生その他出勤将士の近親、知己ら一千名がほの暗い下りフォームを埋め、（中略）出勤兵士の名を記した幟(のぼり)や本社旗などを打ふりつゝ待つうち、軍用列車は雨をついて入構、忽(たちま)ち起る万歳の怒濤とゝもに駅頭は到るところ感激と興奮の渦巻きだ。（『大阪朝日新聞』一九三二年四月十六日）

「民衆の大都会」大阪の、生活消費文化の総本山のすぐ脇で繰り広げられる出征や帰還の光景が、ここにはある。本来ならば「非日常」であるはずの光景が、この時期には日常化していたのである。

図式的な言い方をあえてすれば、「阪急クロス問題」が表面化した時代というのは、大阪と郊外を結ぶ関西私鉄がもっていた地域的、文化的（あるいは日常的）な諸価値に代わって、東京と大陸を結ぶ交通の大動脈であった東海道本線のもつ国家的、軍事的（あるいは非日常的）な諸価値が急浮上した時代でもあった。

そして一九三二（昭和七）年の十一月には、前章で触れたように昭和天皇の再度の大阪行幸があった。行幸の日程については後述するが、三年前とは異なり、東京から東海道本線を走る御召列車に乗り、東京を出発したその日に大阪に到着した。「畏き御身をもつて九時間以上も汽車に乗り続けさせ給うた御事は我国に於てはこの度が御初めて」（『大阪毎日新聞』十一月十日）。

このとき昭和天皇は、天皇として初めて、線路のない高架ホームと地上ホームが並んだ大阪駅の地上ホームに下車した。昭和大礼に際して、天皇が下車した名古屋駅や京都駅で見られた光景が、いよいよ大阪駅でも展開され、大阪駅が天皇を迎える玄関駅であることが、あらためて確認されるようになる。

この行幸で阪急は、御召列車が阪急高架線の下を通過する前に、梅田に発着する電車の運転をストップさせた。「阪急電車は十日の大阪御着輦当日、十五日の桃山御陵御参拝、十七日の御発輦当日にはお召列車御通過三十分前から中津梅田間の電車運転を中止し神戸線は十三で折返し運転を行ひ、宝塚線も十三、中津間の単線折返し運転を行ふことに決定した」（『大阪朝日新聞』十一月八日）。

これはもちろん、第三章で述べた「御召列車ノ警護ニ関スル件」第三十九条に基づく処置であったが、高架線はあっても、少なくとも御召列車が通過する三十分前までに、「往来ふ汽車を下に見」ることは不可能になっていたことがわかる。国鉄を使った天皇の大阪行幸は、東京を中心とする「帝国」の秩序が、「私鉄王国」の独自性を奪いつつあったことを示したのであった。

「新大阪駅の癌」――一方的報道

だが、阪急の鉄道省に対する抵抗は、翌年の一九三三（昭和八）年になっても止むことがなかった。このころになると、クロス問題は鉄道省の進める電化や高架化の工事を阻む「新大阪駅の癌」として新聞に報道されることが多くなり、人びとの間で広く知られるようになっていた。

たとえばこんな具合にである。

「新大阪駅の癌」懸案の阪急高架切替へ問題は、依然解決の曙光さへ見えず、来春二月の阪神間電化を前にして鉄道側は大きなヂレンマに陥り、前田大鉄局長、斎藤改良事務所長ら関係幹部連は鳩首、新対策発見につとめてゐる。（『大阪朝日新聞』四月二十六日）

一方、大阪市が御堂筋で行っていた高速鉄道（市営地下鉄）の建設は、土佐堀川の地下で浸水事故が起こるなどのトラブルもあったが順調に進み、この年の五月二十日には、まず梅田と心斎橋の間の三キロが開通した。途中駅は淀屋橋と本町であった。当日の関一の日記には、「十時ヨリ高速開通式ヲ淀屋橋南詰広路ニテ挙行　来賓千八百名　盛会ナリ」[21]とある。ただし、起点となる梅田駅は、大阪駅の改築工事が未完成であった影響を受け、本来の駅よりも南寄りの仮駅で営業を開始することになった[22]。

この地下鉄は、全国的には東京に次ぐ二番目の開業であった。しかし淀屋橋や心斎橋の駅に見られたような、天井を高くしたドーム型の駅空間や、天井から吊り下げられたきらびやかなシャンデリア、十両編成の電車が入線することのできる長いホーム、それに当時としては珍しい、ホームとコンコースを結ぶエスカレーターなどは、東京の地下鉄（東京地下鉄道）にはなかったものであった。これらの施設は、今日その先見性が高く評価されているが、昭和天皇が一九二九年と三二年の二度にわたり通った御堂筋の真下に地下鉄の線路が敷かれていたことは、注意しておくべきであろう。

この市営地下鉄の開通とは対照的に、鉄道省の電化や高架化の計画は、小林自身による鉄道省への直訴もあったせいか、大幅な見直しを迫られていた。クロス問題の未解決のために、当初吹田—須磨間に予定されていた東海道、山陽本線の電化予定区間は、大阪—須磨間に変更された。

電化が完成するはずの翌年二月には、近距離区間を走る電車（省電）だけが大阪駅の高架ホームを使用し、御召列車や軍用列車を含む中・長距離の汽車は、地上ホームを当面そのまま使うことに決められた。また電化と高架化の工事が完成した城東線も、東海道本線と同様に阪急の高架線と交差しているため、大阪駅の高架ホームを使えなくなることが判明した。[23]

これにともない、さまざまな問題が新たに発生した。先の『大阪朝日新聞』四月二十六日の記事では、「鉄道側が阪急切替問題未解決のために被る有形無形の損害」として、大阪―神崎（現・尼崎）間に当たる「下淀川鉄橋左岸において高架省電と地上東海道線との連絡工事の必要を生じ複線連絡のため二線乗越しの難工事に費用約八万円」のほか、以下の四つを挙げている。

一、城東高架線が新大阪駅高架プラットに入構できぬため臨時に葉村町(はむらちょう)附近に急勾配の降下施設を要した、その費用約三万円

二、東海道線の高架へ移転不可能のため淀川、大阪駅間の地上踏切りで鉄道事故多く、附近住民の阪急怨嗟(えんさ)の声が高い

三、新大阪駅改良工事に投下した約六百万円が無効力の遊費となり、その金利だけでも数十万円にのぼる

四、阪急問題未解決のため吹田、須磨間の電化計画は大阪、須磨間に短縮変更され、吹田方面からの通勤旅客の利便を奪失せしめる

この新聞報道自体に、誤りはなかったと思われる。だが一見してわかるように、ここではもっぱら、クロス問題の「被害者」としての鉄道省が受けた「損害」ばかりが列記され、阪

急側の言い分は少しも報道されていなかった。「阪急怨嗟の声」が沸き上がった背景に、ほかならぬ新聞のこうした一方的な報道姿勢があったことは、強調しておいてよい。

3　小林一三、社長を辞任す

阪急ごとき──「京阪省線電化期成同盟会」

一九三三（昭和八）年六月になると、阪急の抵抗に業を煮やした鉄道省大阪鉄道局内で、新たな動きが起こった。東海道本線の電化完成までにクロス問題が解決しそうにないと判断した同局が、大阪─神崎間で高架線と地上線をつなげ、大阪を発着する電車は高架の大阪駅に乗り入れるが、それ以外の列車はこれまで通り、地上の大阪駅を使用するための橋梁工事の着手を決めたのである。「この工事期間は六カ月を要するので遅くとも八月中に工事に着手しなければ阪神電化に間に合はず、さきに大鉄局から阪急に出した貸地返還通告の期限九月三十日を待たずして大阪改良事務所では橋梁建設準備に大童である」（『大阪朝日新聞』六月二十三日）。

しかし、このような本来不要なはずの工事が始まりそうなことを知った市民の反応は、阪急にますます不利に働いた。同年七月になると、東海道本線の京都─大阪間の沿線住民により結成された「京阪省線電化期成同盟会」が、大阪鉄道局に対して、クロス問題に屈することなく、当初の予定通りの東海道本線の電化と高架化を求める陳情書を提出した。その動きを、『大阪毎日新聞』では次のように記している。

省線京阪間電化計画実施が鉄道当局において決定した折柄、阪急切替問題は漸く沿線住民の輿論を刺激し京阪間各町村より成る「京阪省線電化期成同盟会」の代表斎藤大阪府議ほか十氏は十八日午前十一時大鉄局を訪れ片岡運輸課長、斎藤大阪改良事務所長に面接、約一万人調印の陳情書を提出し、一日も早く電化実施を希望したが、（中略）斎藤改良事務所長は「京阪間省電は少くも九年度中には開通の予定で準備を進めてゐるが阪急切替の如き一会社のために妨げられて国家交通機関が行き難んでゐることは御同様に遺憾であり、本省工務局が極力交渉中で、その内なんとか解決方法が講ぜられると思ふ」と語り、一同も当局の意を諒して引あげた。（『大阪毎日新聞』一九三三年七月十九日）

右の引用文中の「阪急切替の如き一会社のために妨げられて国家交通機関が行き難んでゐる」という表現に、特に注目したい。鉄道省大阪改良事務所長が実際にその通り言ったかどうかはひとまず措くとして、ここでは「阪急切替の如き一会社」と「国家交通機関」が対比され、前者が悪玉、後者が善玉としてみごとに色分けされている。

問題は、こうした報道が読者に対して与えるイメージや思い込みである。ここにもやはり、先の『大阪朝日新聞』の記事と同様に、「新聞紙が興味本位に書き立てるに至りましたので問題が益々紛糾致しまして世間一般から阪急は非常に無理を申出、又法外な費用を要求して、省線の高架を阻止して居る様に誤解さるに至りました」[24]という阪急の鈴木祥六郎の回想を裏付ける記述が見られるといってよい。

完全敗北

こうして一九三三（昭和八）年七月末には、世論の高まりに押されるようにして、阪急が鉄道省に歩み寄りを見せた。阪急顧問の岡野昇（おかののぼる）（一八七六〜一九四九）や専務の上田寧（うえだやすし）（一八七三〜一九四九）らの決断により、八月に阪急がついに譲歩したのである。[25]

これにより、鉄道省側の要求が貫徹され、阪急の高架線が除去されるとともに、懸案の東海道本線の吹田―須磨間の電化と大阪駅付近の高架化が実現されることになった。時を同じくして、神戸線の終点である三宮への高架乗り入れを勝ち取ったのとは対照的に、阪急はクロス問題では主張を貫徹させることができず、完全な敗北に終わった。

このことに関連して、「癌は解消した」「『公衆第一』の勝利」の見出しが掲げられた『大阪朝日新聞』の記事を、次に引用しよう。

かねて鉄道省と阪急電鉄会社との間に係争を続けてゐた大阪駅構内の線路交叉地点の切替問題は、その後阪急会社顧問岡野昇氏と鉄道省久保田次官、大槻監察官らの間に種々解決案について折衝を続けてゐたが、鉄道省側ではあくまで無条件解決を主張して譲らず、また地元民も阪急会社が承諾せぬため同附近の鉄道省電化工事遅延のため被むる迷惑に憤慨し、漸次(ぜんじ)輿論の沸騰を見つゝあつたため、阪急側では遂に譲歩し、結局岡野氏と鉄道省側との間に本問題について一切無条件解決の解決案進行し、今週中に阪急会社首脳部との協議をまとめ一切の解決を見ることゝなつた。(『大阪朝日新聞』八月二日夕刊)

こうしてようやく、クロス問題は解決を見た。一番の問題とされた切り替えにともなう費用の負担も、阪急が全面的に負担するのではなく、「互譲の精神で双方の工事を双方で負担することに決し」(『大阪朝日新聞』八月三日)た。その点では、阪急は鉄道省に対して譲歩しながらも、一矢を報いたといえるかもしれない。

民衆自身に裏切られ——小林の社長辞任

しかし結局阪急は、あくまで国鉄の高架に固執した鉄道省に押し切られただけでなかった。

小林は創業二十五周年を記念して一九三二(昭和七)年十月に出された『阪神急行電鉄二十五年史』のなかで、「この先長い長い此会社の前途は実際どうなるでせう」と問いかけ、「此会社の繁栄策から見て、どの方針をとることが、一番利益になるだらうか、といふやうな実際問題を考へて見ると、私は此会社を思ひ切つて公衆(即ち御乗客)に開放することが一番利益なのではないだらうかと考へるのである」と答えていたが[26]、それから十ヵ月後のクロス問題の敗北は、創業以来最も頼りにしていたはずの、大阪の民衆自身に裏切られ、その信用を失うという禍根を残すことになった。クロス問題の解決が阪急にもたらした代償は、あまりにも大きかった。

阪急と国鉄との高架切り替え工事

一九三四年一月、阪急の敗北を見届けた小林一三は、社長を辞任して会長となり、活動の主力を大阪から東京へ移してゆく。その後の小林は、半官半民の満鉄（南満洲鉄道株式会社）を除けば当時の日本で最大の民間会社で、一九二七年以来経営に関わっていた東京電灯（現・東京電力）の社長として、電力事業に専念し、鉄道事業から離れてゆくことになる。小林の辞任後、阪急の社長はしばらく空席のままだったが、一九三六年八月には、クロス問題の解決に腐心した副社長の上田寧が社長となった[27]。しかしその二ヵ月後には、小林が会長を辞めるとともに、上田も社長の職を退いた。こうして小林が築き上げた阪急の、一つの時代が幕を下ろした。

「鉄道未曾有の大工事」

国鉄と阪急の高架切り替え工事は、小林の社長辞任から四ヵ月あまりがたった一九三四（昭和九）年五月三十一日深夜から、六月一日未明にかけて行われた[28]。双方のダイヤに支障をきたすことなく、一夜のうちに国鉄の線路を地上から高架へ、阪急の線路を高架から地上へと移しかえる「鉄道未曾有の大工事」（『大阪朝日新聞』五月三十一日）であった（図8を参照）。

ちなみに当時、京都の第三高等学校の二年生だった細江正章（ほそえまさあき）は、このときの模様を後に「大阪駅のすぐ東は、もう高架の土台が完成していて、橋げたとレールを渡すばかりになっていましたね。そばでは、阪急線

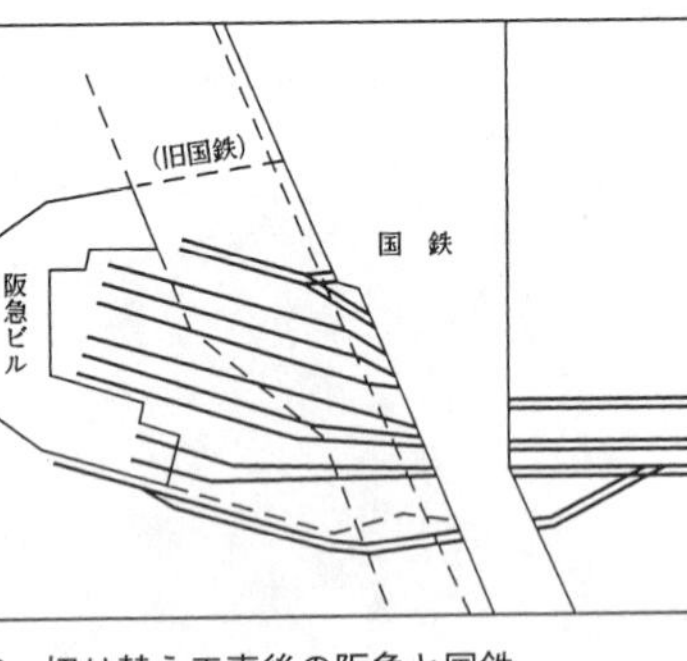

図8　切り替え工事後の阪急と国鉄

の上に架ける巨大な橋げたや、大きなクレーン車などが何万燭かの投光器の光線に照らされてましたよ。満艦飾をほどこした軍艦の甲板もこうは明るくなかったでしょうな。国鉄や阪急の従業員が、二千人も出て忙しく立ち回っていました[29]」と回想している。

ではこの切り替え工事を、鉄道省と阪急の当事者は、それぞれどう見ていたであろうか。鉄道省大阪改良事務所長の古谷晋（ふるやすすむ）と、阪急副社長の上田寧の言葉を、次に引用しよう。

【鉄道省】

時は五月三十一日午後十一時四十分、阪急当局に於て擲却(てっきゃく)を開始した。次(つい)で架空線の切断取除きも完了して、見る間に地上は清浄された。既に省鉄桁架設に支障物は一物も残

（上）急ピッチで高架改築中の大阪駅（1934年5月10日）
（下）1934年5月31日深夜、梅田駅構内で切り替え工事を視察・督励する小林一三。社長を退いた彼の胸中に去来する思いは、はたしてどのようなものだったのか。

さざるに至つた。此の間僅(わず)かに十七分間、十一時五十七分、桁架開始の命令伝はり、鉄桁の空間送り出し開始となつたのである。(中略)偖(さ)て以上は何がさうさせたか、両者の仕事に対する真剣さが一致した結果だ、誠と誠の合致した結果だ、省社間をも此の真剣の仕事の前には真の協力一致が実現したのであつて実に愉快に感じた。[30]

【阪急】

鉄道省の方でも阪急の立場はよく諒解してくれた。阪急は決して省線電化を侵害するなどの意思をもつてゐたわけではなかつたのだ、阪急といふものゝ立場、その意思を正当に理解さへしてくれゝば金など問題でなかつた、だからこんども奇麗さつぱりと無条件解決だ。[31]

鉄道省側が阪急との「真の協力一致が実現した」ことを喜んだかと思えば、阪急側もまた「鉄道省の方でも阪急の立場はよく諒解してくれた」と述べ、過去の経緯を一切水に流している。

秩父宮の「満洲国」訪問

一九二九年の大阪行幸で「官民協力」を期待した昭和天皇の言葉が、ここにまざまざとよみがえってくる。また阪急の梅田ターミナルは、高架駅から地上駅になることで、「階段の必要もなく全く乗降客本位の停車場」[32]となったという意見が、いまや阪急の社内から堂々と

高架となった大阪駅ホーム

唱えられるようになる。こうして小林の長年の持論であった高架論は、当の阪急内部からも支持者を失うに至った。

そして六月一日、大阪ゆきの国鉄の一番列車が、完成したばかりの高架線を通過した。この列車にわざわざ乗り込んだ細江正章は、「『夕べ高架線になりました。駅の勝手も違いますからご注意ください』と、車掌がいいに来ましたな。すると、みんな窓を開けて。淀川を越すと、高架です。徹夜の工事関係者が線路横で、拍手している。ぼくも、列車の乗客も、窓から身を乗り出して一斉に拍手です。駅のホームに入る、また双方で大拍手」と回想している[33]。

鉄道省や阪急の関係者に加えて、沿線住民による拍手喝采を浴びながら、切り替え工事が無事終了したのである。

その翌日、昭和天皇の名代として、「満洲国」の首都新京（現・長春）に向かう天皇の実弟、秩(ちち)

父宮雍仁（ちちぶのみややすひと）（一九〇二～五三）を乗せた御召列車が、東京駅を出発した。

この列車は、六月三日の午前四時四十分ころ、阪急の地上線を見下ろすようにして新しい東海道本線の高架線を通り、新装成った早朝の大阪駅に途中停車したが、「大阪駅では新装の高架フォームにはじめて迎へ奉る特別御召列車のことゝて特に清粧を凝らし、晴れの第六番フォームには（中略）約五百名整列して御召列車到着を御待ち申上げた」（『大阪朝日新聞』六月三日臨時夕刊）。

大陸に向かって広がる「帝国」の秩序の一層の拡大と、それに包摂される「私鉄王国」の運命を暗示する出来事であった。

第六章　「帝都」としての大阪

1　大阪市民たるもの

三浦周行・魚澄惣五郎・徳富蘇峰

こうして、「私鉄王国」の象徴であった阪急梅田の高架線は、消滅した。その背景には、大正から昭和へという大きな時代の変化、より具体的にいえば、昭和大礼に続く昭和天皇の二度にわたる大阪行幸が、大きな影を落としていた。

天皇の登場と時を同じくして起こったクロス問題は、大阪にもともとあった二つの風土の違いをあらわにしてゆくことになる。いささか象徴論的に述べれば、一九三三年八月のクロス問題の解決とともに、近代的な合理精神や反官の思想を貫く旧淀川以北のキタの風土、すなわち阪急沿線の風土が後退し、それに代わって古代以来の王権の歴史に彩られた旧淀川以南のミナミの風土、すなわち南海や大軌沿線の風土が、急速に浮上してゆくのである。

しかしこのような動きは、クロス問題の解決を待たずとも、すでにこの問題が明るみに出た時点で、関西在住の歴史学者や、大阪の新聞で健筆を揮（ふる）ったジャーナリストたちにより思想的に準備されていた。彼らはみな、一九二九年六月の天皇行幸を前に、大阪と皇室との歴史的な関係を説き、大阪が経済の中心や「民衆の大都会」である以前に、ここが古代王権の都がおかれた地であったことを主張することで、近代の「帝都」東京に対する古代の「帝都」大阪という意識を市民の間に呼び起こすようになる。

本章ではまず、歴史学者の代表として三浦周行（一八七一～一九三一）と魚澄惣五郎（一八八九～一九五九）を、またジャーナリストの代表として徳富蘇峰（一八六三～一九五七）を、それぞれ取り上げることにしたい。

「難波津と皇室」

三浦周行は昭和天皇が即位した当時、京都帝国大学文学部教授で、日本法制史の権威的存在であったが、必ずしも象牙の塔に閉じこもるタイプの学者ではなく、むしろ現実の社会とのつながりを大切にしながら、「本務の講義・論文発表だけでなく、研究成果をたえず社会に普及し、啓発につとめたのは（中略）三浦史学のひとつの重要な特徴として指摘される」[1]。

とりわけこの傾向は、三浦の晩年に当たる昭和初期に強く見られ、一九二八年十二月に大阪の中之島中央公会堂で行われた「御大典奉祝記念講演会」では、法学者の尾佐竹猛（一八八〇～一九四六）とともに壇上に立ち、「難波津と皇室」という題名で講演している。

このときの内容は、翌年二月に出された大阪都市協会発行の『大大阪』第五巻第二号に掲載され、多くの市民の知るところとなった。そのなかで三浦は、次のような学者にしては平易な文章をもって、市民に大阪の歴史を語りかけている。

難波津と皇室関係との第一頁は早くも此御大礼の起源を開かせられた神武天皇御東征の記事に始まるのである。即ち天皇は御東征の時、舳艫相接して難波崎に至られたのであつて、其時潮流が殊に急で早かつたから、浪速の国といふ国名を附けられ、それが後に訛つて難波となつたと伝へられてゐる。されば天皇が大業を御開きになる為めに畿内地方へ御到着にならせられたのは難波津が実に其最初であらせられたのである。天皇の御東征の記録の畿内に関する限り、難波の名が燦として輝くべき光栄を永久に有する事を思へば大阪市民たるもの、神武天皇に起源を有つところの御大礼について絶大の誇を覚ゆると同時に人一倍奉祝紀念についても、其誠意を捧げなければならないと思はれる。(2)

三浦のこのような認識は、一九二三（大正十二）年に記された「法制史上より観たる大阪」で、大阪の歴史を四つに分け、その第一期を「皇都であった時代」として以来のものであり、必ずしも昭和になって初めて出て来たものではない(3)。ただしここで注目すべきは、引用文中の最後の「大阪市民たるもの」から「と思はれる」にかけての一文である。

三浦は、上古の大阪と昭和初期の大阪をオーバーラップさせ、昭和大礼の起源を神武東征に求めている。そしてこの建国にまでさかのぼることのできる大礼に対して、市民が「絶大の誇」をもつとともに、奉祝の「誠意を捧げ」る必要を説いている。こうした講演が、忘れられていた大阪と皇室との深いつながりを大阪市民に思い起こさせ、市民の昭和天皇に対する崇敬の念を高めるのに貢献したことは、想像に難くない。

「皇室と大阪」

一方、魚澄惣五郎は、三浦より十八歳若く、当時は大阪府立女子専門学校の教授であった。専門は日本文化史や日本中世史であるが、大阪の歴史にも詳しく、昭和天皇の行幸を目前に控えた一九二九年五月に発行された『大大阪』第五巻第五号に、やはり「皇室と大阪――その二三について」と題する啓蒙記事を寄せている。

このなかで魚澄は、三浦と同じく、古代の大阪が「帝都」であったことを強調し、その例として『日本書紀』に記された応神天皇の難波大隅宮(なにわのおおすみのみや)、仁徳天皇の難波高津宮(たかつのみや)、孝徳天皇(五九六～六五四)の難波長柄豊碕宮(ながらのとよさきのみや)などを挙げながら、次のように述べている。

かくの如く大阪の地方が古代に於ける帝都として、屢々(しばしば)治定されてゐたことは、今日の大大阪発達の根源を物語るもので、帝都たるの光栄を担ふに伴ふてこの地方が、それぞれ文化的にも恵まれることが多かつたことゝ思はれる。元来日本文化の発祥地は大和川の流域を出なかつたものであるから、その河口に当つてゐたわが大阪の古地は、比較的早く発達を遂げ、朝廷でもこの地方の産業等に特に意を用ゐられたことゝ思ふ。(4)

魚澄は、昭和初期における「大大阪発達の根源」として、「大阪の地方が古代に於ける帝都として、屢々治定されてゐたこと」を挙げている。やはりここにも、三浦と同じく、古代の大阪と当時の大阪を結び付ける発想が見られる。三浦の講演を補強する内容になっているといってよい。

このように『大大阪』では、昭和大礼が行われた一九二八年十一月から、天皇が大阪を訪問する一九二九年六月にかけての時期を前後に、それまでの大阪の都市計画に関する記事に代わって、天皇行幸や皇室の歴史に関する記事がにわかに増えてゆく。それを記した人物のなかには、学者だけでなく、市長の関一自身も含まれていた。関は、一九二九年の行幸に関してだけでも、『大大阪』に「行幸を迎へ奉る」「大阪行幸を追想し奉る」と題する記事を執筆するなど、市民に対して行幸の意義を強調したのであった。

徳富蘇峰、大阪毎日新聞社の社賓となる

徳富蘇峰は、いわずと知れた明治、大正、昭和の三代にわたる大ジャーナリストである。一八九〇（明治二十三）年に東京で国民新聞社を創業して以来、一九二九年一月まで同社社長を務めたが、この間の経緯は、彼自身の言葉を借りれば、「不肖は帝国議会開設以前、藩閥専横の時に際し、平民主義を唱道した。明治の末期より大正、昭和の時代に至り、党争激甚、国民その向ふ所に惑ふの日において、皇室中心主義を高調し、且しつゝある」[5]ということになる。

国民新聞社を辞めた蘇峰のもとに、ジャーナリストとしての活動を期待する新聞社からの勧誘が相次いだが、結局同年四月に、「予は一君万民の皇室中心主義であることにおいて、果して『大阪毎日新聞』と、同主義であるか否か」[6]などを確認した上で、大阪毎日新聞社の社賓となった。ちなみに四月一日の社告には、「筆政界の第一人者徳富蘇峰先生を迎ふ、社賓として本紙に麗筆を揮ふ」[7]とある。

そして四日からは、『国民新聞』に連載していた「近世日本国民史」を『大阪毎日新聞』の朝刊に、時論その他を同じく夕刊に連載しはじめた。これにより蘇峰は、初めて大阪の新聞で論陣を張ることになったが、三浦や魚澄とは異なり、関西地域に本拠地を移したわけではなく、依然として東京で記事を書いていた。

しかしもちろん、このことは当時の蘇峰が、大阪に関心をもっていなかったことを意味しない。それどころか彼は、この日本一の大都市について並々ならぬ関心をもっていた。たとえば四月十四日の大阪毎日新聞社社賓披露会での挨拶で、彼はこう述べている。

私は(中略)一方に於いては、大阪の物質の進歩が、天下を圧するほど、精神界に於いても、天下の人心を指導するところのものが、大阪より始まらんことを祈つてやまぬ次第であります。(中略)幾年かの後にはこの徳富にも大阪の市民権をやつてもよからうといふやうな御評議になるくらゐに、私も誠心誠意をもつて大阪のために尽したいと思ふのであります。[8]

文中に明らかなように、蘇峰は、大阪では「物質の進歩」に比して、「精神界」における「天下の人心を指導するところのもの」が追いついていないと認識している。したがって「誠心誠意をもつて大阪のために尽したいと思ふのであります」というのは、蘇峰のいう大阪における「精神界」が、「物質の進歩」に匹敵するだけのものになるように努力したいという意味ととれる。だがここでいう「精神界」が具体的に何を意味するのかは、いま一つはっきりしない。

「今上天皇陛下を奉迎す」

蘇峰が大阪毎日新聞に移ってまもなく、彼の思想の本領を発揮する絶好の機会が訪れた。いうまでもなく、同年六月の昭和天皇の大阪行幸である。蘇峰は、天皇が大阪に到着した日の同紙の夕刊に寄せた「今上天皇陛下を奉迎す」と題する文章のなかで、次のように述べていた。

抑も大阪は現代に於ける、帝国商工業の中枢、金融の軌軸、内外貿易の核心たるのみならず、我が帝国の最大要地として、歴史的に最も顕著の一である。（中略）日本開国の当初より、上古の史上に於て、大阪は我が皇室にも、又た我が帝国の文化にも、甚深甚大の縁故があつた。吾人は昭和の御代に於て、吾皇の行幸を此地に奉迎するに際して、坐ろに蒼茫たる千古の感慨が、我が胸間に湧くを覚ゆ。（中略）由来商工業隆昌の地は、動もすれば物質万能に偏し、随て或は往々にして其の反動や人心を駆りて詭激極端に趨らしむる虞れがある。但だ我が大阪市は、物質の覇都たると与に、亦た帝国文化の都府たり。（中略）吾人は聖駕親臨の今日を画時期として、大阪市民と与に、大阪をして更らに帝国の尊皇愛国思想の中心たらしめんことを期せねばならぬ。而して此れが大阪市民の本領であり、此れが大阪市民の誇りであらねばならぬ。（『大阪毎日新聞』昭和四年六月四日夕刊）

蘇峰は、『日本書紀』に描かれた神武東征や仁徳天皇の難波遷都をあげながら、建国以来の皇室と大阪との深い関係について述べるとともに、いままた昭和天皇が大阪を訪問するに当たって「蒼茫たる千古の感慨」が湧き上がってくることを告白している。ここでも、三浦や魚澄と同様に、上古の大阪と昭和初期の大阪が、意識的にオーバーラップされているのである。

さらに注意すべきは、引用文中における「覇都」と「都府」という言葉の組み合わせからもわかるように、近代以降に成立した「物質の覇都」と、上古以来の「帝国文化の都府」が対比されながら、後者の重要性が説かれ、「大阪をして更らに帝国の尊皇愛国思想の中心たらしめ」ることが「大阪市民の本領」とされていることである。

ここには、先に蘇峰が述べていた「精神界」の具体的中身が明らかにされている。すなわち、彼の長年の思想であった「皇室中心主義」を、昭和天皇の行幸を契機として、従来それが比較的薄かった大阪市民の間に本格的に浸透させようというのである。当時の蘇峰は、すでに大ジャーナリストとしての名声を確立していたが、彼の文章が発行部数十九万部の『国民新聞』ではなく、発行部数約二百二十万部の『大阪毎日新聞』に掲載されたことのもつ意味は、きわめて大きかった(9)。

このように、一九二九年六月の大阪行幸は、皇室と大阪の歴史的な関係を強調する歴史学者やジャーナリストによる市民への大々的な「教化」を経て行われたものであった。ここに至って、第四章で引用した行幸に随行した内大臣、牧野伸顕の観察が正確を欠くものであったことがわかる。牧野は、大阪市民の奉迎ぶりを見て、大阪は「皇室に縁故浅」いにもかかわらず「皇室尊崇の信念濃厚なる」ことを驚きをこめて日記に書き留めたが、実態はむしろその逆であった。市民の丁重な態度は、古代における大阪と皇室の縁故が意外にも深いことを知った彼らの感情が、そのままあらわれた結果ともいえるからである。

2　天皇のまなざし

一九三二年の行幸

このように一九二九（昭和四）年六月の行幸では、それを前にして大阪が古代王権の「帝都」であったことを強調する言説が、関西在住の知識人や有力なジャーナリストを媒介として一つの世論を形成していたわけであるが、これに対して一九三二年の行幸では、大阪全体を東京と並ぶ近代の「帝都」に見立てる「上」からの戦略が、よりあらわな形で現れた。「帝都」東京で見られた光景が、大阪でも本格的に見られるようになるのである。

行幸の決定は、同年の三月八日であった。参謀本部はこの日、正式に大阪府ならびに奈良県下において、「十一月九日演習部隊集合、十一日より十三日演習実施、十四日観兵式」の日程を公表した。[10] ただし前述したように、この行幸は陸軍特別大演習の統監だけを目的とするものではなかった。神武天皇陵、伏見桃山陵の参拝と、大阪市内の視察の目的を同時に兼ねたものであった。ちなみに特別大演習の後に統監した地方を視察するのは、このときが初めてではなく、昭和初期の行幸の一つの特徴になっていた。

注目点は三つ！

では、行幸の具体的日程はどのようなものであったか。以下、それを天皇が大阪駅に到着した時点から記すことにしよう。

・十一月十日
午後四時二十五分、大阪駅着。四時四十三分、大本営（第四師団司令部）着、泊。
・十一月十一日
午前九時四十二分、大本営を出発。九時五十分、大軌・上本町駅着。九時五十三分三十秒、上本町を出発。十時三十分、神武御陵前着。神武天皇陵参拝。十時五十二分、神武御陵前発。十一時十四分、天理着。十一時三十分、乗鞍山野外統監部着。大演習を統監。午後一時十五分、野外統監部発。二時二十八分、二階堂発。三時十七分、上本町着。三時二十九分、大本営着、泊。

・十一月十二日

風邪のため演習地での統監取りやめ。

・十一月十三日

午後一時五分、大本営を出発。一時二十分、南海・難波駅着。一時二十五分、難波発。一時四十二分、堺東（さかいひがし）着。一時四十七分、講評場（堺中学校）着。三時十五分、講評場発。三時二十分、堺東発。三時三十七分、難波着。四時五分、大本営着、泊。

・十一月十四日

午前九時、大本営発。九時九分、城東練兵場着。観兵式閲兵。九時三十三分、練兵場発。九時四十分、大本営着。午後一時、大本営発。一時七分、歩兵第八連隊内賜饌（しせん）場着。一時二十二分、賜饌場発。一時三十分、大本営着、泊。

・十一月十五日

午前九時十七分、師団司令部発。九時三十分、大阪駅着。九時三十三分十五秒、大阪発。十時二十五分、桃山着。伏見桃山陵参拝。十一時五分、桃山発。十一時五十五分、大阪着。午後零時十分、師団司令部着。一時五十分、師団司令部発。一時五十四分、大阪府庁着。二時五十七分、府庁発。三時、輜重兵第四大隊営庭着。三時十八分、師団司令部着、泊。

・十一月十六日

午前九時、師団司令部発。九時十四分、工業奨励館着。十時五十分、貿易館着。午後零時五分、貿易館発。零時十分、師団司令部着。午後二時、師団司令部発。二時十分、城東練兵場着。親閲式に臨む。三時二十四分、練兵場発。四時、大阪城天守閣着。四時四十五分、師団司令部着、泊。

・十一月十七日

午前七時五十七分、師団司令部発。八時十分、大阪発。東京に帰る。(11)

この行幸で注目すべき点は、大きく分けて三つある。第一に、大演習を終えた後も、天皇が兵士だけでなく、その他の多くの市民を集めた会場に二度も現れていることである。第二に、天皇が初めて、復興された大阪城天守閣に登っていることである。第三に、これも初めて、天皇が関西私鉄に乗っていることである。

このうち、本論との関係で最も重要なのは、いうまでもなく第三の点であるが、まずは第一と第二の点について触れておきたい。

城東練兵場での親閲

多くの市民が集まる大阪市内の公園や広場に、天皇が生身の姿で現れるという形式自体は、前述した一九二五（大正十四）年の行啓や一九二九（昭和四）年の行幸にも見られたものである。具体的にいえば、前者の行啓では天王寺公園が、後者の行幸では大手門前奉迎場がそうした場所に当たり、それぞれ二万人と二万五千人もの市民が集まった。さらに二九年の行幸では、宮城前広場に相当する城東練兵場で行われた親閲式で、近畿地方の二府五県から選ばれた男女学生や青年団員、在郷軍人ら約十二万人が集まった。

一九三二（昭和七）年の行幸でも、天皇は十一月十六日に城東練兵場で行われた親閲式に臨んでいる。この親閲式では、再び近畿地方の二府五県から選ばれた学生生徒や青年団員ら約八万九千人が集まり、分列式や君が代の斉唱、万歳三唱などを行った。

二九年の親閲式と合わせると、城東練兵場に集まった人数は二十万人を超えた。同時代の宮城前広場でも、これほど大規模な親閲式が続けて行われたことはなかった。台座に乗って生身の身体をさらす天皇の面前で分列式を行う一人一人の「臣民」には、挙手の礼でこたえる天皇の具体的な視線が注がれたのである。

二つの親閲式を通して、城東練兵場は「君民一体」を可視化する政治空間となった。「民都」大阪でも「帝都」東京同様、市の中心部で「国体」が目に見えるものとなったのである。

行幸の翌年、1933年2月11日、大阪市中之島公園でひらかれた紀元節建国祭に集まった大阪市民。

大阪城天守閣への登臨

次に、十一月十六日の大阪城天守閣への登臨について見てみよう。

前述したように、当時の大阪城は市民の公園として一般開放されていたが、このときは陸軍側のつけた条件が適用され、市長や報道陣など関係者を除いて、市民の城内への立ち入りが禁止された。城東練兵場が宮城前広場だとすれば、大阪城はまさに宮城となり、天皇はこの市内で最も高いところから、変貌著しい大阪の市街を見下ろしている。

その模様は、次のようであった。

> 雲低く垂れて生駒、金剛の連山は見えねど、帯と流るゝ淀川から大阪港、天王寺の塔もかすかに見え、黒煙立ちのぼる商工都市の面影を如実に映しだす景に陛下はじつと玉歩をとゞめさせ給ひ、関市長が一々申しあげる御説明を御熱心に聞こし召され、殊に一時間前御親閲を賜うた城東練兵場になほ数万の若人が立ちならぶ壮観を親しく御俯瞰あそば

され御微笑さへ拝されたが、廻廊に立たせ給ふ御英姿こそ仁徳天皇の御製を偲びまゐらせ側近者はいづれも襟をたゞした。(『大阪毎日新聞』一九三二年十一月十七日)

このとき、天皇の眼下に広がっていたのは、「帯と流るゝ淀川から大阪港、天王寺の塔」や、「なほ数万の若人が立ちならぶ」城東練兵場だけではなかったはずである。建設工事が進められていた御堂筋や大阪駅、それに「私鉄王国」のターミナルの位置を示す梅田の阪急百貨店や、南海難波の高島屋百貨店なども、視界のなかに入っていたであろう。

そこには、中心に二重の堀をめぐらした巨大な宮城があり、その周囲を取り巻くようにして曲線状に道路が作られた東京とはまったく異なる、碁盤の目のように規則正しく仕切られた都市空間が広がっていたものと思われる。先の城東練兵場での親閲式で、天皇から分列式を行う人びとに向かって注がれたまなざしが具体的視線であるとすれば、大阪城天守閣への登臨は、天皇が大阪の都市空間そのものを一望のもとに見下ろす、抽象的な視線を獲得したことを意味していた。昭和天皇は、二つの視線を巧みに使い分けることで、大阪に「帝国」の縮図と呼ぶべき政治空間を現出させたのである。

再現された「国見」

大阪の中心部に、近代の「帝都」で見られる空間が現れたことは、「大正」を忘却し、昭和天皇を明治天皇の記憶に重ね合わせようとする当時の国家的な戦略とも一致していた。

しかし昭和天皇を迎えた市民の間では、なおも古代の「帝都」の記憶が生き続けていた。先に引用した『大阪毎日新聞』の記事における「仁徳天皇の御製」という言葉は、実際には舒明天皇の作である「天の香具山、騰り立ち、国見をすれば、国原は、煙立ち立つ」という『万葉集』巻一の長歌を指していると思われるが、昭和天皇が明治天皇でなく、大阪城に近い難波高津宮に都をおいた古代の仁徳天皇に重ね合わされていたことを物語っている。

この長歌に出てくる「国見」というのは、古代の大王による行幸において、支配領域を展望することができる山や丘に登り、国を望み見る行為を意味するが[12]、とりわけ大阪では、『日本書紀』巻第十一に「天皇、台の上に居しまして、遠に望みたまふに、烟気多に起つ。是の日に、皇后に語りて曰はく、『朕、既に富めり。更に愁無し』とのたまふ[13]」と記されているところの、仁徳天皇の国見が有名であった。天守閣に登り市内を見下ろすという昭和天皇の政治的行為が、仁徳天皇の国見を思い起こさせたのである[14]。

天皇に随行して天守閣を案内した関一も、その一人であった。彼はこう述べている。

> 畏くも、八階から一階まで、実に百六十四段の階段を一々玉歩を運ばせ給ひ、約四十分にわたり、いと御熱心に御巡覧遊ばされ、ために、御時間も、御予定より少しく延びましたことは、恐懼に堪へぬ次第でありまして、大阪市勢を高きやよりみそなはせ給ひしこの光栄こそは、そのかみの仁徳帝の御仁慈を偲び奉りいひ知れぬ感激の念に打たれました[15]。

「仁徳帝の御仁慈」という関の言葉から浮かび上がってくる天皇像は、近代の「帝都」東京に都を構える大元帥というよりは、むしろ古代の「帝都」大阪に都を構えるかつての儒教的な聖人のイメージといってよい。このような関の古代的な天皇観が、一九二九年の行幸に際して古代大阪と皇室の関係を強調した三浦周行や魚澄惣五郎、徳富蘇峰らの言説の延長線上に位置していることは、いうまでもなかろう。

3　一生一代の御奉公

画期的——行幸に大軌、南海を使用

しかしながら、一九三二（昭和七）年の行幸で最も注目すべきは、昭和天皇が初めて関西私鉄に乗っていることである。天皇が陸軍特別大演習の統監や神武天皇陵の参拝におもむくのに、「私鉄王国」の内部にまで入り込み、本来東京から直通の御召列車が乗り入れることができないはずの関西私鉄を利用したのである。

具体的には、大阪電気軌道の上本町―神武御陵前（現・畝傍御陵前）、神武御陵前―天理、二階堂―上本町間と、南海鉄道の難波―堺東（さかいひがし）間に、国鉄の御召列車ではなく、それぞれの私鉄会社が独自に製作した御召電車が走った。これらの私鉄の沿線は、第二章で述べたように天皇陵や古墳が多く、古代王権が行幸を繰り返した地域に当たっていた。このこと

が、ミナミの風土を一層浮上させる結果をもたらしたことはいうまでもない。

昭和天皇の行幸で私鉄を利用すること自体は初めてではなかったが、それまでは東海地方や山陽地方の、国鉄が走っていない地域に限られていた。これに対して今回は、大阪と畝傍や天理（丹波市(たんばいち)）の間に国鉄の関西本線や桜井線（後述する大軌の桜井線とは別）が走っているにもかかわらず、私鉄が全面的に利用されることに決まったのである。画期的なことであった。たしかに大阪から畝傍や天理に行くには、全線電化され、距離も短い大軌を利用した方が、国鉄よりもはるかに速かった。

当社無上の光栄

宮内省をはじめ、参謀本部、鉄道省、逓信省関係者による大軌や南海沿線の現地視察が始まったのは、同年四月のことであった。四月六日には関係者が上本町の大軌本社に集まって「御召列車運転準備打合会」を開き、「先ヅ桜井、畝傍、奈良線等大軌全線ニ亘ル綿密ナル現場視察」を行い、翌七日には同じく南海難波駅に集合して「同駅ヨリ堺東駅ニ至ル区間ヲ実地視察」した[16]。

さらに六月下旬になると、鉄道省関係者や府職員による一層綿密な調査が沿線で始まり、大軌や南海の各駅をはじめ、御召電車が通過する区間では、徒歩による点検のほか、ポイントや枕木の交換、踏切の遮断機の改良などが行われた[17]。鉄道省から見て、国鉄よりも質的に劣る私鉄の線路を、御召電車が走るのにふさわしい線路にしようとする意図を読み取ることができる。

陸軍特別大演習が近づくにつれ、大軌や南海職員の緊張はいやが上にも高まっていった。昭和天皇が関西私鉄に初めて乗車する日まであと約一ヵ月に迫った一九三二年十月四日、大軌社長の金森又一郎（一八七三〜一九三七）は、社員一同に対して次のような訓示を出している。

天皇を迎えた上本町の大軌ビルヂング

大元帥陛下に於かせられましては、今秋の陸軍特別大演習のため、当社沿線に行幸あらせられ、畏れ多くも当社の電車に御召し遊ばされるといふ御内旨を拝しましたことは、当社無上の光栄でありまして、洵に恐懼感激に禁へぬ所であります。（中略）斯くて一路御平安に行幸を畢らせらるゝことを御祈りして止まぬ次第でありますが、諸君は其の責任の重大なる事を深く心の底に打込んで、一生一代の御奉公の決心を以て、全社一致の努力を払はれむことを切望する次第であります。(18)

金森の「一生一代の御奉公の決心」という大仰な言葉

は、「一旦緩急アレハ義勇公ニ奉シ、以テ天壌無窮ノ皇運ヲ扶翼スヘシ」という、当時学校でさかんに暗唱されていた教育勅語の一節に通じるものがある。「私鉄王国」のターミナルの一つである上本町から、天皇が大軌の電車に乗るという、創業以来予想だにできなかった機会が訪れようとしていることにともなう緊張感が、ここにはよくあらわれている。このあと、十一月五日には国鉄同様、本番さながらの試運転が行われ、大軌や南海職員に「御奉公の決心」に向けての覚悟を促した。

四十五度の最敬礼

天皇が実際に大軌と南海に乗った十一月十一日と十三日のスケジュールについては、すでに述べたので繰り返さない。これら両日、上本町や難波のターミナルはもちろん、天理のようなもう一つの終端駅でも、本書の冒頭に述べた東京駅と同じような光景が現れた。御召電車の到着を前にした大軌天理駅の光景は、次のようであった。

一般通行は午前九時より遮断せられて駅構内には有資格者が時間の切迫とともに続々と詰かける。礼装いかめしき奉迎の文武百官がところ狭きまでに居並ぶ光景は周囲の田舎街風景に洵にそぐはしからぬものがあり、けふの大御幸に浴せでは見られぬ図である。(19)

このときの御召電車の編成は、大軌にせよ南海にせよ、二両ないし三両と、通常の御召列車に比べればはるかに短かったが、いずれもわざわざ行幸のために新調された菊の紋章付きの車両であった。行幸当日は、国鉄と同様に特別ダイヤがつくられ、一般の乗客のホームへの立ち入りがきびしく制限された。

では御召電車が通過する大軌や南海の沿線での、人びとの奉迎ぶりはどのようであったか。それを知る手掛かりになるものとして、十月四日に大阪府から出された「大阪府告示第六六八号ノ二」がある。この告示では、御召列車に対する敬礼の仕方を、次のように「気ヲ附ケ」「礼」「直レ」の三段階に分けて細かく規定していた。

> 敬礼指揮者ハ、御召列車ノ五百米突（メートル）前方ニ差懸（さしかか）リタルトキ、「気ヲ附ケ」ノ号令ヲ下シ、一斉ニ脱帽セシメ、御召列車ヨリ百米突前方ノ距離ニ於テ、「礼」ノ号令ニテ御召列車ニ対シ敬礼セシメ（上体ヲ約四十五度前方ニ屈セシム）、早ク「直レ」ノ号令ヲ下シ徐（おもむろ）ニ上体ヲ元ニ復シ、直立不動ノ姿勢ニテ目送目迎セシムルコト。[20]

最敬礼の角度が従来の三十度ではなく、四十五度になっていることに注目したい。この敬礼方は、東海道本線の高槻―大阪間を走る御召列車に対する規定であり、大軌や南海の御召電車に対する規定ではなかったが、私鉄に対しても同様に適用されたものと思われる。「はじめに」で述べた昭和大礼の光景が、いまや東京を中心とする「帝国」だけでなく、大阪を中心とする「私鉄王国」の内部でも大々的に展開されるに至ったといってよい。

私鉄沿線での国鉄に準じた奉送迎が行われる一方で、沿線の警備は厳戒をきわめていた。南海で御召電車が運転された十一月十三日の沿線では、「平均片側三十三米四十四糎(センチ)ニ巡査一人ノ割合」[21]というほどの警戒ぶりであり、大軌で御召電車が運転された十一月十一日の沿線でも、「片側四十八米四十八糎ニ対シ、巡査一人配置ノ割合」[22]で警備が行われた。いずれも、三〇メートルから五〇メートルにかけて巡査一人が立っていた計算になる。昭和大礼をはるかに上回る規模の警備であった。

国家のため事業のため

こうした警備のなかを、御召電車は無事走った。十一月十一日に、大軌の金森又一郎社長は次のような謹話を公表している。

当会社が御用の一端を拝受して私共が諸君と共に、畏(かしこ)くも一天万乗の大君に咫尺(しせき)し奉り、御奉仕の光栄に浴するの機会を得ましたことは、畢竟(ひっきょう)会社の職務によりて得たるものでありまして、この点よりしても国家のため事業のため、益々其責任の重且(かつ)大なることを痛感するのであります。[23]

また同月二十六日には、社長の謹話に続いて、大軌の専務、種田虎雄(おいたとらお)（一九三七年の金森の死後、社長となる。一八八四～一九四八）が次のような訓示を出している。

惟ふに我が大軌も参宮急行もその前途に幾多の難関が横たはつて居るのでありますが、諸君が過般の御召列車運転に際して現はしたる協力一致の精神を以て之れに当つたならば、此の前途の難関を打開し会社の隆盛を招来する位のことは決して難事では無いと信ずるのであります。[24]

地域住民のためではなく、「国家のため」に働くことに会社の責任があるとする金森と、御召電車の運転により、会社の「協力一致の精神」が発揮されたとする種田の論点は、決して相矛盾するものではなかった。

キタの梅田を舞台とするクロス問題で、阪急が独りあくまで鉄道省に抵抗していたこの時期、ミナミにターミナルをおく大軌や南海ではすでに、天皇が期待する「官民協力」の態勢が成立していた。同時にこの時期は、大阪の中心部に「帝都」東京の政治空間が現れるとともに、市民の見た大阪が小林のいう「民衆の大都会」から、古代王権の記憶を再生し、その記憶を昭和天皇と重ね合わせるもう一つの「帝都」へと変化してゆく時期でもあった。そして折からの国策に沿う形で、一九三〇年代の「私鉄王国」をリードしてゆくのは、阪急ではなく、この大軌およびその傘下の私鉄であった。

1935	（昭和10）	1月	関一、没す
1936	（昭和11）	3月	阪神、地下区間を元町まで延長
		8月	上田寧、阪急社長となる
		9月	参急、伊勢電気鉄道を合併
		10月	小林一三、阪急会長を辞任、上田寧、社長を辞任
		11月	阪神、梅田付近の地下工事に着手（1939年3月開通）
1937	（昭和12）	7月	盧溝橋事件→日中戦争
1938	（昭和13）	6月	関西急行電鉄（関急）開業、大軌・参急・関急により上本町―名古屋間が全通 全国に「建国奉仕隊」が結成され、橿原神宮での奉仕にあたる
1939	（昭和14）	1月	東京高速鉄道、新橋―渋谷間が開業
1940	（昭和15）	2月	紀元二千六百年
		6月	昭和天皇、京都・伊勢神宮・橿原神宮に行幸→伊勢神宮参拝（10日）
		7月	小林一三、第2次近衛内閣の商工大臣に就任
1941	（昭和16）	3月	大軌、参急と合併、関西急行鉄道（関急）と改称
		4月	小林一三、商工大臣を辞任
		12月	太平洋戦争勃発
1942	（昭和17）	12月	昭和天皇、伊勢神宮に行幸
1943	（昭和18）	10月	京阪と阪神急行が合併、京阪神急行電鉄設立
1944	（昭和19）	6月	関急と南海が合併、近畿日本鉄道設立

1931（昭和６）	９月	満洲事変勃発
	11月	大阪城天守閣が復興・竣工する
	12月	京成、日暮里にターミナルを作る
1932（昭和７）	６月	『大阪朝日新聞』の記事により阪急クロス問題が表面化
	10月	東京市、周辺町村を合併し「大東京」市となり、面積・人口で日本一の座を奪還
	11月	昭和天皇、大阪に行幸、大阪城天守閣への登臨、初の関西私鉄乗車
1933（昭和８）	２月	城東線が電化される
	３月	京浜電鉄、ターミナルを高輪から品川に移す
	４月	「新大阪駅の癌」記事
	５月	大阪市営地下鉄開業（梅田―心斎橋）
	７月	京阪省線電化期成同盟会、東海道本線の電化と高架化を求める
	８月	帝都電鉄、渋谷にターミナルを作る
		阪急、高架線の除去を容認、クロス問題は阪急の敗北におわる
		阪急神戸線、高架方式で三宮乗り入れが決定（1936年４月開通）
	12月	京成、路線を日暮里から上野まで延伸
1934（昭和９）	１月	小林一三、阪急社長を辞任、会長となる
	５月	国鉄と阪急の高架切り替え工事
	６月	秩父宮、昭和天皇の名代として「満洲国」訪問の途次、高架の新大阪駅を通過
	11月	東横百貨店、渋谷に開店
	12月	丹那トンネル開通

おわりに――「紀元二千六百年」の光景

「神都」宇治山田

クロス問題で阪急が鉄道省に敗北し、大軌や南海に御召電車が走った一九三〇年代は、皮肉にも「私鉄王国」が主に東方に向かって一層の拡大を見せる時代でもあった。

なかでも、関西地域から伊勢神宮への参宮客の輸送を目的とし、大軌の姉妹会社として一九二七（昭和二）年に設立された参宮急行電鉄（参急。現・近鉄大阪線および山田線）は、その三年後に最大の難所であった三重県の青山峠に、当時の私鉄としては最長であった青山トンネルを開通させ、一九三一年には大軌桜井線（現・近鉄大阪線）の終点であった桜井から、名張、松阪を経由して、伊勢神宮の玄関駅となる宇治山田までの路線を、大軌と同じ一四三五ミリの線路幅で、しかも全線電化で開業させた。これにより、上本町から宇治山田までの一三七・三キロが一本でつながり、大軌の起点と参急の終点をわずか二時間十五分で結ぶ高性能の特急電車も誕生したのである。

ここで注意すべきは、一九三〇年代に伊勢神宮が占めることになる思想的比重の大きさである。ただし伊勢神宮というのは俗称で、正式には神宮といい、皇祖神アマテラスの食事をつかさどる豊受大神（トヨウケノオオカミ）を祀（まつ）る外宮（げくう）（豊受大神宮（とようけだいじんぐう））と、アマテラスを祀る内宮（ないくう）（皇大神宮（こうたいじんぐう））の二つを正宮としている。江戸時代までは外宮の方がにぎわっていたが、天皇が歴史の表舞台に登場した明治以降、アマテラスを祀る内宮の重要性が高まり、宇治山田市（現・伊勢市）は「神都」と呼ばれるようになった。[1]

東京が「帝国」の政治的中心とすれば、昭和初期の宇治山田は「帝国」の精神的中心となっていたのである。それまで大阪から伊勢に行くには、関西本線と参宮線を使って約六時間かかっていたが、参急の開通により、距離、時間ともに一挙に短縮し、大阪から日帰りの伊勢参宮も可能になった。

参宮急行電鉄はさらに、途中の中川で分岐して伊勢平野を北上し、津、四日市、桑名などを経由して名古屋に通じる新線（現・近鉄名古屋線）の建設にとりかかった。このうち津―桑名間は、一九三六年に合併した伊勢電気鉄道の線路をそのまま用い、桑名―名古屋間は別会社の関西急行電鉄（関急）として開業した。

こうして一九三八（昭和十三）年六月には大軌、参急、関急の三つの私鉄からなる上本町―名古屋間が全通したことで、それまでの大阪、兵庫、京都、奈良、和歌山の二府三県に加えて、三重、愛知二県までも「私鉄王国」の勢力圏内に入ることになった。ただし中川―名古屋間は、伊勢電気鉄道と同じ一〇六七ミリに線路幅を合わせたため、上本町から名古屋への直通電車はなく、名古屋へ行くにはいったん宇治山田ゆきの急行電車に乗り、中川で接続している名古屋ゆきの急行電車に乗り換えなければならなかった。

た。

新しい「聖地巡拝ルート」

参急や関急は、従来の関西私鉄とは異なり、国鉄との接続を優先させる傾向が強かった。参急の起点となる桜井は、大軌桜井線の終点であると同時に国鉄桜井線の乗換駅でもあった。

参急の四日市、津、松阪、山田（現・伊勢市）などは、いずれも先に敷設された国鉄関西本線や参宮線と駅名が同じであり、これらの線との乗換駅として作られた。関急の名古屋や桑名もまた、国鉄東海道本線や関西本線と同じ駅名がつけられており、国鉄に乗り換えることができた。

このような傾向は、国鉄からの分離独立を重んじる一九二〇年代までの「私鉄王国」では、ごく一部に見られるにとどまったものであり、一九三〇年代における「帝国」と「私鉄王国」の協力関係を反映するものであった。

さらに注目すべきは、大軌が参急、関急を通して名古屋に進出したのは、単に二大都市を結ぶことによる経済効果を上げることだけが目的ではなかったことである。

大軌、参急が最初中京進出を企てた眼目は、必らずしも大阪、名古屋の大都市を結ぶ一般鉄道事業としての目的だけではなかつた。大軌が曾（か）つて畝傍線の外に八木線を建設し、大阪より橿原（かしはら）神宮に通ずる線路を開いたのも、又参急を創立して、伊勢大神宮に直通する電鉄を建設したのも、畢竟（ひっきょう）金森翁等の終始一貫した「精神報国」の念に外なら

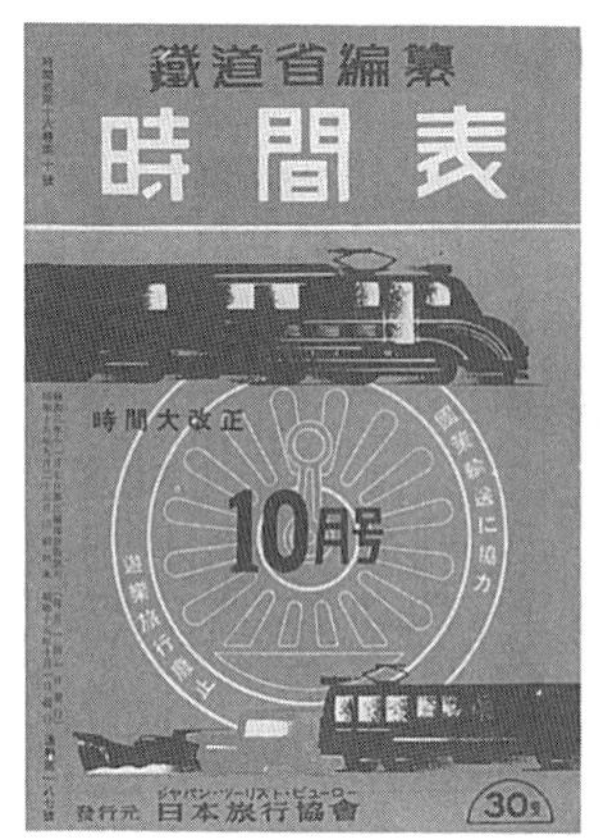

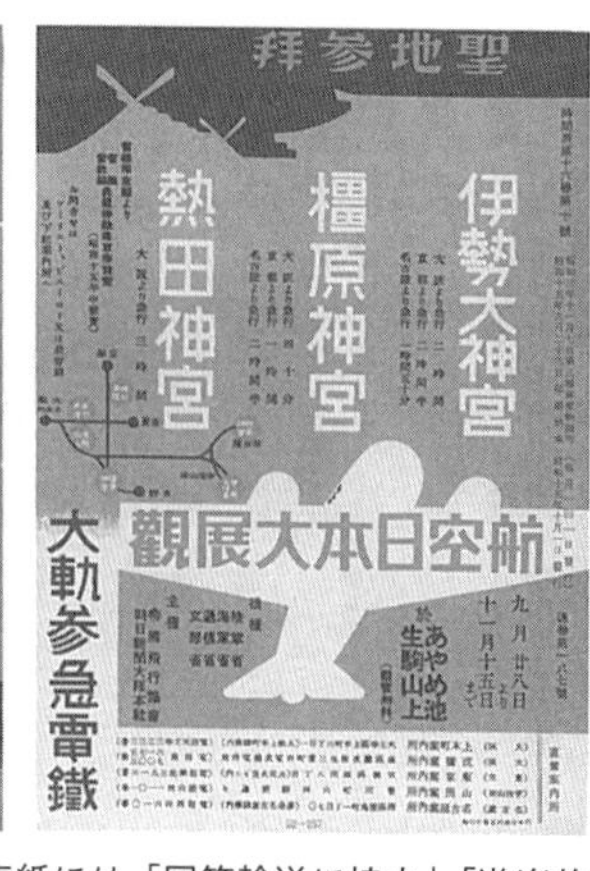

昭和15年10月号の『時間表』。表紙には「国策輸送に協力」「遊楽旅行廃止」のスローガンが刷りこまれる一方で、裏表紙には大軌、参急の「聖地巡拝ルート」の大広告が載っている。もはや参宮は「遊楽」ではない。

い。今また関急の開通に依って、更らに名古屋の熱田神宮を結び得たことは、この大軌伝統の「精神報国」の念を一層強化した訳であ(る)。[2]

つまり名古屋進出の背景には、大阪と、草薙剣を祭神とする熱田神宮を一つに結ぶことで、「大軌伝統の『精神報国』の念を一層強化」するという意図があったのであり、大阪と、神武天皇を祭神とする橿原神宮、伊勢神宮、それに熱田神宮という、皇室に関係の深い三つの神宮を結び、鉄道による新しい「聖地巡拝ルート」を開拓することこそ、その最大の目的であったのである。

金森又一郎の戦略

したがってこのころの大軌や参急の経営戦略は、分譲住宅地や遊園地、歌劇場、海水浴場、野球場、百貨店などを次々に作ることで民衆を主体とする新しい沿線文化を切り開いてきた、阪急を中心とする従来の関西私鉄の戦略とは、明らかに異なるものであった。大軌が上本町と橿原神宮前、宇治山田、それに名古屋を結ぶ直通の急行電車を走らせるようになったことは、「私鉄王国」の中心が「帝国」の精神的中心と一つになり、大阪と「神都」、さらに「神都」を含む三つの「聖地」が、一つの線路で結ばれたことを意味していた。

こうした戦略を一貫してリードしてきたのが、大軌社長で、一九三二年の行幸に際して天皇が大軌の御召電車に乗るに当たっても指導的役割を果たした金森又一郎である。金森は、上本町―名古屋間の全通を見ることなく、社長在任中の一九三七年に死去するが、三重県会議長の石原圓吉（いしはらえんきち）（一八七七～一九七三）はその翌年に、生前の金森の業績に触れてこう述べている。

金森社長の目標として居られし所は、一般国民を特に大都会の中に生活する人をして、極力皇祖皇宗に関係深き神社並に国家に功労ある忠臣の遺跡等に参拝接触せしめ、以て皇国精神の高揚を図り、国民の善導に努力することを主眼とし、特に大阪の如き大工業都市の労働者が休日祭日等には、何時も千日前とか花柳（かりゅう）の巷（ちまた）等に享楽する様では思想的にも保健的にも、甚だ憂ふべきものがあることを考慮され、橿原、奈良、京都、伏見桃山、伊勢、熱田等を連絡する電車を漸次延長拡大し[3]（た）。

大軌や参急の沿線には、阪急や阪神などの沿線に比べて、もともと大規模な遊戯、娯楽施設が少なかった。たしかに最も早く開業した大軌奈良線（現・近鉄奈良線）の沿線には、前述した菖蒲池遊園地や、一九二九年三月に生駒に開設した生駒山上遊園地などがあったが、その規模は阪急の宝塚や阪神の甲子園ほどではなかった。その代わりに、ミナミ（旧淀川以南）の風土の延長線上にあった大軌や参急の沿線には、先に見たように天皇陵をはじめとする巨大古墳や、伊勢神宮、橿原神宮に代表される大きな神社が数多くあった。

大阪が「民衆の大都会」から、もう一つの「帝都」へと変貌する一九三〇年代に入ると、金森はこうした沿線の環境を逆に生かして、大阪と「皇祖皇宗に関係深き神社並に国家に功労ある忠臣の遺跡」を鉄道で一つに結ぶことに、会社の命運を賭けるようになる。

この時期の大軌や参急は、金森の指導のもとに、まさに「皇国精神の高揚を図り、国民の善導に努力する」ための私鉄となり、阪急に代わって関西地域の「私鉄王国」をリードするまでになっていた。そして金森が立てた方針は、彼の死後に大軌の社長となった種田虎雄のもとで受け継がれ、やがて「紀元二千六百年」を迎えるのである。

「建国奉仕隊」

『日本書紀』巻第三では、神日本磐余彦天皇、すなわち神武天皇の即位をこう述べている。

とす」[4]。

「辛酉年の春正月の庚辰の朔に、天皇、橿原宮に即帝位す。是歳を天皇の元年

ここでいう「辛酉年」を西暦に直すと、紀元前六六〇年となる。この年を日本が建国された元年、すなわち神武天皇即位紀元（皇紀）元年とすると、一九四〇年は紀元二千六百年、つまり神武天皇が橿原宮で即位してからちょうど二千六百年目にあたる。

このような日本流の紀元の習慣は、一八七二（明治五）年の太陽暦の採用とともに定められ、「春正月の庚辰の朔」を太陽暦で換算した二月十一日は、神武天皇の即位を祝う「紀元節」として一八七四年から祝日となったが、元号や干支と比べて社会的にはそれほど普及せず、「今年は紀元何年」という表現が日常生活で用いられることはほとんどなかった。ところが一九四〇年を前に、「紀元二千六百年」を祝う動きが急速な盛り上がりを見せるようになる。

その具体的準備は、一九三五年十月に内閣に「紀元二千六百年祝典準備委員会」が設置され、「橿原神宮境域並畝傍山東北陵参道ノ拡張整備」など六つの事業が政府の紀元二千六百年奉祝記念事業とされたことに始まるが[5]、これにともない神武天皇を祭神とする橿原神宮では、神域の拡張が行われるとともに、大軌畝傍線のルートが神宮の東側に変更され、それまでのターミナルであった久米寺に代わって橿原神宮駅を設ける大工事が行われることになった。

一九三八年には「建国奉仕隊」と呼ばれるボランティア団体が全国に結成され、一日に少

なくとも二千人、最高で一万七千人もの人びとが主に関西地域から橿原神宮に集まり、解散される三九年十一月までにのべ百二十一万四千人が勤労奉仕に当たった。[6] これらの人びとを主に輸送したのは、橿原神宮から遠く、大阪からの直通の列車がない国鉄桜井線ではなく、上本町および京都から橿原神宮への直通電車が走る大軌畝傍線（現・近鉄橿原線）と、大阪阿部野橋と橿原神宮を結んでいた大阪鉄道（大鉄。現・近鉄南大阪線）であった。[7]

警笛の響も朗らかに

そして一九四〇年になると、日中戦争の長期化により、行楽目的の旅行の自粛が叫ばれていたにもかかわらず、紀元二千六百年奉祝を目的とする橿原、伊勢、熱田各神宮の「聖地巡拝」はいよいよ奨励された。これはまさに、金森が進めてきた大軌の戦略に沿うものであった。同年の元日に、大軌の社長の種田虎雄は次のような異例の訓示を出している。

今やこの光輝ある二千六百年奉祝の盛典に近づいて、国民全体の心は斉（ひと）しく皇祖天照大神の大御心と初国知（はつくにし）らす神武天皇の御鴻業を追慕し奉り、従つて、伊勢の大廟（たいびょう）と、橿原神宮の御前に親しく額（ぬか）づき感謝の至誠を捧げ、皇室の御隆運と蒼生（そうせい）の安堵（あんど）と、又皇軍の武運長久と聖戦の目的達成とを祈り奉らんが為に、参拝の人々は全国より殺到するの盛観を現ずることでありませう。而して我社の軌道が正に此の両神宮に通じて、之等（これら）の乗客を此処に輸送することを得るのは何たる幸福であり、又何たる光栄でありませうか。

（中略）今や眼前に迫れる此の盛典に備へて、万古揺ぎなき畝傍山の麓、橿原神宮は社殿の改築新たに成り、神域も亦拡張美装せられて、荘厳自ら加はり、紀元二千六百年の春陽長閑かに大和平野に昔ながらの光を湛へて、煙霞靉靆として三山を眺むる所、警笛の響も朗らかに、我が社の電車が縦横に馳駆して崇祖敬神の心に燃え、万邦無比の皇民たるの幸福に歓喜する之等乗客を満載して、新粧白亜の神宮前駅へと輸送する任務の如何に誇るべきものなるかを想へば、諸君は勇躍、協力一致正に其の事に従ひ、奮励その任を全うせらるべきを期して疑はないものであります。(8)

この訓示を受ける形で、大軌、参急（同年に関急を合併）、それに奈良と京都を結び、西大寺で大軌に接続していた奈良電気鉄道（現・近鉄京都線）の三社は、相互乗り入れ運転を行い、上本町と橿原神宮駅（現・橿原神宮前）の間に十分ないし十五分おき、京都と橿原神宮駅の間に十五分おき、また上本町と宇治山田、名古屋の間に三十分ないし六十分おきにそれぞれ急行電車を運転するというピストン輸送をもって対応したのである（二三九ページ写真参照）(9)。

また三社は、鉄道省とも協力して、東京、名古屋方面から、修学旅行など団体で「聖地」に参拝する乗客のために、団体専用列車を運転したが、その周遊コースは、「発駅―山田（宇治山田）―橿原神宮―奈良―京都―発駅（またはその逆コース）」とし、このうちの発駅―山田、京都―発駅間は国鉄が、宇治山田―京都間は大軌、参急および奈良電気鉄道が、そ

（上）建国奉仕隊

（中）神武天皇陵

（下）橿原神宮

れぞれ輸送に当たることになった。[10]

橿原神宮と伊勢神宮の参拝者数が、この一年だけでそれぞれ約九百七十一万人、約七百九十二万人と、[11]いずれも史上最高を記録したのは、このような大軌や参急をはじめとする私鉄の輸送によるところが大きかった。[12]それはまた、「帝国」の一部に組み込まれながら路線網の拡大を図った一九三〇年代の「私鉄王国」がたどりついた、究極の姿でもあったのである。

一九四〇年の行幸

大軌や参急、奈良電気鉄道が大阪や京都から、また鉄道省と協力して東京や名古屋から、伊勢や橿原に参拝客を盛んに運んでいた一九四〇(昭和十五)年の六月九日のことであった。

午前九時二十分、昭和天皇を乗せた御召列車が、多くの政府関係者の見守るなか、東京駅四番ホームを出発した。行幸の目的は、「紀元二千六百年の佳き歳にあたり御奉告とあはせて未曾有の難局克服御祈念」(『大阪朝日新聞』六月一日)のため、伊勢神宮、橿原神宮と、神武、仁孝、孝明、明治の各天皇陵に参拝することにあった。

列車は東海道本線を経由して、その日の午後五時三十分に京都に到着、天皇は列車から降りると、直ちに京都御所に入った。

続いて十日には、御召列車が草津線、関西本線、参宮線を経由して京都と山田の間を往復し、天皇は伊勢神宮の外宮と内宮にそれぞれ参拝した。

十一日には、列車は奈良線、桜井線を経由して京都と畝傍の間を往復し、天皇は神武天皇陵および神域が拡張された橿原神宮にそれぞれ参拝した。天皇が橿原神宮に参拝するのは、即位後初めてのことであった。

伊勢内宮

十二日には、天皇は仁孝、孝明天皇陵および伏見桃山陵にそれぞれ参拝し、その翌日に再び東海道本線を経由して東京に帰った。なお大軌はこの行幸で天皇がふたたび利用することを想定して、その名も「サ二六〇〇」と称する御召電車用の車両を製作したが[13]、実際に大軌や参急が利用されることはなく、すべて国鉄が使われた。

すでに丹那トンネルが開通していた上、東京―沼津間にＳＬに代わって電気機関車が用いられ、スピードアップが図られるなどの違いはあったが、東京と京都の間、京都と伊勢、畝傍および桃山の間をそれぞれ往復する御召列車の行程自体は、一九二八年十一月の昭和大礼のときとまったく同じであった。沿線各駅では、地元の有力者や学生生徒があらかじめ決められた場所に整列し、ふたたび秩序正しい整然とした「奉迎」の光景が展開された。[14] その意味でこの行幸は、「はじめに」で述べた昭和大礼行幸の、十二年ぶりの復活であった。

しかし他方、大礼行幸との違いもまた明らかであった。一九四〇年の行幸では、伊勢はもちろん、橿原、桃山にまでのび、御召列車の通る津、松阪、山田で国鉄参宮線に接続する「私鉄王国」の路線が、天皇を「奉迎」する人びとを大量に動員する役割を果たした。

それ以上に重要な違いは、天皇が外宮と内宮に参拝する六月十日の午前十一時十二分と午後一時五十四分が「全国民黙禱時間」とされ、それぞれの時間に植民地や「満洲国」を含む全国で一斉にラジオの時報が流されたり、サイレン、鐘などが鳴らされたりするのを合図に、伊勢神宮に向かって全国民が黙禱する光景が見られたことである。午前十一時や午後一時ではなく、このような中途半端な時刻が設定されたところに、鉄道を用いた行幸の特徴がよくあらわれている。

なお『昭和天皇実録』によれば、天皇が実際に外宮に参拝したのは午前十一時四分、内宮に参拝したのは午後一時五十五分であった。つまり「全国民黙禱時間」よりも外宮では八分早く、逆に内宮では一分遅かったのである。[15] しかしこの事実が知らされることはなく、天皇は所定の時間に外宮と内宮に参拝したと見なされた。

一分間ノ黙禱ヲ御願ヒ致シマス

黙禱の光景が、「帝国」に属するすべての沿線で見られたことは、あらかじめ鉄道省官房人事課並びに運輸局から「一　六月十日　天皇陛下豊受大神宮、皇大神宮御親拝ノ時刻ヲ期シ全国民各々在処ニ於テ遥拝ヲ行フコト（以下略）。二　列車、船、省営自動車及駅構内等ニ於ケル一般旅客公衆ニ対シテモ前記ノ遥拝時間ヲ周知セシムルコト」[16]という通報が出されていたことからわかる。

しかしそれが見られたのは、「帝国」だけではなかった。「私鉄王国」の内部でも、同じような光景が見られたことは、次の記録から明らかである。

来ル十日紀元二千六百年ニ際シ天皇陛下建国ノ大根源タル神宮ニ御参拝アラセ給フ御時刻ヲ期シ左記ニヨリ一分間黙禱ヲナスベシ

記

一、日時　十日
豊受大神宮御参拝　午前十一時十二分
皇大神宮御参拝　午後一時五十四分
一、場所並方法
1、各自勤務場所ニ於テ駅長若（もし）クハ係員ノ指揮ニヨルベシ
2、梅田、神戸、西宮北口ニ於テハ拡声機ニヨリ「ホーム」上ノ待合客ニ対シ左記ノ称呼ヲナシ協力ヲ求ムベシ
「皆様只今十一時十二分（一時五十四分）天皇陛下豊受大神宮（皇大神宮）御

参拝ノ御時刻デゴザイマス一分間ノ黙禱ヲ御願ヒ致シマス――（一分間黙禱後）――黙禱ヲ終リマス」[17]

一九四〇年六月八日に阪急の運輸部から発行された『運輸報』の「部長達」からの引用である。国鉄だけでなく、拡声機の設置された私鉄の主要駅においても、午前十一時十二分と午後一時五十四分になるとともに、その時刻を告げるアナウンスがなされ、それを合図に人びとは、神宮のある伊勢の方角に向かっていっせいに頭を下げたことがうかがえる。

ここに、この行幸の特異性が最も鮮やかにあらわれている。それまでの行幸では、天皇が御召列車に乗った鉄道の沿線にせよ、また天皇が生身の身体をさらした大阪市内の公園や広場、練兵場にせよ、天皇の視線は、列車に向かって最敬礼する人びとや、それらの場所で万歳を叫ぶ人びとに向かって注がれていた。ところが、「帝国」はもとより、「私鉄王国」に属する人びとまでが、神宮の方角に向かっていっせいに頭を下げたとき、天皇の視線は、このような「臣民」に向かって注がれていたわけではなかったのである。

ではこのとき、天皇は何をしていた（と思われた）のか。一言でいえば、皇祖神のアマテラスや豊受大神に対して、紀元二千六百年を祝うとともに、長期化する日中戦争の勝利を祈るべく、それらの神々の前に頭を下げていた。つまり、アマテラスや豊受大神の前では、「現人神（あらひとがみ）」であるはずの天皇といえども一人の臣下と化していたのであり、阪急の利用客が梅田や神戸のホームで黙禱していたのと同じ時間に、天皇もまた彼らと同じ姿勢をとっていた（と思われた）のである。

もちろんこのことは、ホームで黙禱する人びとの内面までが、天皇と同じようになっていたことを意味しない。人びとの行為は、多分に形式的なものであったろう。しかしここには、天皇―臣民ではなく、皇祖神アマテラス―天皇―臣民という支配関係と、「上」と「下」を媒介する天皇の位置が、はっきりと見てとれる[18]。

一九四〇年六月十日の天皇の神宮参拝は、東京でも大阪でもなく、「神都」伊勢こそが、「私鉄王国」を包摂した「帝国」の新しい中心となったことを意味していたのであった[19]。

注

●はじめに

(1) 昭和大礼輸送に関する以下の記述は、次の資料や著書、論文を参考にした。『昭和大礼記録』(鉄道省、一九三二年)、原田勝正『産業の昭和社会史8 鉄道』(日本経済評論社、一九八八年)、田中真人「一九二八年の天皇即位大典と鉄道輸送」(『鉄道史学』第七号、一九八九年)。

(2) 御召列車の定義は、時期によって異なる。少なくとも明治末期までは、天皇や皇后のほかに、皇太子が乗った列車も御召列車と呼ばれていたが、裕仁皇太子(後の昭和天皇)が本格的な巡啓を行う大正中期になると、天皇や皇后の乗る御召列車と「皇太子殿下同妃殿下又ハ皇子殿下御乗車ノ列車」が規程上区別されるようになり、さらに皇太子の巡啓がなくなる昭和初期になると、一九三七年に定められた「御召列車運転及警護心得」の第二条のように、「御召列車トハ天皇陛下、皇后陛下、皇太后陛下御乗車ノ為臨時ニ運転スル列車ヲ謂フ」(『鉄道公報』第三三二五号。交通博物館所蔵)として、皇太子の乗る列車を御召列車とは見なさないことが条文化された。ただし新聞報道などでは、大正中期以降も皇太子の乗る列車を含めて御召列車と呼ぶことが一般的であった。なお皇室用語では、天皇が二ヵ所以上の場所を訪問することを巡幸、一つの場所を訪問することを行幸というのに対して、皇后や皇太后、皇太子が二ヵ所以上の場所を訪問することを巡啓、一つの場所を訪問することを行啓という。以下でも、便宜上これらの用語をそのまま使うことにする。

(3) 国鉄という名称は、一般には戦後に公共企業体として発足した日本国有鉄道の略称として用いられてきたが、ここでは原田勝正『鉄道と近代化』(吉川弘文館、一九九八年)一二九ページの指摘に従い、一九〇六年鉄道国有法の施行以降の国有鉄道を意味する用語として使うことにする。

（4）大正五年十月九日付文部省訓令第五号「行幸啓ノ節学生生徒敬礼方中改正」（佐藤秀夫編『続・現代史資料9』教育2、みすず書房、一九九六年所収）七一ページ。

（5）望月圭介伝刊行会編『望月圭介伝』（羽田書店、一九四五年）三六六ページ。

（6）金子均「汽車のけむり」一九（『鉄道ピクトリアル』二九七号、一九七四年所収）六三ページ。

（7）『鉄道公報』号外（大礼関係）第二一四号、昭和三年十一月一日（交通博物館所蔵）。原文は句読点なし。

（8）『定本柳田國男集』別巻第二（筑摩書房、一九六四年）一八一～一八三ページ。

（9）柳田國男『明治大正史世相篇』上（講談社学術文庫、一九七六年）二〇五ページ。

（10）『柳田國男全集』第二巻（筑摩書房、一九八九年）一六ページ。

（11）前掲柳田『明治大正史世相篇』上、二〇八～二〇九ページ。

（12）原武史『増補版　可視化された帝国　近代日本の行幸啓』（みすず書房、二〇一一年）を参照。

（13）この「国民化」という用語については、西川長夫「日本型国民国家の形成」（西川長夫、松宮秀治編『幕末・明治期の国民国家形成と文化変容』新曜社、一九九五年所収）三〇～三六ページを参照。

（14）本書には、いわゆる有名な思想家はほとんど登場しない。主に登場するのは、関西私鉄の経営者や市長、そして天皇といった、一見「思想家」とは呼びがたい人びとばかりである。さらにいえば、明治末期から昭和初期にかけて関西地域に住み、日常生活の上で私鉄を利用していた数多くの無名の人びとが、「陰の主役」として想定されている。通常の思想史の研究書からはおよそ懸け離れたスタイルをとっているにもかかわらず、あえてここで「思想史」という言葉を用いるのは、ある政治思想史家が次のように述べていることと無縁ではない。「組織的な暴力は、意識と言語によって可能となる。そして、信従だけでなく、忍従も屈従も、必ず意識を媒介する。その意味で、人々の様々な『心性』や意識・潜在意識そして無意識において、政治社会は存立するのである。『思想家』たちの議論も、それらを前提として発せられる。もしもそう考えるならば、政治思想史は、単に『思想家』たちの体系的理論をたどるだけには、留まり難いのである」（渡辺浩『東アジアの王権と思想』、東京大学出版会、一九九七年、v〜viページ）。

●第一章

（1）『日本国有鉄道百年史』第一巻（日本国有鉄道、一九六九年）九七ページ。
（2）『和辻哲郎全集』第十八巻（岩波書店、一九六三年）一七七ページ。
（3）若林幹夫『熱い都市　冷たい都市』（弘文堂、一九九二年）二一一ページ。
（4）若林幹夫「空間・近代・都市」（吉見俊哉編『21世紀の都市社会学4　都市の空間　都市の身体』、勁草書房、一九九六年所収）二四ページ。
（5）前掲若林『熱い都市　冷たい都市』二一〇ページ。
（6）『明治年間法令全書』第三九巻ノ二（原書房、一九八八年）明治三十九年三月、二〇ページ。
（7）関西の私鉄の発達ぶりを「私鉄王国」と形容すること自体は、もちろん本書が初めてではない。藤田実「関西私鉄王国私観」（『大阪春秋』第六九号、一九九二年所収）によれば、「東京あたりから転勤してきた人たちが、東京の『国鉄主流』の交通体系と比較してみると、大阪の私鉄はけっして国鉄を補完する役ではなく、むしろ国鉄が私鉄を補完するしもべであることに驚嘆する。私鉄の各社が、それぞれが独立の王国のように、国鉄とは全く無関係に、主体的に独自の交通と文化の秩序をその沿線世界に展開している。しかも、これらの私鉄諸王国の文化が、相互にみごとに交差しあって、それが大阪ないし関西という文化のコスモスを形成している。それにたいして、国鉄はほとんど何の役割も寄与も果たしていない。この事実を目撃して驚きを感じた非関西人が、まるで文化人類学者が未知の世界に遭遇したように、『これこそ私鉄王国だ』と騒いで言いだしたのではないか」（七四ページ）ということになる。ただここでは、それぞれの関西私鉄を「独立の王国」と見なし、全体として「私鉄諸王国」を形作っているとしているのに対して、本書では関西私鉄を総体として「私鉄王国」と呼ぶ点で異なる。また「私鉄王国」という言葉が、戦後の関西地域における国鉄と私鉄の発達の偏差から生まれたことは事実だとしても、本書でいう「私鉄王国」はその起源を大正期にまでさかのぼることができるとしており、その意味では歴史的な概念として用いている。

（8）もちろん本州と北海道、九州、四国の間は、それぞれ鉄道連絡船で結ばれていたため、厳密にいえば一本で結ばれていたわけではないが、北海道や九州、四国の国鉄も、鉄道連絡船を媒介として東京とつながっていたという意味では一本といえるため、あえてこう述べた。

（9）ただし「帝国」と「私鉄王国」が接触した一部の地域では、前者の論理が優先された。京阪電気鉄道では、御召列車が奈良線を走る際に、並行する東福寺、稲荷、黄檗（おうばく）付近を走る電車の窓から天皇を直接見ることができないよう、同列車が通過する五分前までにその付近を走る電車を「人家其他ノ遮蔽物アル位置」に停車させ、「列車ガ通過シ其後影ヲ認メザルニ至リテ電車ノ運転ヲ徐々ニ始」める措置をとったほか（『昭和大礼京都府記録』下巻、京都府、一九二九年、四〇一ページ）、大阪電気軌道でも、天皇が畝傍（うねび）駅を降りて神武天皇陵に参拝に行く途中で畝傍線の線路を横断することから、その日の午前九時三十分から四時間にわたり大軌八木―橿原（かしはら）神宮前間の運転を停止したばかりか、送電もストップさせた（『大阪朝日新聞』大和版、昭和三年十一月二十日）。

（10）谷崎潤一郎『細雪』中（新潮社、一九六八年）一一五ページ。

（11）同、一一六ページ。

（12）吉見俊哉「大正期におけるメディア・イベントの形成と中産階級のユートピアとしての郊外」（『東京大学新聞研究所紀要』四一号、一九九〇年所収）一四一ページ。

（13）加藤新一「東京急行電鉄――戦前期『東急』の事業展開と渋谷『総合駅』の形成」（青木栄一他編

『民鉄経営の歴史と文化』東日本編、古今書院、一九九二年所収）五二～五三ページ。

（14）東京横浜電鉄の後身の東京急行電鉄が一九八四年に全通させた田園都市線の溝の口と中央林間の間では、「郊外ユートピア」がほとんど田園調布周辺だけにとどまった東京横浜電鉄の教訓を踏まえ、もと丘陵地だった同区間の沿線の多くの土地を買い占めて住宅地を分譲し、その全体を「多摩田園都市」と呼ばれるもう一つの「中産階級のユートピア」にすることが、今日まで目指されている。

（15）もともとは国鉄の駅も、ヨーロッパと同じように言葉本来の意味でのターミナルが多かった。一九〇五年までの飯田町、一九一四年までの新橋、一九一四年から一九二五年までの東京、一九三二年までの両国橋（現・両国）など、いずれもこれに属する。だがこれらの駅は、新線の開業により中間駅や貨物駅となり、ターミナルとしての性格を失った。なお、ヨーロッパのターミナルについては、三上祐三「ターミナル駅の魅力」（『SD』三四四号、一九九三年所収）および片木篤「駅」（『SD』三四七号、一九九三年所収）を参照。

（16）高山禮藏「私鉄ターミナル概史――関西編」（『鉄道ピクトリアル』四六三号、一九八六年所収）五〇ページ。

（17）もっとも、東京地下鉄道と共同出資して新橋―品川間に地下鉄を作り、現在の地下鉄銀座線と相互乗り入れを行うことで、都心への直通運転を計画した京浜電気鉄道をはじめ、高田馬場から早稲田に乗り入れる計画を立てた西武鉄道、池袋から雑司ケ谷まで線路を延長する計画の免許を得た武蔵野鉄道など、山手線の内側に私鉄の線路を乗り入れる計画自体は昭和初期にあった。しかしながら、これらの計画はすべて実現されることなく終わった。以下の論文を参照。小風秀雅「京浜急行電鉄――戦前期における都市縦貫計画とその挫折」（前掲『民鉄経営の歴史と文化』東日本編所収）一〇三～一〇四ページ、原田勝正「東京の市街地拡大と鉄道網（2）」（原田勝正、塩崎文雄編『東京・関東大震災前後』、日本経済評論社、一九九七年所収）五一～五二ページ。

(18) 猪瀬直樹『土地の神話』(小学館、一九八八年)一八二ページ。
(19) 同、一八三ページ。
(20) 同、一九一ページ。
(21) 前掲小風「京浜急行電鉄——戦前期における都市縦貫計画とその挫折」九一ページ。
(22) 白土貞夫「京成電鉄——ターミナル駅にみる競合の歴史」(前掲『民鉄経営の歴史と文化』東日本編所収)一七四ページ。
(23) 鉄道省と東京市のうち、東京都心への私鉄乗り入れを実質的に阻止したのはどちらであったのかについては、現在もなお意見が分かれている。「東京市が私鉄の都心乗入れを拒否したというよりも、鉄道省が拒否したのではないかと推測される」と述べる前掲原田『産業の昭和社会史8　鉄道』六四ページに対して、前掲小風「京浜急行電鉄」九一ページでは、「戦間期の東京の近郊私鉄は、ほとんどが山手環状線に起点を置いたが、その理由のひとつは、東京市内交通機関の公営方針を貫く東京市の交通政策にあった」と述べている。

●第二章

(1) 吉見俊哉『博覧会の政治学』(講談社学術文庫、二〇一〇年)一三五ページ。
(2) 宮内省臨時帝室編修局編『明治天皇紀』第十(吉川弘文館、一九七四年)四〇六〜四一九ページ。
(3) この点に関して詳しくは、前掲原『増補版　可視化された帝国』七一〜八九ページを参照。
(4) 「両陛下御巡覧」(『風俗画報』二七五号、一九〇三年所収)一四ページ。
(5) 同、一三ページ。
(6) 前掲『明治天皇紀』第十、四一八ページ。
(7) 前掲原『増補版　可視化された帝国』一四五ページ。

（8）『南海電気鉄道百年史』（南海電気鉄道株式会社、一九八五年）一四七〜一五〇ページ。
（9）『明治年間法令全書』第二〇巻ノ一（原書房、一九七七年）四八〜五四ページ。
（10）中村尚史「日本鉄道業の形成と鉄道政策（二）」（『社会科学研究』第四八巻第二号、一九九六年所収）一七〇ページ。
（11）前掲『南海電気鉄道百年史』一五六〜一五八ページ。
（12）中西健一『日本私有鉄道史研究　増補版』（ミネルヴァ書房、一九七九年）一八八ページ。
（13）『明治年間法令全書』第二三巻ノ二（原書房、一九七八年）二四一ページ。
（14）井上勇一『鉄道ゲージが変えた現代史』（中央公論社、一九九〇年）八ページ。
（15）後藤新平「四十四年度鉄道予算内容ニツキテ」（東京大学社会科学研究所所蔵『後藤新平文書』の「鉄道広軌化問題2」所収）一六ページ。
（16）同、一八ページ。
（17）『明治年間法令全書』第三三巻ノ二（原書房、一九八三年）一四〇ページ。
（18）阪神の開業に関する以下の説明は、『阪神電気鉄道八十年史』（阪神電気鉄道株式会社、一九八五年）三五〜三七ページによる。
（19）『明治大正大阪市史』第三巻（日本評論社、一九三四年）七九五ページ。
（20）浅香勝輔「京阪電気鉄道――沿線風土と歴史的景観」（宇田正他編『民鉄経営の歴史と文化』西日本編、古今書院、一九九五年所収）一二九〜一三〇ページ。
（21）前掲『南海電気鉄道百年史』二〇四〜二〇六ページ。
（22）同、二〇七〜二〇八ページ。
（23）『75年のあゆみ』記述編（阪急電鉄株式会社、一九八二年）二三一ページ。
（24）『日本古典文学大系六七　日本書紀（上）』（岩波書店、一九六七年）一九一ページ。

(25) ただしこの説には異論もある。牧村史陽編『大阪ことば事典』(講談社学術文庫、一九八四年)五一七ページを参照。

(26) もちろん箕有電軌の沿線にも、駅名にもなっている売布(めふ)神社のような神社はあるが、その規模は住吉神社や大鳥神社に比べればはるかに小さい。

(27) 宮本又次『キタ――風土記大阪』(ミネルヴァ書房、一九六四年)三~八ページ。

(28) 同、一五~一六ページ。

●第三章

(1) 小林一三『逸翁自叙伝』(講談社学術文庫、二〇一六年)二二ページ。

(2) 同、一七二ページ。

(3) 前掲『75年のあゆみ』記述編、九ページ。

(4) 前掲小林『逸翁自叙伝』一六七ページ。

(5) 同、二九一、二九三ページ。

(6) 同、二九四~二九八ページ。

(7) 「土地住宅経営の元祖」(『阪神急行電鉄二十五年史』、阪神急行電鉄株式会社、一九三二年所収)三~四ページ。

(8) 津金澤聰廣『宝塚戦略』(講談社現代新書、一九九一年)八八ページ。

(9) 内務省地方局有志『田園都市と日本人』(講談社学術文庫、一九八〇年)一九ページ。

(10) この明治日本に登場する「家庭」という概念に関しては、牟田和恵『戦略としての家族――近代日本の国民国家形成と女性』(新曜社、一九九六年)第3章、第6章を参照。

(11) 前掲『阪神電気鉄道八十年史』一一一~一一二ページ。

(12) 同、一一三ページ。
(13) 読売新聞大阪本社社会部編『実記　百年の大阪』(朋興社、一九八七年) 五六八ページ。
(14) 同、五六八～五六九ページ。
(15) 前掲小林『逸翁自叙伝』一六八ページ。
(16) 『折口信夫全集』第卅一巻 (中央公論社、一九七六年) 三八九ページ。
(17) 『京阪神急行電鉄五十年史』(京阪神急行電鉄株式会社、一九五九年) 一八〇ページ。
(18) 『鉄道公報』号外、明治四十年十一月九日。
(19) 同、号外、明治四十五年一月十五日。
(20) 小林一三全集委員会編『小林一三全集』第三巻 (ダイヤモンド社、一九六二年) 四五ページ。
(21) 前掲小林『逸翁自叙伝』一三四ページ。
(22) 吉野孝雄編『予は危険人物なり　宮武外骨自叙伝』(筑摩書房、一九八五年) 七八、一七九ページ、および吉野孝雄『宮武外骨』(河出文庫、一九九二年) 一七七ページ。
(23) 前掲小林『逸翁自叙伝』一六ページ。
(24) 『小林一三全集』第七巻 (ダイヤモンド社、一九六二年) 三八八ページ。
(25) 同、三八九～三九〇ページ。
(26) 『小林一三全集』第四巻 (ダイヤモンド社、一九六二年) 四二六ページ。
(27) 同、四四五ページ。
(28) 前掲『小林一三全集』第三巻、八八、九〇、九五ページ。
(29) 『小林一三全集』第六巻 (ダイヤモンド社、一九六二年) 一八三ページ。
(30) 同、一八四ページ。
(31) 前掲『小林一三全集』第三巻、一一二ページ。

(32) 前掲『京阪神急行電鉄五十年史』一一、一三七ページ。
(33) 同、二〇〇〜二〇一ページ。
(34) 前掲吉見「大正期におけるメディア・イベントの形成と中産階級のユートピアとしての郊外」一四二ページ。
(35) 竹村民郎『笑楽の系譜──都市と余暇文化』(同文館、一九九六年) 二二五、二二七ページ。
(36) 前掲津金澤『宝塚戦略』四六〜四八ページ。
(37) 山本武利「マスメディア論」(『岩波講座日本通史』第十八巻、岩波書店、一九九四年) 三〇一ページ。
(38) 山本武利『近代日本の新聞読者層』(法政大学出版局、一九八一年) 四一二ページ。
(39) 前掲『小林一三全集』第六巻、二〇六〜二〇七ページ。
(40) 同、二〇九ページ。
(41) 前掲『南海電気鉄道百年史』一九七〜一九八ページ。
(42) 前掲竹村『笑楽の系譜』一二八ページ。
(43) 前掲『南海電気鉄道百年史』二〇二ページ。
(44) 前掲竹村『笑楽の系譜』九〇ページ。
(45) 前掲『阪神電気鉄道八十年史』一一四〜一一五ページ。
(46) 同、一六四〜一六九ページ。
(47) 『鉄路五十年』(京阪電気鉄道株式会社、一九六〇年) 九二〜九五ページ。
(48) 前掲竹村『笑楽の系譜』一三三ページ。
(49) 『大阪電気軌道株式会社三十年史』(大阪電気軌道株式会社、一九四〇年) 四四一〜四四六ページ。
(50) 『生活古典叢書第8巻　余暇生活の研究』(光生館、一九七〇年) 一九九〜二〇五ページ。

(51) 前掲『小林一三全集』第三巻、一四〇～一四一ページ。

(52) 浅草の十二階や花屋敷と、千日前の楽天地や新世界の比較については、権田保之助「民衆娯楽問題」（『権田保之助著作集』第一巻、文和書房、一九七四年所収）二四七～二四八ページが先駆的に論じている。それによれば、浅草の十二階や花屋敷は、「浅草全体から云えば、第三第四位を占めて居て、一般からは認められることが少く、其の経営も決して大仕掛ではなく、纔かに子供相手の存在を意味して居」るのに対して、楽天地や新世界のルナパークは、「他の儕輩を睥睨している有様で、其の専属の劇団でも、其処に出る映画でも、其処に出る芸人でも、其処に居る弁士でも、兎に角其の方面の一流を集めて居る所は、到底浅草の花屋敷や十二階などが脚元へも及ばぬ所」だとしている。

(53) 『大大阪記念博覧会誌』（大阪毎日新聞社、一九二五年）一二二～三八九ページを参照。

(54) 加藤新一「阪神急行電鉄・新京阪鉄道の運輸と経営」（『鉄道ピクトリアル』五二一号、一九八九年所収）六一～六二ページ。

(55) 同、六二ページ。

(56) 前掲『75年のあゆみ』記述編、一九ページ。

(57) 前掲津金澤『宝塚戦略』九二ページ。

(58) 坂本勝比古「郊外住宅地の形成」（『阪神間モダニズム』展実行委員会編『阪神間モダニズム』、淡交社、一九九七年所収）三〇～四二ページ。

(59) 同、三九ページ。

(60) 『大阪朝日新聞』大正十五年七月四日。

(61) 『汽車時間表』大正十五年七月号。

(62) 下田将美「郊外電車の競争」（『大大阪』第六巻第八号、一九三〇年所収）三五ページ。

(63) 前掲『小林一三全集』第三巻、九六ページ。

(64)　前掲『京阪神急行電鉄五十年史』一六八ページ。
(65)　前掲『実記　百年の大阪』七三八ページ。
(66)　「郊外電車の大阪駅集中」(『大大阪』第六巻第七号、一九三〇年所収)一〇一ページ。
(67)　前掲『小林一三全集』第三巻、二三九ページ。
(68)　溝江五月「梅田及び難波駅前整理の齎(もたら)す同地域の街路交通輻輳の緩和」(『大大阪』第六巻第八号、一九三〇年所収)五四〜五五ページ。
(69)　これらのターミナルビルは、いずれも何度かの改築工事を経ながらも戦後までずっと各私鉄の「顔」としての役割を保ち続けた。藤田実はこう述べている。「電車の時代になっても、阪急の梅田駅や近鉄の上本町駅や南海の難波駅は、幾本も並ぶ長いプラットフォームのうえには、美しい力学的構造の鉄骨の天井が、いくつものアーチ型の波を形成して、思いっきり高く広がっていた」(前掲「関西私鉄王国私観」七四ページ)。その光景はあたかも、パリのサン・ラザール駅や、ロンドンのビクトリア駅のようであった。なかでも最も立派だったのは、「いまは無き近鉄上本町駅を正面から見た姿」(同、七六ページ)であったという。

●第四章

(1)　なお大阪市ではなく大阪府下への裕仁皇太子の行啓としては、一九一七年五月の奈良、大阪巡啓がある。この巡啓もまた、東宮御学問所に通う皇太子の学習の一環として行われた非公式なものであったが、皇太子は奈良に滞在し、大阪府へは関西本線および同線の天王寺、柏原で接続する南海鉄道、河南鉄道(後の大阪鉄道。現・近鉄道明寺・南大阪・長野線)に乗り入れる列車を利用して、允恭・応神・孝徳・推古・用明・仁徳・反正・後村上天皇陵、住吉大社、浜寺公園、大鳥神社などを訪問、参拝した。
(2)　関一「皇太子殿下行啓一周年に際し」(『大大阪』第二巻第六号、一九二六年所収)二ページ。

（3）芝村篤樹「解説」（関一研究会編『関一日記』、東京大学出版会、一九八六年所収）九九三〜九九四ページ。
（4）同、九九四ページ。
（5）中川望「無上の光栄」（『大阪朝日新聞』大正十四年五月十九日）。
（6）吉見俊哉『「声」の資本主義』（講談社選書メチエ、一九九五年）一九八ページ。
（7）東京市奉祝会で皇太子が述べた「東京市は今方に都市施設の改善を講究すと聞く。予は切に好成績を得て、市民の幸福と帝都の殷盛とを増進せむことを望む」という言葉に、前述した「御詞」が照応していると見ることもできる。なお多くの一般市民の前に皇太子が現れるというスタイルは、当時の東京市長で、後述する後藤新平の発案による（以上、鶴見祐輔編『後藤新平』第四巻、後藤新平伯伝記編纂会、一九三八年、三六九〜三七二ページを参照）。
（8）前掲『関一日記』五四七ページ。したがってこの言葉は、裕仁皇太子の言葉を関がそのまま書き写したものであり、「念願の市域拡張を果たして、本格的な都市行政にとり組もうとする関の、これは己自身に語りかける静かな雄叫び」（黒田隆幸『関一と中馬馨の大阪都市経営』、同友館、一九九六年所収、七三ページ）ではない。
（9）前掲関「皇太子殿下行啓一周年に際し」二ページ。
（10）関一『住宅問題と都市計画』（学陽書房、一九九二年）序、二ページ。
（11）同、三ページ。
（12）前掲芝村「解説」九八二〜九八三ページを参照。
（13）関一「都市計画に関する新立法（『都市政策の理論と実際』、関秀雄、一九三六年所収）一四二ページ。
（14）同、一四三ページ。

(15)　前掲関『住宅問題と都市計画』一三九ページ。
(16)　同。
(17)　後藤新平「大阪市民諸君に望む」(『大大阪』第二巻第二号、一九二六年所収)二ページ。
(18)　御厨貴『20世紀の日本10　東京』(読売新聞社、一九九六年)三六～三八ページによれば、都市計画に対する裕仁皇太子＝昭和天皇の関心には並々ならぬものがあった。戦後天皇は、記者会見で後藤の震災復興計画を高く評価していたことを明かすとともに、結果としてそれが十分に実行されなかったことを残念に思うとも述べている。また天皇は、青年時代に最も強い影響をうけた書物の一つとして、後藤の理論的ブレーンであったアメリカの政治学者チャールズ・ビアードの都市計画についての実践的な提言の書である『東京市政論』をあげている。この時期から昭和初期にかけて強まる天皇の大阪に対する関心の背景には、東京で十分に進行していない都市計画が、大阪では着々と進められているという、当時の後藤にも通じる基本的な認識があったように思われる。
(19)　前掲関「皇太子殿下行啓一周年に際し」六ページ。
(20)　後述するように、裕仁皇太子は天皇となってから、一九二九年と一九三二年にそれぞれ大阪を訪問するが、その度に関は一九二五年に大阪市民の前で発した皇太子の言葉を思い起こしている。「その(引用者注――一九二五年)当時奉戴いたしたる　御詞に対しては吾等市民は夙夜拳々服膺して以て　大御心の万一に副ひ奉らむことを期したのであります」(関一「行幸を迎へ奉る」、『大大阪』第五巻第五号、一九二九年所収、二ページ)。「この無上の栄誉を顧みては、市民一致協力して、大正十四年賜はりし御詞を肝に銘じ、大都市企図の大成を期し、鴻恩に酬い奉りたいものであります」(関一「聖上陛下天守閣へ御登臨」(談)、『大大阪』第八巻第十三号、一九三二年所収、五ページ)。
(21)　前掲牧村『大阪ことば事典』三五二ページ。
(22)　前掲『関一日記』九八ページ。

(23) 同、六二〇ページ。
(24) 前掲黒田『関一と中馬馨の大阪都市経営』八四ページ。
(25) 前掲『実記　百年の大阪』七一二ページ。
(26) 同。
(27) 関一「大阪市の交通機関」(『大大阪』第二巻第十二号、一九二六年所収) 三〜四ページ。
(28) 同、八ページ。
(29) 前掲『実記　百年の大阪』七一一ページ。
(30) 「交通問題を中心として」(前掲『小林一三全集』第四巻所収) 四二三ページ。
(31) 『小林一三全集』第五巻 (ダイヤモンド社、一九六二年) 二四三ページ。
(32) 原武史『大正天皇』(朝日文庫、二〇一五年) を参照。
(33) 「原敬日記」大正元年九月十七日 (『原敬日記』第五巻、乾元社、一九五一年所収、一一三ページ)。
(34) 同、大正元年十一月十一日 (同、一三一ページ)。
(35) 同、大正三年二月二日 (同、四〇二ページ)。
(36) 同、大正八年二月十五日 (『原敬日記』第八巻、乾元社、一九五〇年所収、一六〇ページ) には、「宮相詰所にて石原次官より聖上御病気の御様子を聞取りたるに、(中略) 別に是と云ふ御病症にもあらざれども何分少々御熱などのある事もあり、御脳の方に何か御病気あるに非らずやと云ふ事なりと、甚だ恐懼に堪へざる次第なり」とある。
(37) 「大正十二年十月六日　宮発第五三九号　宮内大臣通牒」(前掲『続・現代史資料9』教育2、所収) 一〇〇ページ。
(38) 苅部直『光の王国　和辻哲郎』(創文社、一九九五年) 一四五〜一四六ページを参照。
(39) 高橋紘「神格化のきざし　昭和大礼」(高橋紘他編『昭和初期の天皇と宮中　侍従次長河井弥八日

記』第1巻、岩波書店、一九九三年所収）三一二〜三一三ページ。

(40) 渡辺武『大阪城ものがたり』（ナンバー出版、一九八三年）二二二ページ。

(41) 前掲『関一日記』七二六ページ。

(42) 戦後、大阪城天守閣は、博物館として一般に完全開放されたが、そのほとんどは豊臣秀吉に関する展示で占められており、昭和大礼や昭和天皇との関わりを示す展示物はまったくない。かろうじて、英語による説明文に次のような箇所を見つけたが、やはり大礼や天皇については一言も触れられていない。

In 1931, the citizens of Osaka raised funds to reconstruct the donjon on its original scale as a permanent tribute to Hideyoshi Toyotomi, the founder of modern Osaka.（一九三一年、大阪市民は近代大阪の創始者である豊臣秀吉を永遠に讃えるべく、資金を集めて大阪城天守閣を元通りに復興した）。

(43) 「大礼奉祝交通電気博覧会見物記」（『大大阪』第四巻第十一号、一九二八年所収）一二一ページ。

(44) 前掲『関一日記』七四七ページ。なお後藤新平も、東京市長であった一九二二年五月に、裕仁皇太子に対して東京市勢につき進講したことがある。前掲鶴見『後藤新平』第四巻、三六三〜三六八ページを参照。

(45) 「関一小伝」（前掲関『都市政策の理論と実際』所収）二〇ページ。

(46) 正確にいえば、この行幸では大阪を視察する前に、天皇が楽しみにしていたもう一つの目的があった。それは、海路経由で和歌山県の田辺湾に立ち寄り、粘菌学者として知られた田辺在住の南方熊楠に初めて会い、同じ生物学者として南方から知見を得ることであった。

(47) 「特に意義深い阪神への行幸」（『大阪朝日新聞』昭和四年六月四日夕刊）。

(48) 前掲関「行幸を迎へ奉る」三ページ。

(49) 一木喜徳郎「大阪行幸に扈従した当時を語る」（『大大阪』第九巻第三号、一九三三年所収）四ページ。

(50)「大阪御駐輦中の行幸御日程」(『大阪朝日新聞』昭和四年五月二十八日夕刊) および『昭和天皇実録』第五 (東京書籍、二〇一六年) より作成した。
(51) 前掲『関一日記』七五七ページ。
(52) 明治、大正両天皇と昭和天皇の行幸の違いの一つは、前者 (ただし明治天皇は主に一八九〇年以降) の行幸が一般の人びとの前にほとんど生身の姿をさらさなかったのに対して、後者の行幸では訪問先で作られた奉迎式場や親閲式場に臨むなど、天皇としてしばしば生身の姿を人びとの前にさらし、多くの〝臣民〟を前にして「天皇陛下万歳」の儀式を受けていることである。これは本文にも触れたように、皇太子 (摂政) 時代からの行啓のスタイルを受け継ぐものであった。詳しくは前掲原『増補版 可視化された帝国』を参照。なお「天皇陛下万歳」という儀式自体のルーツは、大日本帝国憲法が発布された一八八九年二月十一日にさかのぼることができる。この点に関しては、牧原憲夫「万歳の誕生」(『思想』第八四五号、一九九四年所収) を参照。
(53) 宮城前広場に関しては、原武史『完本皇居前広場』(文春学藝ライブラリー、二〇一四年) を参照。
(54) ただしこの時はまだ御堂筋という名称は一般的に用いられず、「行幸広路」という前述した「御幸通」にも似た名称が用いられた。「北側にパッと展開する二十四間幅の行幸広路! なんといふ美しさだ! 道路の中央鹵簿(ろぼ)通御(つうぎょ)の路面はまるで新しいマットを敷きつめたやう塵一本も止めないほどの清浄さである」(『大阪朝日新聞』昭和四年六月四日)。
(55) 天皇が海路経由で大阪港に入港した六月四日、堺市の大阪湾沿岸では、早朝より市民が集まり、沖合を通るはずの天皇の乗った軍艦長門を一目見ようとしたが、片影すら見つからなかったという (『堺市史続編第2巻』、堺市役所、一九七一年所収、二七〇ページ)。
(56)「牧野伸顕日記」昭和四年六月六日 (伊藤隆、広瀬順晧編『牧野伸顕日記』、中央公論社、一九九〇年所収) 三七〇ページ。

（57）　摂政になる前年の一九二〇年から、死去する一九八九年までの昭和天皇の発言を集めた高橋紘編『昭和天皇発言録』（小学館、一九八九年）には、この言葉も、前述した一九二五年の「御詞」も収録されていない。
（58）　前掲「特に意義深い阪神への行幸」。
（59）　「聖駕を迎へ奉りて」（『大大阪』第八巻第十三号、一九三二年所収）一ページ。

●第五章

（1）　『大阪鉄道局史』（大阪鉄道局、一九五〇年）七〇八ページ。
（2）　木村芳人「梅田を中心とする土木建築事業と最近の停車場建築に就て」（『大大阪』第四巻第六号、一九二八年所収）三〇〜三二ページ。
（3）　原田勝正『駅の社会史』（中央公論社、一九八七年）一一四〜一一五ページを参照。
（4）　前掲『関一日記』二五四ページ。なお大阪駅は、大正末期ごろまでは一般には梅田駅と呼ばれていた。
（5）　この点については、鉄道省、阪急双方の言い分が一致している。前掲木村「梅田を中心とする土木建築事業と最近の停車場建築に就て」三三ページおよび鈴木祥六郎「省社線切換工事と梅田停留場改良工事に就て」（『阪神急行電鉄社報』第百八十六号、昭和九年六月十五日所収）一一ページを参照。
（6）　前掲木村「梅田を中心とする土木建築事業と最近の停車場建築に就て」三二〜三三ページ。
（7）　前掲『75年のあゆみ』記述編、二〇ページ。
（8）　前掲鈴木「省社線切換工事と梅田停留場改良工事に就て」一一ページ。
（9）　同。
（10）　前掲『京阪神急行電鉄五十年史』二〇ページ。

(11) 同、二〇～二一ページ。なお阪急の三宮乗り入れ問題に関しては、『神戸市会史』第二巻大正編（神戸市会事務局、一九七〇年）七六四～七七六ページ、同第三巻昭和編（同、一九七三年）八～九、一一八三～一二二六ページに、詳細な説明がある。

(12) 「日々是好日」（『小林一三日記』第一巻、阪急電鉄株式会社、一九九一年所収）三四一～三四二ページ。

(13) もちろんこれらの区間では、阪急から国鉄ないしは国鉄から阪急への乗り換えは想定されておらず、接続駅も作られなかった。

(14) このことに関連して、一九二八年に奉天（現・瀋陽）で起こった張作霖爆殺事件は非常に興味深い。張は当時、北京から奉天に向かう中国が所有する京奉線の特別列車に乗っていたが、終点の瀋陽に到着する直前に、日本の関東軍により爆殺された。その場所は、日本が所有する満鉄が京奉線とオーバークロスする陸橋の真下であった。

(15) 前掲『阪神電気鉄道八十年史』一九四～二〇二ページ。

(16) 前掲鈴木「省社線切換工事と梅田停留場改良工事に就て」一一ページ。

(17) 「省線吹田―鷹取間電化の中止を阪急鉄道省に陳情」（『鉄道』第四巻第三九号、一九三二年所収）三六～三七ページ。

(18) 前掲『小林一三全集』第五巻、九三～九四ページ。

(19) 昭和初期の流言に関しては、松山巖『うわさの遠近法』（講談社学術文庫、一九九七年）三一四～三五〇ページを参照。

(20) 阪田寛夫『わが小林一三』（河出文庫、一九九一年）三七〇ページは、ほぼこの立場をとっている。

(21) 前掲『関一日記』八八一ページ。

(22) 和久田康雄『日本の地下鉄』（岩波書店、一九八七年）三四ページ。

(23)『大阪朝日新聞』一九三三年四月二十六日。
(24)前掲鈴木「省社線切換工事と梅田停留場改良工事に就て」一一ページ。
(25)『大阪毎日新聞』一九三三年八月三日。
(26)小林一三「此の会社の前途はどうなるか?」(前掲『阪神急行電鉄二十五年史』所収)三~四ページ。
(27)『ハンドブック阪急'92』(阪急電鉄株式会社、一九九二年)二一ページ。
(28)「はじめ鉄道側では昭和九年三月末までに是非とも切替えたい意向であったので、これに応じられるように準備を急いだが、その後鉄道側の都合で五月末日切換を実施する旨、三月七日附で鉄道省大阪改良事務所長から公文の通知があった」(前掲『京阪神急行電鉄五十年史』五六ページ)。
(29)朝日新聞大阪本社社会部編『大阪駅物語』(弘済出版社、一九八〇年)八六ページ。
(30)古谷晋「大阪駅切換工事を顧みて」(『大大阪』第十巻第七号、一九三四年所収)一七~一八ページ。
(31)『大阪毎日新聞』一九三三年八月四日。
(32)前掲鈴木「省社線切換工事と梅田停留場改良工事に就て」一五ページ。
(33)前掲『大阪駅物語』八六ページ。

●第六章

(1)朝尾直弘「解説」(三浦周行『大阪と堺』、岩波文庫、一九八四年所収)二五一~二五二ページ。
(2)三浦周行「難波津と皇室」(『大大阪』第五巻第二号、一九二九年所収)七ページ。
(3)前掲三浦『大阪と堺』七八ページ。
(4)魚澄惣五郎「皇室と大阪――その二三について」(『大大阪』第五巻第五号、一九二九年所収)六ページ。
(5)徳富蘇峰「初めて『東京日日』及『大阪毎日』の読者各位に見ゆ(まみ)」(『新聞記者と新聞』、民友社、一九二九年所収）二〇二ページ。なお本資料の閲覧に関しては、徳富蘇峰記念館（神奈川県中郡二宮町）の高野静子氏のご厚意を得たことを記しておく。

（6）「蘇峰自伝」（『日本人の自伝』5、平凡社、一九八二年所収）三三五ページ。

（7）『毎日新聞七十年』（毎日新聞社、一九五二年）二六八ページ。

（8）徳富蘇峰「『大阪毎日』『東京日日』に執筆するに方（あた）りて」（前掲『新聞記者と新聞』所収）二一三〜二一四ページ。

（9）この国民新聞、大阪毎日新聞の発行部数は、有山輝雄『徳富蘇峰と国民新聞』（吉川弘文館、一九九二年）二八四ページおよび前掲山本『近代日本の新聞読者層』四一二ページからの推定による。

（10）前掲『堺市史続編第2巻』三九六〜三九七ページ。

（11）『昭和七年陸軍特別大演習並地方行幸大阪府記録』（大阪府、一九三四年）および『昭和天皇実録』第六（東京書籍、二〇一六年）より作成した。

（12）仁藤敦史「古代王権と行幸」（黛弘道編『古代王権と祭儀』、吉川弘文館、一九九〇年所収）七ページ。

（13）前掲『日本古典文学大系六七　日本書紀（上）』三九〇〜三九一ページ。

（14）ちなみに裕仁皇太子が摂政となった一九二一年、中之島の市庁舎建設を機に「大阪市歌」が制定されている。その一番の歌詞も、仁徳天皇の記憶をよびさますものだった。なにかの行事で市歌をうたうごとに、大阪市民は「帝都」としての大阪のイメージを植えつけられていたともいえる。歌詞は公募の形式がとられた。全国から二三九八篇もの応募があり、森鷗外や幸田露伴などが審査にあたった。その結果、香川県三豊中学校長の堀沢周安の作品が入選した。作曲は東京音楽学校助教授の中田章である（以上、大阪市広報課のご教示による）。以下に一番の歌詞をかかげる。

高津の宮の昔より

よよの栄えを重ねきて
民のかまどに立つ煙
にぎわいまさる　大阪市
にぎわいまさる　大阪市

(15) 前掲関「聖上陛下天守閣へ御登臨」五ページ。
(16) 前掲『昭和七年陸軍特別大演習並地方行幸大阪府記録』三九五〜三九六ページ。
(17) 同、三九五ページ。
(18) 『大阪電気軌道株式会社三十年史』(大阪電気軌道株式会社、一九四〇年) 三一〇ページ。
(19) 『天理時報』昭和七年十一月十七日。
(20) 前掲『昭和七年陸軍特別大演習並地方行幸大阪府記録』二〇五ページ。原文は読点なし。
(21) 同、四五一ページ。
(22) 同。
(23) 前掲『大阪電気軌道株式会社三十年史』三一四ページ。
(24) 同、三一五ページ。

●おわりに

(1) ジョン・ブリーン『神都物語　伊勢神宮の近現代史』(吉川弘文館、二〇一五年) 四六〜五九ページ。
(2) 高梨光司編『金森又一郎翁伝』(金森又一郎翁伝記編纂会、一九三九年) 二一八ページ。
(3) 同、七六ページ。
(4) 前掲『日本古典文学大系六七　日本書紀 (上)』二一三ページ。
(5) 古川隆久「紀元二千六百年奉祝記念事業をめぐる政治過程」(『史学雑誌』第一〇三編第九号、一九九四年所収）二二ページ。

（6）古川隆久「紀元二千六百年奉祝と日中戦争」（『メディア史研究』03、一九九五年所収）四一ページ。

（7）大阪鉄道は破産寸前であったが、紀元二千六百年関連輸送のために大幅な増収となり、一九四〇年度に四分配当を復活した。前掲古川「紀元二千六百年奉祝と日中戦争」四二ページを参照。

（8）前掲『大阪電気軌道株式会社三十年史』四八〇ページ。

（9）同、三四六、三四八ページ。なおこのような大軌、参急、奈良電気鉄道の相互乗り入れ運転により、大阪や京都の小学校のなかには、遠足や修学旅行に「聖地巡拝」を取り入れるところも出てきた。例えば、一九四〇年当時の京都市立開智小学校の「第六学年遠足実施要項」には、五月に奈良電気鉄道と大軌を利用して神武天皇陵、橿原神宮に参拝し、大軌と参急を利用して伊勢神宮に参拝して二見浦で一泊、その翌日には国鉄で名古屋に行き熱田神宮に参拝し、東海道本線で京都に帰るというスケジュールが示されている。山本信良、今野敏彦『大正・昭和教育の天皇制イデオロギー』（新泉社、一九七七年）四〇四ページを参照。

（10）同、三四八ページ。

（11）一九四〇年の橿原神宮、伊勢神宮の参拝者数は、それぞれ『橿原市史』本編上巻（橿原市役所、一九八七年）四二三ページ、および「参宮客の変遷（明治・大正・昭和）」（伊勢市産業部観光課、一九九〇年）による。伊勢神宮の参拝者は、内宮と外宮を合わせた人数である。なお後者の資料を提供された加藤和則氏に感謝申し上げる。

（12）このときの密接な協力関係をもとに、大軌と参急は一九四一年三月に合併し、社名を関西急行鉄道と変更する。関西急行鉄道は、さらに大阪鉄道などを合併したほか、一九四四年には南海鉄道と合併して近畿日本鉄道、現在の近鉄が誕生する。ただし旧南海鉄道は、戦後再び分離して現在の南海電気鉄道となってゆく。

(13) 星山一男『お召列車百年』（鉄道図書刊行会、一九七三年）一一〇ページ。

(14) ただし学生生徒の最敬礼の仕方は、前述したように一九三二年の行幸では大阪府告示が出され、その角度が三十度から四十五度に改められたほか、一九三七年六月には文部省訓令として「行幸啓ノ節学校職員学生生徒児童敬礼方」が定められ、一層細かな動作が加わることになった。前掲『続・現代史資料9』教育2、二二九～二三〇ページおよび拙稿「御召列車への敬礼」（『鉄道ひとつばなし』講談社現代新書、二〇〇三年所収）四六～四九ページを参照。

(15)『昭和天皇実録』第八（東京書籍、二〇一六年）九三～九四ページ。

(16)『鉄道公報』第四〇一五号、昭和十五年六月八日付通報「天皇陛下豊受大神宮、皇大神宮御親拝ノ時刻ヲ期シ全国民遥拝ヲ行フ件」（交通博物館所蔵）。

(17)『阪神急行電鉄株式会社運輸報』昭和十五年六月八日付部長達「昭和十五年第一四五号　天皇陛下伊勢神宮御参拝御時刻黙禱ノ件」（阪急学園池田文庫所蔵）。

(18) このような支配形態が、古代日本における「祭政一致」の基本構造ときわめて似ていることについては、平石直昭「前近代の政治観」（『思想』第七九二号、一九九〇年所収）一五〇～一五三ページを参照。また丸山眞男は、古代以来の日本の政治意識の〝執拗低音〟について分析した「政事の構造」（『現代思想』第二二巻第一号、一九九四年所収）のなかで、「天皇自身も実は皇祖神にたいしては『まつる』という奉仕＝献上関係に立つので、上から下まで『政事』が同方向的に上昇する型を示し、絶対的始点（最高統治者）としての『主（ヘル）』は厳密にいえば存在の余地はありません」（七五ページ。傍点原文）と記している。丸山流にいえば、このときの天皇の神宮参拝は〝執拗低音〟が主旋律になったということになろう。

(19) なお天皇は、一九四二年十二月にも、戦勝祈願のため国鉄で伊勢神宮に参拝しているが、戦時下に行われたこの行幸は、従来とは異なり、事前に新聞などで人びとに知らされることがなく、「奉迎」の光景が見られたのは宇治山田市内など一部にとどまった。「帝都」東京を中心とした「帝国」の秩序が大々的に展開されることよりも、天皇が臣民を含めた「臣」の代表として、皇祖神アマテラスの前に一人頭を下げることの方が重視されたのである。一九四〇年六月の行幸にも増して、伊勢の中心性が浮かび上がっていることはいうまでもない。

戦後になると、関西地域では再び、「私鉄王国」の独自性と、その旧「帝国」に対する優位が確立されるようになる。首都圏とは異なり、国鉄（日本国有鉄道）は遠くに行くときに利用するものであり、ふだんは利用しないもの、日常生活の上では私鉄だけに乗るという「常識」が、関西では長い間支配的となるのである。

だが一九八七年に国鉄がＪＲになると、ＪＲの巻き返しが始まった。国鉄時代からの東海道、山陽本線の新快速や関西本線、阪和線の快速に加えて、従来普通列車しかなかった奈良線や福知山線、片町線などでも新たに快速が運転されるようになり、本論でも触れたように、片町線と福知山線の間では、大阪中心部を地下で横断するＪＲ東西線を介して、相互乗り入れまで行われるようになった。

かつては開いていた私鉄との運賃格差も、特定区間運賃制度の導入により解消される傾向にある。たとえば京都─大阪間では、いまやＪＲが並行する阪急や京阪に対して、所要時間や輸送能力で完全にまさっている。全体的に見て私鉄優位の状況は変わらないものの、こうした昨今の情勢を見る限り、かつての「私鉄王国」は崩れつつあるといえる。

しかしいまでも、戦前以来の「私鉄王国」の遺産を目にしてはっとすることがある。その代表的な例が、本論で述べたＪＲ大阪駅と阪急梅田駅をつなぐ通路である。

いまの阪急梅田駅は、一九七三年に完成した。その際に、クロス問題で敗北した一九三四年以来使用していた地上駅が手狭になったため、ターミナルを大改築するとともに、駅の位置を大阪駅の南側から北側に移して再び高架駅とした。それでもＪＲ大阪駅との間は、東京でいえばＪＲ新宿駅と京王線の新宿駅、ＪＲ池袋駅と西武池袋線の池袋駅ほどの距離しか離れていない。両者の間にかかる歩道橋は、ほんの一〇〇メートルにすぎないのである。

だがそこには、あいかわらず屋根すらかかっていない。そのため、雨の日にＪＲから阪急に乗り換えるのに、傘なしで濡れずに行けるルートがいまだにわからない。東京から大阪に行くたびに、今度こそ遊歩道として整備されているのではないかと〝期待〟するのだが、〝裏切られて〟ばかりいる。私はそこに、クロス問題に敗北した阪急が、いまなお国鉄＝ＪＲに対して強く抱くこだわりや意地のようなものを感ぜずにはいられないのである。

＊

本書は私にとって三冊目の単行本に当たる。先の二冊は、それぞれ「朝鮮」や「出雲」をテーマとするものであったが、今回のテーマは「大阪」である。

一つのことを何年もかけて研究することを尊ぶアカデミズムにあって、次々とテーマを変えることは、あるいは奇異に受け取られるかもしれない。だが、私なりの一貫性はあると思っている。

誤解を恐れずにそれを一言でいえば、きわめて不十分ながらも、近代日本の思想史を「外部」や「異端」、もしくは「周縁」の視点から逆照射しようと試みたことである。「朝鮮」から「日本」の〈王権〉を、「出雲」から「伊勢」の神道を思想史的に逆照射することを試みたように、私鉄にあらわれた「民都」大阪の発展過程を通して、反対に「帝都」東京を中心に広がる「帝国」の支配秩序を浮き彫りにしようとしたのである。本書とも重なる思想史を、徹底して「中心」の側から描くことをめざす『可視化された帝国　近代日本の行幸啓』（みすず書房）と併読していただければ幸いである。

本書の構想は、一九九三年一月に『鉄道ジャーナル』の宮原正和氏の勧めで阪急電鉄を取材し、同誌三一八号に「東と西の私鉄を比較する」と題する記事をひそかに書かせていただいたときにさかのぼる。

時あたかも徳仁皇太子の婚約が発表されたばかりで、それをめぐる見出しのあふれた週刊誌や月刊誌の中吊り広告で埋まった東京の私鉄と、そうした広告が少ない代わりに、古代大和政権の成立を論じる「国家誕生」と題する阪急文化セミナーの案内が大きく掲げられた阪急の車内の雰囲気の違いに、強い印象を受けたことが忘れられない。当時私は、東京大学社会科学研究所の法学系助手であったが、意外にもこの記事は、当時経済史を専攻していた経済系助手の同僚から好評を得た。

その後も『小林一三全集』などを読みながら、社会学に属する研究者との交流を深め、九七年六月には、東京都立大学で開かれた第15回日本都市社会学会で、本書のもととなる「大正・昭和初期における関西私鉄文化の成立とその変容――阪急を中心として」と題する報告をさせていただいた。報告するよう声をかけて下さり、淡路町や上野界隈をさまよい歩きながら、近代の大阪や私鉄にまつわる話をいろいろ聞いて下さった東京大学文学部の佐藤健二先生、また本来専門分野を異にするにもかかわらず、みずからの構想をまとめる機会を与えて下さった一橋大学社会学部の町村敬志先生に感謝したい。

また本書の編集に関しては、以前より私の書いたものすべてに目を通していただいてきた講談社選書出版部の横山建城氏に一方ならぬお世話になった。厚く御礼申しあげる。

横山氏と私は、年齢こそ違うが、大学時代に同じ藤原保信先生のゼミのもとで学んだ間柄である。先生が亡くなられたいまになって、心より信頼できる友人や先輩、後輩に恵まれたゼミにいたことの幸せをしみじみと思う。

一九九八年三月五日

原　武史

学術文庫版あとがき

　かつて谷崎潤一郎は、「真に東京に拮抗する実力を持った大都会は大阪以外にないのである」（「私の見た大阪及び大阪人」）と述べた。確かに谷崎がこう述べた当時と比べると、大阪にあった会社の本社機能が東京に移転するなど一極集中が進み、大阪市の人口も横浜市に抜かれて久しい。しかしいまでも、大阪が「真に東京に拮抗する実力を持った大都会」であること自体に変わりはない。

　二〇二〇（令和二）年五月、新型コロナウイルスの感染者数が東京都に次ぐ多さになった大阪府では、東京都と異なる自粛緩和の基準をつくったばかりか、政府の対策を批判した知事が担当大臣とやり合う一幕もあった。東京都の特別区（二十三区）同様、大阪市を廃止して四区（北区、中央区、天王寺区、淀川区）からなる特別区に再編する「大阪都構想」が検討されてきたこと、二〇二五年には一九七〇（昭和四十五）年以来、大阪で五十五年ぶりに万博が開催されることも周知の通りである。

　本書の選書メチエ版が刊行されてから、もう二十年あまり経っている。この間に、関西の鉄道は大きく変わった。阪急と阪神が合併して「阪急阪神ホールディングス」となり、大正期以来のライバル関係が解消された。阪神が大阪難波まで路線を延ばし、近鉄と相互乗り入れをするようになった。ＪＲにも私鉄にも乗れるＩＣカード「ＰｉＴａＰａ」（ピタパ）が普及し、両者の境目がはっきりしなくなった。阪急、阪神の梅田が大阪梅田に、近鉄の上本町が大阪上本町に、近鉄の難波が大阪難波に、阪急の河原町が京都河原町に、阪急、阪神の三宮が神戸三宮に変わるなど、私鉄が固有の地名に「大阪」「京都」「神戸」をかぶせた駅名を付けるようになった。

しかし他方、変わらないものも少なくない。本書で記した阪急大阪梅田駅をはじめ、南海難波駅、近鉄大阪上本町駅などのターミナルは、いまなお健在だ。マルーン一色に塗られた阪急の車体も変わっていない。まるで示し合わせたかのように、JRにならってステンレスやアルミの車体を増やした関東私鉄とは対照的である。そして何よりも、JR大阪駅と阪急大阪梅田駅の間にかかる屋根のない歩道橋が変わっていない。二〇一一年に大阪駅が「大阪ステーションシティ」として生まれ変わった分、旧態依然とした歩道橋がかえって目立つような印象すら受ける。

根底にあるのは、中央政府や東京に対抗しようとする「民」の姿勢である。その姿勢が大阪府や大阪市のような「官」にすら見られることは、冒頭で触れた通りである。大阪はもともと商人の都という意味で「商都」と呼ばれてきたが、本書では小林一三の言う「民衆の都」をもとに「民都」という言葉を作り出した。この言葉は大阪でも受け入れられ、二〇一八（平成三十）年には大阪について話し合う官民協力の民間組織「『民都・大阪』フィランソロピー会議」が設立された。私自身はこの会議に全く関わっていないが、「民都」が市民権を得たものと考えている。

本書の選書メチエ版が刊行された当時、私は政治学の公募で通った山梨県甲府市の山梨学院大学に勤めていた。自宅のある横浜市から大学まで、特急を利用しても片道二時間以上を要する通勤は厳しかった。選書メチエ版の「あとがき」に記したように、このときの担当編集だった横山建城さんのご尽力にはいまなお頭が上がらない。

本書に対しては、もちろん批判もあった。例えば歴史社会学者の小熊英二さんは、本書の分析は二項対立的で、単純な図式に基づいていると批判した。大阪を「善」、東京を「悪」とする対立の図式を先に立てておき、それに見合うように資料を都合よく配置したのではないかという批判すら受けたこともあった。

だがよく読めばわかるように、本書は大阪を持ち上げ、東京を蔑むことを目的としたプロパガンダの本ではない。そもそも、大阪と東京を同じ比重で比較してはいない。力点はあくまでも大阪に偏っている。またキタとミナミの違いにも留意しているように、大阪を一つの実体としてとらえてもいない。今回加筆したのは、選書メチエ版が刊行されてから二十年あまりの間に変化した箇所が中心であり、それ以外の加筆も全体の論旨を変えない程度にとどめている。

おそらく誤解が生じた原因は、本書のタイトルにあった。もう時効だから記してもよいと思うが、私自身が考えたタイトルは、「『私鉄王国』大阪の近代」だった。しかしこのタイトルでは東京で売れないと横山さんが言う。「『民都』大阪対『帝都』東京」という本書のタイトルは、横山さんが考え出したのだ。だから「民都」という言葉も、もとをたどれば横山さんが発案したといえる。

サブタイトルを「思想としての関西私鉄」としたのは、本書が鉄道を対象としながら、経営史でも経済史でもない政治思想史の研究書であることを示そうとしたからだ。しかし、半ば予想したように、これは政治思想史ではないという反応もあった。その裏側からは、鉄道趣味に堕しているという声なき声が聞こえてきた。

本書で目指したことの一つは、テキスト解釈を中心に置かない思想史を描くことだった。駅や沿線といった場所や空間をテキストのように読みこむことで、従来とは異なる政治思想史が描けるのではないかという予感があった。二〇二二年に刊行される放送大学の印刷教材『空間と政治』（放送大学教育振興会）にまとめられる「空間政治学」の構想は、この時点ですでに胚胎していたのである。

こうした試みに最も鋭く反応したのは、当時東大法学部で政治学史（西洋政治思想史）を教えていた福田有広さんだった。本書に触発され、阪急梅田駅をわざわざ見に行ったと福田さんから言われたときにはうれしかった。ほかに松浦正孝さん、橋本寿朗さん、森田修さんら、専門外の研究者からも好意的な反応を得た。どれもありがたかった。なお福田さんは三十九歳、橋本さんは五十五歳で亡くなられた。

幸いにも本書は、一九九八年度のサントリー学芸賞（社会・風俗部門）を受賞した。山梨学院大学の研究室で電話を受けた瞬間の驚きは、いまでも忘れられない。本書の解説を書いていただいた鹿島茂さんのほか、青木保、養老孟司、桐島洋子といった多彩な選考委員の方々から評価されたことが、何よりもありがたかった。

受賞のニュースが地元紙の『山梨日日新聞』の社会面に三段抜きで掲載されたのは、小林一三が山梨県の出身だったことも関係していただろう。東京会館で開かれた授賞式には小熊英二さんも来たが、同時受賞した（後に明治学院大学の同僚となる）四方田犬彦さんについてゆく形で新宿に移動するタクシーのなかで、小熊さんがおめでとうと言いつつなお本書を批判していたことも、いまでは懐かしい思い出となっている。

このように、私自身にとっても思い入れのある本書が講談社学術文庫に移され、末長く生き残ることができるに至ったのは、望外の喜びである。「超がつく鉄道オタクの書いた本」と半ば皮肉を交えつつ解説を書いていただいた鹿島茂さん、また横山さんに代わって編集を担当された青山遊さんに心からのお礼を申し上げる。

二〇二〇年七月一日

原　武史

図版出典一覧

●はじめに

11ページ　賢所乗御車・東京駅頭の御召列車・天皇と皇后の御座所↓東京市役所編『昭和御大礼奉祝志』(昭和五年、東京市役所）別丁図版。
御召列車の試運転風景↓内閣大礼記録編纂委員会『昭和大礼要録』(昭和六年、内閣印刷局）一〇二ページ。

13ページ　天皇、京都駅を出発↓前掲『昭和大礼要録』口絵図版。
御召列車が東京駅に帰着↓同、四〇九ページ。

●第一章

27ページ　横浜駅における鉄道開業式↓交通博物館『鉄道の日本』(昭和三十九年、交通博物館）一二九ページ。

38ページ　谷崎潤一郎↓講談社写真資料室。

44ページ　旧阪急百貨店コンコースのステンドグラスとシャンデリア↓講談社写真資料室。

49ページ　一九二五（大正十四）年ころの阪急梅田駅仮ホーム↓鉄道百年の歴史編集委員会『写真図説　鉄道百年の歴史』(一九七一年、講談社）三一一ページ。

57ページ　昭和初期の東京近郊路線図↓著者作成。

61ページ　昭和初期の大阪近郊路線図↓著者作成。

●第二章

65ページ　第五回内国勧業博覧会第一会場全景↓宮本又次『大阪商人太平記』明治後期篇・下（昭和三十八年、創元社）二六四ページ。
66ページ　博覧会行幸啓関係図↓著者作成。
68ページ　南海鉄道難波駅と堺駅↓前掲『鉄道の日本』一四三ページ。
78ページ　外山脩造・三崎省三↓前掲『大阪商人太平記』二六七、二六九ページ。
　古市公威↓『別冊一億人の昭和史　昭和電車史』（一九八〇年、毎日新聞社）二二五ページ。
84ページ　「浪花の繁栄」↓財団法人大阪都市協会『浪花の繁栄』。
85ページ　「近代都市の構築」↓財団法人大阪都市協会『近代都市の構築』。
89ページ　大阪周辺の天皇陵分布図↓著者作成。

●第三章

95ページ　小林一三↓講談社写真資料室。
97ページ　箕有電軌梅田駅の位置↓阪急電鉄株式会社編『75年のあゆみ〈記述編〉』（一九八二年、阪急電鉄株式会社）九ページの図をもとに作成。
　一九一〇年、工事中の梅田駅↓同上。
99ページ　箕面有馬電気軌道の開業・「最も有望なる電車」↓小林一三翁追想録編纂委員会『小林一三翁の追想』（昭和三十六年、小林一三翁追想録編纂委員会）口絵。
100ページ　池田室町住宅・「如何なる土地を選ぶべきか・如何なる家屋に住むべきか」↓前掲『75年のあゆみ〈記述編〉』一一ページ。

105ページ　箕有電軌の電車が国鉄の汽車をまたぐ↓同上。
114〜115ページ　宝塚新温泉全景↓絵はがき、講談社写真資料室。
119ページ　浜寺海水浴場↓絵はがき、講談社写真資料室。
イルミネーション輝く楽天地↓読売新聞大阪本社社会部編『実記　百年の大阪』（朋興社、一九八七年）五六二ページ。
通天閣とルナパーク↓藤本篤ほか『大阪府の歴史』（一九九六年、山川出版社）二七九ページ。
120ページ　通天閣全景↓絵はがき、講談社写真資料室。
123ページ　香櫨園の見取図↓前掲『大阪商人太平記』二七五ページ。
阪神直営の香櫨園博物館↓同、二七六ページ。
130ページ　六麓荘区画図↓「阪神間モダニズム」展実行委員会編『阪神間モダニズム』（平成九年、淡交社）三八ページ。
132ページ　高架複々線化された梅田駅↓高山禮藏「私鉄ターミナル概史―関西編」（『鉄道ピクトリアル』四六三号、一九八六年所収）四九ページの図をもとに作成。
133ページ　天六にそびえる新京阪ビルヂングの威容↓絵はがき、講談社写真資料室。
136ページ　「大阪名所」のデパート↓絵はがき、講談社写真資料室。

●第四章

148ページ　関一↓『国史大辞典』（吉川弘文館）「関一」の項。
151ページ　後藤新平↓講談社写真資料室。
155ページ　御堂筋・大阪市営地下鉄↓絵はがき、講談社写真資料室。
158ページ　大阪市高速鉄道計画路線図↓大阪市役所『昭和大阪市史』第五巻（一九五二年、大阪市役所）七三ページの図をもとに作成。
160ページ　大正天皇と貞明皇后↓『御大礼記念写真帖』（大正四年、日本電報通信社）一ページ。
163ページ　昭和天皇↓前掲『昭和御大礼奉祝志』口絵。
165ページ　大阪城天守閣・陸軍第四師団司令部↓絵はがき、講談社写真資料室。
174ページ　城東練兵場での親閲式に臨む昭和天皇↓講談社写真資料室。
天皇が滞在した紀州御殿↓絵はがき、講談社写真資料室。
178ページ　天皇の「御言葉」を報ずる『大阪朝日新聞』号外↓昭和四年六月六日。

●第五章

183ページ　地上ホーム時代の大阪駅↓前掲『写真図説　鉄道百年の歴史』二八一ページ。
186ページ　一九二六（大正十五）年、中津駅での小林一三↓前掲『小林一三翁の追想』口絵。
188ページ　神戸駅・高架工事中の三宮付近↓前掲『75年のあゆみ〈記述編〉』二二ページ。
205ページ　阪急と国鉄との高架切り替え工事↓前掲『写真図説　鉄道百年の歴史』二八一ページ。
206ページ　切り替え工事後の阪急と国鉄↓前掲『75年のあゆみ〈記述編〉』二〇ページ。
207ページ　高架改築中の大阪駅↓同上。
梅田駅構内で切り替え工事を視察・督励する小林一三↓前掲『小林一三翁の追想』口絵。
209ページ　高架となった大阪駅ホーム↓絵はがき、講談社写真資料室。

●第六章

224ページ　紀元節建国祭に集まった大阪市民↓講談社写真資料室。
229ページ　上本町の大軌ビルヂング↓絵はがき、講談社写真資料室。

●おわりに

239ページ　昭和十五年十月号の『時間表』↓復刻版、著者蔵。
245ページ　建国奉仕隊・神武天皇陵・橿原神宮↓絵はがき、講談社写真資料室。
247ページ　伊勢内宮↓絵はがき、講談社写真資料室。

解説　天皇の遍在（オムニプレザンス）に抗して

鹿島茂

いま、ある雑誌で、考えるための技術論というテーマで連載をしているのだが、そこで得た結論は、手掛かりとなるものが一つだけでは思考は発動しないが、手掛かりが二つあると一気に思考が働き始めるということである。本書は、そうした私のテーゼを裏打ちするような一冊といえる。

「手掛かりその一」は鉄道である。著者は子供のときから鉄道オタクであるから、これはある意味、当然である。

しかし、あらゆるジャンルでそうなのだが、一つのテーマにしか興味のないオタクの書いた本はおもしろくない。なぜかといえば、思考は一ヵ所をグルグルと回っているだけで、いささかも飛躍しないからだ。

ところが、超がつく鉄道オタクの書いた本であるにもかかわらず、本書においては思考は活発に稼働し、発展し、拡大し、凝縮してゆく。それは「手掛かりその二」として、天皇というテーマが加わっているからである。換言すれば、横軸としての鉄道に、縦軸としての天皇が交差することによって、思考の座標軸が形成され、二つのパラメーターが思考の軌跡をさまざまに描き出すのである。

まず横軸としての鉄道の本質について考えてみよう。鉄道は、いったいだれがつくったのか？　アノニマス（無名の人々）である。より正確にはアノニマスがつくったソサエティ（結社）である。フランス語では、これをソシエテ・アノニム、すなわち「株式会社」と呼ぶ。そう、鉄道こそは株式会社（ソシエテ・アノニム）の申し子であり、株式会社という概念が生まれたからこそ鉄道は誕生したのである。

思えば、株式会社は近代の夜明けを告げる概念であり、王や皇帝にしかできなかった巨大な事業を一般民衆にも可能にしたものにほかならない。アンシャン・レジームでは、ヴェルサイユ宮殿の造営や運河網・道路網の完成といった莫大な資金を要する事業はすべて王の仕事であった。民衆はその必要を感じても王が感じなければ公共事業はなされなかった。

ところがフランス革命でルイ十六世がギロチンの露と消えて以降、民衆は株式会社という方法を用いればどんな巨大事業も可能であると気づいたのだが、そのきっかけとなったのが鉄道である。

イギリスで発明された鉄道の潜在的な巨大パワーをフランスで最初に大きく評価したのは、七月王政初期にパリ郊外のメニルモンタンの合宿所に籠もったサン・シモン主義者たちだった。サン・シモン主義者たちは、富というものはモノと人と金が一ヵ所に滞留せず、社会の至るところで循環することによってのみ生じると考えた。この考えが正しいことはコロナ禍によって逆説的に証明されてしまった。

ところで、この良き循環を可能にするものとしては、銀行と株式会社（ともに金を回す）のほかに鉄道（モノと人を回す）があると、サン・シモン主義者たちは結論づけた。すなわち、市民のタンス貯金を回収してこれをベンチャー投資に回すことのできる銀行と株式会社をまずつくり、その資金で鉄道を建設し、モノと人と金を循環させるのが道理と見なしたのである。

サン・シモン主義者たちはその後、弾圧を受けて四散したが、鉄道に対する情熱だけは民間に広まった。ただし、七月王政期には政府が鉄道に懐疑的だったため、法律は整備されずに、鉄道ブームは一過性のものに終わった。

鉄道ブームが再燃したのは、サン・シモン主義者であったフランス共和国大統領ルイ・ナポレオン・ボナパルトがクーデターを起こし、ナポレオン三世として皇帝に即位して開始した第二帝政においてである。「馬上のサン・シモン」と呼ばれたナポレオン三世は、フランスの鉄道は国家主導によるものではなく、あくまで民のイニシャティブに依るべきだとして、政府の保証をつけたベンチャー・キャピタルを誕生させ、その資本投下によって鉄道建設を加速させた。つまり、鉄道は、その起源において、「民」による巨大事業の象徴だったのである。もちろん、その後、一九三八年に、鉄道はモータリゼーションの普及で民間会社の経営が悪化したことと、来るべき対独戦争に備えて国有化されたが、しかし、鉄道の起源が民間のイニシャティブにあったことはだれもが認めることなのである。

本書を読む場合、第一の前提とすべきはこの点である。鉄道は、本来、「官」のものではなく、「民」のものなのであり、「官」のものとなったのは、いわゆる緊急避難にほかならないのである。

では、日本はどうなのか？　面妖なことに、東京の鉄道は「官」主体だが、大阪の鉄道は「民」主体である。なぜこうなったのか？　これが著者が設定した問題である。

東京では、最初の新橋・横浜間の鉄道が国営であったのを除くと、明治十年代以降に次々と設立された鉄道はみな民間資本の私鉄であった。だから、東京も鉄道発展期には、世界の原則に忠実だったといえる。その背景には、民間資本による鉄道網の形成こそが社会発展の原動力と見た「そうとは知らずのサン・シモン主義者・渋沢栄一」がいた。

渋沢栄一は将軍慶喜の名代・徳川昭武の随行として一八六七年のパリ万博に赴く途中、工事中だったスエズ運河がレセップスの興した株式会社によるものであると知って衝撃を受け、株式会社と銀行と鉄道の関係を知ろうとパリで研鑽を重ねた。そのときの経験から後進国日本を文明化するには、銀行と株式会社と鉄道が不可欠と考え、明治六年に大蔵省を辞して野に下ると、この三つの部門の育成に取り掛かっていたのである。

その結果、日本経済は、西南戦争後の松方デフレを克服すると、明治十年代後半からはフランスの第二帝政に比すべき空前の鉄道建設ラッシュに沸き、民間資本による巨大鉄道会社がいくつも成立するかに見えた。

　だが、一八九四（明治二十七）年に勃発した日清戦争とその第二ラウンドともいえる日露戦争によって流れは大きく変わることになる。鉄道による兵員移動の便利さを痛感した軍部、とくに陸軍は鉄道国有化路線に大きく舵（かじ）を切り、日露戦争後の一九〇六年にはついに鉄道国有法案が可決されたのである。

　だが、著者によれば、こうした鉄道国有化路線は日清日露の戦争を待つまでもなく、一八八〇年代後半には既定方針になっていたという。その明白な意思の現れを著者は一八八七年五月に公布された私設鉄道条例の第七条「軌道ノ幅員ハ特許ヲ得タル者ヲ除クノ外総テ三呎六吋トス」に見る。


　これらの条項は、何を意味しているのか。まず第七条を見てみよう。「三呎六吋」とは、3フィート6インチを漢字で表したもので、メートル法に換算すると一〇六七ミリとなり、官設鉄道と同じ線路幅を意味する。要するに、私設鉄道と官設鉄道の線路幅は同じでなければならないということである。（本書第二章七二頁）

　だが、なぜ私設鉄道の線路幅が官設鉄道と同じでなければならないのか？　官設鉄道の線路を私鉄のそれに接続させようとするとき、同じ一〇六七ミリの線路幅であれば何の問題もないからである。ようするに、私鉄として敷設された線路でも、政府がその必要を認めたときにはただちに買収して官設鉄道の一部とできるように条文は書かれているのである。

ちなみに、日本の官設鉄道の線路幅が、国際標準の一四三五ミリではなく狭軌の一〇六七ミリになったのは、新橋・横浜間の鉄道敷設の協力国であるイギリスが、植民地でこれを採用していたためである。資本の少ない日本では狭軌が適当と判断されたのだろう。それはさておき、ここまでのところだったら、鉄道にしか興味のないオタクでも記述可能かもしれない。だが、ここから先は第二の手掛かりがなければ、思考は発展していかないだろう。

かくて、鉄道という横軸に加えて、縦軸として「天皇」という手掛かりが導入される。すなわち、私設鉄道が初めから官設鉄道への統合を視野に入れて認可されたのは、軍部による兵員輸送という具体的な目的とは位相の異なる、もっと大きな共同幻想が働いていたためではないか、よりはっきりいえば、その共同幻想とは天皇ではなかったかというのが著者の仮説である。

この仮説を強固に支えるのが、私設鉄道条例第七条「軌道ノ幅員ハ特許ヲ得タル者ヲ除クノ外総テ三呎六吋トス」である。なぜなら、私設鉄道の線路幅が既存の官設鉄道と同じ一〇六七ミリであれば、たとえ国有化されていなくとも、天皇は御召列車という強固に保護された特殊な車両で私設鉄道の上をも容易に移動し、全国津々浦々で「御幸・行幸」を行うことが可能となるからである。換言すれば、線路幅一〇六七ミリは、日本列島における天皇のオムニプレザンス（遍在）を準備するための「天皇レール」だったのである。事実、本書がさまざまに実証するように、天皇はこの線路幅一〇六七ミリのレールを通って、本来は私設鉄道がカバーするはずの地域にも姿を現すのである。

　この天皇のオムニプレザンスに、ある意味、対抗するかたちで発展を遂げたのが、大阪の私鉄である。都市間交通ではないという理由で、多くの私鉄が国営化を免れ、大いに発展することになる。

　とりわけ、小林一三率いる阪急の急成長は目覚ましかった。

　日露戦争の好景気を受けて、証券会社設立の目的で北浜銀行の岩下清周に大阪に呼ばれた元三井銀行員・小林一三は、赴任当日に起こった証券大暴落で、こと志と異なり、阪鶴鉄道に入社するが、阪鶴鉄道が一九〇六年の鉄道国有化により国鉄となったことから、箕面有馬電気軌道（後の阪急）に転じて、この新会社の立ち上げに奮闘することになる。

　この箕面有馬電気軌道は、その社名が示すごとく、法律では鉄道扱いされておらず、路面を走る軌道電車を律する軌道条例によっていた。そのため、私設鉄道条例による規制を受けず、線路幅は一〇六七ミリではなく、国際標準の一四三五ミリを採用していた。

　この例外的扱いが、ある意味、小林の阪急の運命を定めたというのが本書の訴えんとしているところである。つまり、「軌道」として一四三五ミリの線路幅を採用したために、阪急を始めとする関西の私鉄は、東京の私鉄とは異なり、国有化の対象とならなかったばかりか、「民」の鉄道という利点を最大限に活用して独自の発展を遂げ、キタとミナミというそれぞれに個性ある文化圏を形成したということである。

著者はその現れを、国鉄駅とは独立したところにある各私鉄のターミナルの位置に見て、このポジションこそが、国家が推し進めた天皇の遍在化を免れる道を与えたと考える。なかんずく阪急である。阪急は国鉄の線路をまたぎ越してターミナルの梅田へと至る跨線橋を用いたが、著者はここに小林の「官」に対する「民」の宣戦布告を見てとるのである。

東京からのびてくる国家権力の象徴である東海道本線の上を、地域に根差した「郊外ユートピア」の建設をめざす箕有電軌の線路が通るということは、単なる物理的な位置関係を超えて、それだけで一つの思想表現となりえた。小林はその辺りをよく心得ていたのではないか。「往来ふ汽車を下に見て」という歌詞［引用者注：小林一三作詞の箕面有馬電車唱歌］には、小林の「反官精神」がみごとに反映されていたといえる。（本書第三章一〇六頁）

ことほどさように、著者の思考の両輪は鉄道と天皇であり、以後の著作も、このいずれかに重点を置いたものとなる。この意味で、本書は処女作ではないものの、サントリー学芸賞受賞の出世作であり、「作家は処女作に向かって成熟しながら永遠に回帰する」という亀井勝一郎のテーゼを立証するかたちとなっているのである。

（フランス文学）

マ

ヤ

ラ

ワ

ナ

ハ

タ

サ

カ

主要事項・文献索引

人名索引

ア

カ

サ

タ

本書の原本は、一九九八年に講談社選書メチエより刊行されました。

原　武史（はら　たけし）

1962年，東京都生まれ。放送大学教授，明治学院大学名誉教授。早稲田大学政治経済学部卒業，東京大学大学院博士課程中退。専攻は日本政治思想史。『〈出雲〉という思想』『皇后考』『大正天皇』『可視化された帝国』『皇居前広場』『滝山コミューン一九七四』『昭和天皇』『知の訓練』『「昭和天皇実録」を読む』『〈女帝〉の日本史』ほか著書多数。

定価はカバーに表示してあります。

「民都」大阪対「帝都」東京
思想としての関西私鉄

原　武史

2020年10月10日　第1刷発行

発行者　渡瀬昌彦
発行所　株式会社講談社
東京都文京区音羽 2-12-21 〒112-8001
電話　編集（03）5395-3512
販売（03）5395-4415
業務（03）5395-3615
装　幀　蟹江征治
印　刷　株式会社廣済堂
製　本　株式会社国宝社
本文データ制作　講談社デジタル製作

ISBN978-4-06-521274-5

「講談社学術文庫」の刊行に当たって

これは、学術をポケットに入れることをモットーとして生まれた文庫である。学術は少年の心を養い、成年の心を満たす。その学術がポケットにはいる形で、万人のものになることは、生涯教育をうたう現代の理想である。

こうした考え方は、学術を巨大な城のように見る世間の常識に反するかもしれない。また、一部の人たちからは、学術の権威をおとすものと非難されるかもしれない。しかし、それはいずれも学術の新しい在り方を解しないものといわざるをえない。

学術は、まず魔術への挑戦から始まった。やがて、いわゆる常識をつぎつぎに改めていった。学術の権威は、幾百年、幾千年にわたる、苦しい戦いの成果である。こうしてきずきあげられた城が、一見して近づきがたいものにうつるのは、そのためである。しかし、学術の権威を、その形の上だけで判断してはならない。その生成のあとをかえりみれば、その根は常に人々の生活の中にあった。学術が大きな力たりうるのはそのためであって、生活をはなれた学術は、どこにもない。

開かれた社会といわれる現代にとって、これはまったく自明である。生活と学術との間に、もし距離があるとすれば、何をおいてもこれを埋めねばならない。もしこの距離が形の上の迷信からきているとすれば、その迷信をうち破らねばならぬ。

学術文庫は、内外の迷信を打破し、学術のために新しい天地をひらく意図をもって生まれた。文庫という小さい形と、学術という壮大な城とが、完全に両立するためには、なおいくらかの時を必要とするであろう。しかし、学術をポケットにした社会が、人間の生活にとってより豊かな社会であることは、たしかである。そうした社会の実現のために、文庫の世界に新しいジャンルを加えることができれば幸いである。

一九七六年六月

野間省一

氷川清話

勝 海舟著／江藤 淳・松浦 玲編

海舟が晩年語った人物評・時局批判の小話集。幕末期の難局に手腕を発揮し、次代を拓いた海舟。歯に衣着せず語った辛辣な人物評、痛烈な時局批判は、彼の人間臭さや豪快さが伝わる魅力いっぱいの好著である。

1463

〈出雲〉という思想　近代日本の抹殺された神々

原 武史著

〈出雲〉はなぜ明治政府に抹殺されたのか？「国家神道」「国体」の確立は、〈出雲〉に対する〈伊勢〉の勝利宣言だった。近代化の中で闇に葬られたオホクニヌシを主祭神とするもう一つの神道思想の系譜に迫る。

1516

シドモア日本紀行　明治の人力車ツアー

エリザ・R・シドモア著／外崎克久訳

女性紀行作家が描いた明治中期の日本の姿。ポトマック河畔の桜の植樹の立役者、シドモアは日本各地を人力車で駆け巡り、明治半ばの日本の世相と花を愛する日本人の優しい心を鋭い観察眼で見事に描き出す。

1537

「満州国」見聞記　リットン調査団同行記

ハインリッヒ・シュネー著／金森誠也訳

満州事変勃発後、国際連盟は実情把握のため、リットン卿を団長とする調査団を派遣した。日本、中国、満州、朝鮮……。調査団の一員が、そこで見た真実の姿とは。「満州国」建国の真相にせまる貴重な証言。

1567

信長の戦争　『信長公記』に見る戦国軍事学

藤本正行著（解説・峰岸純夫）

覇王・信長は〈軍事的天才〉だったのか？ 明治に作られた「墨俣一夜城」の〝史実〟。根拠のない長篠の「鉄砲三千挺・三段撃ち」。『信長公記』の精読があかす信長神話の虚像と、それを作り上げた意外な事実。

1578

古代出雲

門脇禎二著

荒神谷遺跡発掘以後の古代出雲論を総括する。一九八四年、弥生中期の遺跡荒神谷から大量の青銅器が発掘された。出雲にはどんな勢力が存在したのか。新資料や多くの論考を検討し、新しい古代出雲像を提示する。

1580

日本の歴史・地理

藤井讓治著
江戸開幕
幕府の基礎を固めた家康、秀忠、家光の徳川三代。外様大名対策、史上初の朝廷支配、キリシタン禁制と鎖国、老中制の確立……。二百六十余年にわたる太平を生み出した強固な体制の成立と構造を解明した名著。

2384

神野志隆光著
「日本」国号の由来と歴史
「日出づる処の天子」の意味は？「倭」「やまと」と「日本」の関係は？　平安時代から宣長を経て近代まで、「日本」の誕生とその変奏の歴史を厳密な史料読解で示す。新出資料「祢軍墓誌」についての補論も収録。

2392

タイモン・スクリーチ著／森下正昭訳（解説・田中優子）
江戸の大普請　徳川都市計画の詩学
徳川家は、千年の雅都・京に負けない町を作り出したかった。壮麗な日本橋は、経済の象徴「金座」、時を支配する「時の鐘」を従える。江戸の風景を再現し、その意図を解読する。格好の江戸散策手引書です。

2446

原　武史著（解説・安藤礼二）
皇后考
神功皇后や光明皇后と感応しつつ、ナカツスメラミコトたらんと激動の近代日本に時空を超えた「皇后」像を現出させた貞明皇后とは？　天皇制の本質に斬新な切り口で迫り、秘められた扉を開いた記念碑的著作！

2473

江坂輝彌（てるや）著（序文　サイモン・ケイナー）
日本の土偶
「土偶」は年代・地域により大きく違う。どこから来て、どのように変容したのか。三〇〇点以上の図版で一万年の歴史を立体的に解説。稲作が広がる前の列島の景色や縄文人の世界観を想起させる、伝説的名著。

2474

黒岩比佐子著
歴史のかげに美食あり　日本饗宴外交史
ペリー、明治天皇、ニコライ皇太子、伊藤博文……近代日本の運命は、食卓で決まった！　幕末から明治末まで大事件の主役たちを悩ませた「おもてなし」。当時のメニューを細見し、食の視点から歴史を読み直す。

2477

家近良樹著
江戸幕府崩壊　孝明天皇と「一会桑」

薩長を中心とする反幕府勢力が武力で倒幕を果たしたという常識は本当か。王政復古というクーデタ方式が採られた理由とは？　孝明天皇、一橋、会津、桑名藩という知られざる主役に光を当てた画期的な幕末史！

2221

宮脇俊三著
全線開通版　線路のない時刻表

完成間近になって建設中止となった幻のローカル新線。その沿線を辿る紀行と、著者作成による架空の時刻表を収録した。第三セクターによる開業後の実乗記を加えた、全線開通版。付録として、著者の年譜も収録。

2225

宮尾しげを著
すし物語

大陸から伝来した馴れ鮓は押しずしを経て、江戸期に一夜ずし、にぎりずしとなる。すしの歴史から江戸・明治の名店案内、米・魚・のりなどの材料の蘊蓄、全国各地のすし文化まで、江戸文化研究家が案内する。

2234

関　幸彦著
「国史」の誕生　ミカドの国の歴史学

武家政権を否定した明治国家は、なぜ再び武家を称揚したか。江戸期の知的伝統と洋学が結合し、「新しい日本の自画像」を描くべく成立した近代歴史学。国家との軋轢の中で挫折し、鍛えられた明治の歴史家群像。

2247

古川　薫著
松下村塾

わずか一年で高杉晋作、伊藤博文らの英傑を育てた幕末の奇跡、松下村塾。粗末な塾舎では何があり、塾生は何を教わったのか。塾の成立から閉鎖までを徹底検証、松陰の感化力と謎の私塾の全貌を明らかにする。

2263

浅見雅男著（解説・刑部芳則）
華族誕生　名誉と体面の明治

誰が華族となり、「公侯伯子男」の爵位はどのように決められたか。そこではどんな人間模様が展開したか。爵位をめぐり名誉と体面の保持に拘泥した特権階級の姿から明らかになる、知られざる近代日本の相貌。

2275